N.x
329

LORD BYRON.

obscurci par quelques erreurs, l'ensemble imposant de sa vie, et surtout sa glorieuse fin, ont droit à notre admiration la plus vive. Je sais qu'il me manque bien des choses pour être digne de traiter un pareil sujet; mais cette admiration, je la sens, et les mots me viendront, j'espère, pour l'exprimer. D'ailleurs, l'héritier de la brillante couronne de lord Byron, le poète qui succède à ses honneurs en Angleterre, Moore, son ami et son émule, possède encore de lui des manuscrits précieux, dont il compte donner des extraits au monde : ce n'est donc qu'en attendant que je me hasarde à publier ceci.

Le génie de lord Byron a été goûté en France, mais non apprécié et senti comme il doit l'être : on a confondu le sublime avec le bizarre, l'enthousiasme avec le délire. Ces erreurs avaient souvent éveillé en moi le desir de faire une revue des poèmes de ce grand homme en racontant l'impression que j'en recevais, et cette idée se ranima avec force au moment de sa mort. Ses œuvres me semblaient renfermer d'immortels mémoires de sa vie.

En effet, toute son existence fut poétique. Il unissait à la force de l'âme la puissance des actions. Il traduisait ses sentimens, ses émotions, en une langue divine. Il sentait, il vivait, il agissait en poète : c'est donc dans ses chants qu'il faut le chercher ; c'est là qu'on retrouve son âme généreuse, son imagination puissante, son cœur froissé par le monde, tour-à-tour abattu et renaissant. Là, toutes ses impressions se retracent comme dans un miroir magique, et lui-même est l'enchanteur qui nous révèle ces mystères. Frappée de cette idée, j'essayai de la développer dans un article sur lord Byron que je destinais à la Revue Encyclopédique : peu à peu le cercle que je m'étais tracé s'agrandit : un ami du poète anglais qui avait vécu dans son intimité, voulut bien me donner des détails sur sa jeunesse, ses habitudes, son mariage ; un singulier hasard me procura deux pièces de vers de lady Byron, qui n'ont jamais paru ni en Angleterre, ni en France; un colonel autrichien au service des Grecs me communiqua d'importans renseignemens. Je reçus aussi des notes d'Italie. (*) J'eus des pièces inédites; enfin, le but de mon Ouvrage, qui était de rendre hommage au caractère et au génie de lord Byron, me valut tant de bienveillance et de zèle de la part de tous ceux qui l'avaient connu, que je fus obligée de changer mon plan, et au lieu d'un article de journal, de faire deux volumes.

Dans le premier, j'ai conservé une partie de la pensée que j'avais eue d'abord : j'ai mêlé aux faits les citations des passages qui m'ont semblé concerner plus directement le poète. J'ai joint le texte à ma traduction, parce que j'ai voulu surtout faciliter aux personnes qui s'occupent de la langue anglaise l'intelligence de l'original qui sera toujours presque intraduisible en français. Aux vues particulières

(*) Il en est, cependant, dont je ne ferai point usage, assez d'autres personnes s'empresseront de publier tout ce qui peut donner lieu au scandale.

sur lord Byron, j'ai fait succéder quelquefois des considérations générales sur la littérature anglaise et sur la nôtre, sur le théâtre de Shakespeare, etc.; j'ai cru pouvoir le faire sans nuire à l'intérêt, d'autant plus que ces aperçus, fort superficiels, d'ailleurs, se rattachaient immédiatement à mon sujet.

Le second volume se composera de faits, et de morceaux inédits. On y trouvera la lettre entière dont est tiré le *fac simile*. Elle fut écrite de Gênes, très peu de temps avant le départ de lord Byron pour la Grèce; il y donne son opinion sur le célèbre Walter Scott.

En publiant le premier volume avant le second, qui ne pourra paraître que dans quinze à vingt jours, je cède aux vœux de quelques personnes qui n'ont cessé de me répéter depuis le commencement de mon travail : « Hâtez-vous donc! vous arriverez trop tard. » Comme s'il n'était qu'un temps en France, pour honorer le génie; comme s'il passait sur notre sol sans y laisser sa trace lumineuse et brillante. Non, non, il n'en est point ainsi. Tout ce qui est noble et beau aura toujours un culte et des adorateurs dans notre chère patrie; ni l'égoïsme, ni la froideur du reste du monde, n'atteindront jusqu'à elle; et quand l'indifférence menacerait de tout envahir, on trouverait encore parmi nous des âmes qui sauraient s'affranchir de cette triste influence, et qu'enflammerait encore un généreux enthousiasme. C'est à celles-là que je m'adresse; ce sont elles qui, fermant les yeux sur mes défauts, verront, j'espère, dans cet Ouvrage, le besoin de mériter leur estime, et peut-être un jour leurs encouragemens et leur suffrage.

TABLE DU PREMIER VOLUME.

                Pages.

PRÉFACE. v

CHAPITRE PREMIER. — Introduction. 1

CHAPITRE II. — Enfance et éducation de lord Byron. — Stances à Marie. — Anecdotes. 12

CHAPITRE III. — Abbaye de Newstead. — Profession de foi de lord Byron. — Heures d'oisiveté. — Les Bardes anglais et les critiques écossais. 24

CHAPITRE IV. — Le Giaour. — Des traductions. — La Fiancée d'Abydos. — De l'influence du génie de lord Byron. — Le Corsaire. 39

CHAPITRE V. — Portrait de lord Byron; de quelle manière il fit connaissance avec miss Milbank, qui fut depuis lady Byron. — Son mariage. — Troubles domestiques. — Séparation. — L'adieu. — Vers inédits de lady Byron à sa fille et à une de ses amies. — Esquisse d'une vie privée. 53

CHAPITRE VI. — Le Prisonnier de Chillon. — Des passions. — De l'enthousiasme. 84

CHAPITRE VII. — Manfred. — Analyse de ce drame. — Son but moral. 117

CHAPITRE VIII. — Le Siége de Corinthe. — Parisina. — De l'imitation en France. — De l'école romantique. — Le Vampire. — Ce qu'est aujourd'hui la littérature anglaise. — Analyse de Mazeppa. 160

Chapitre IX. — Les deux premiers chants de Childe Harold. — Voyages de lord Byron en Portugal, en Espagne, en Grèce. — Mort de sa mère. — Mariage de miss Chaworth. 197

Chapitre X. — Vie poétique de lord Byron peinte par lui-même. — Bonaparte. — Une nuit d'orage sur le lac Léman. — Souvenir adressé à sa fille. — Malédiction prononcée contre ceux qui ont causé ses malheurs. . 216

Chapitre XI. — Séjour de lord Byron à Milan et à Venise. — Traits de générosité. — Le Rêve. 265

Chapitre XII. — Influence des mœurs de Venise sur le génie de lord Byron. — Beppo. — De la plaisanterie anglaise comparée à la nôtre. — De la satire chez les Anglais. — Des deux premiers chants de Don Juan. — Dispute littéraire sur Pope. — Déclaration de lord Byron en faveur de la littérature classique. 287

Notes. 320

FIN DE LA TABLE.

LORD BYRON.

CHAPITRE PREMIER.

INTRODUCTION.

La mort d'un homme de génie nous frappe de tristesse et nous cause une douloureuse surprise; on a peine à y croire. On s'effraie de cette fatale puissance du sort. Comment tant de facultés sont-elles anéanties? Comment celui qui nous laisse des souvenirs immortels a-t-il pu mourir?

Le Poète est le roi de la nature entière, c'est à lui seul qu'elle dévoile tous ses charmes. La fraîche obscurité de ses ombrages, le frémissement de ses ruisseaux, le doux balancement des feuilles sont pour lui autant d'émotions : son âme les recueille, et quand l'hiver a caché le gazon sous la neige, il fait renaître le printemps, il nous ramène aux jours de joie et de soleil.

Lorsque le chagrin nous oppresse, c'est encore lui qui nous rappelle des instans plus heureux, qui nous fait sourire au milieu de nos pleurs; il est le maître de notre vie; le passé, l'avenir lui appartiennent, il colore le présent de son magique prestige. Ah! ses illusions valent mieux que nos tristes réalités! Que de fois, le sein gonflé de soupirs, le cœur palpitant de bonheur, n'ai-je pas rendu grâce au génie qui me donnait de nobles émotions : alors, une foule de pensées généreuses se pressaient au-dedans de moi, je me sentais grandir; je voulais aussi de la gloire, non de celle qui satisfait l'orgueil, mais cette puissante sympathie qui appelle à soi les belles âmes.

J'ai pour le génie un respect mêlé d'attendrissement; il m'ébranle jusqu'au fond du cœur. Je voudrais contempler un seul jour, au prix de dix ans de ma vie, un de ces êtres privilégiés; je ne rêve pas leur amitié, je ne veux que les voir et les entendre; je ne desire point attirer leur attention : il ne me reste plus le sentiment du *moi;* je suis pour le génie ce qu'un courtisan est pour le pouvoir; encore veut-il en tirer quelque chose, tandis que je ne veux qu'admirer. Jamais la mort ne me paraît si terrible que lorsqu'elle frappe ces demi-dieux.

Lord Byron n'est plus! ces tristes mots ont retenti autour de moi et je les ai à peine compris; une nation en deuil pleure sur lui! il est tombé ce colosse de gloire!

« Celui de qui la tête au ciel était voisine
« Et dont les pieds touchaient à l'empire des morts. »

Semblable au héros dont parle Moore, « il est « descendu dans la tombe au milieu des pleurs des « nations étonnées. » Il est mort au moment où il commençait à vivre; il sentait enfin le prix de l'existence, et l'existence lui échappe.

Doué d'un génie ardent, d'une âme exaltée, de sensations d'une effrayante énergie, lord Byron ne pouvait être compris de la foule, elle le froissait, elle l'accablait de sa médiocrité. Il avait un souverain mépris pour les intérêts du monde si puérils à ses yeux; il ne concevait l'activité que pour les grandes choses. La vie resserrée dans le cadre étroit des villes et des cours lui semblait un don inutile ou funeste ; il fuyait tout ce qui rapetissait l'âme. Les passions, ces mobiles des plus belles actions comme des plus coupables égaremens, le transportaient aux cieux ou aux enfers. Dans son orgueil, les rois n'étaient pour lui que des Pygmées qui s'agitaient à ses pieds pour obtenir ou perdre des couronnes.

Personne n'a jugé Napoléon de plus haut; il s'indigne qu'un si puissant génie n'ait aspiré qu'à la terre; que de si grandes facultés n'aient été employées qu'à amasser de la poussière, puis encore de la poussière! Si ces deux hommes eussent été contemporains de gloire, peut-être que la puissance du poète eût balancé celle du conquérant.

Le génie est la véritable force, celle devant laquelle toutes les autres s'abaissent; il mesure les monarques, les trônes, les peuples. Je ne sais si c'est un rêve, mais il me semble que Bonaparte eût voulu conquérir l'estime du seul homme qui fût à son niveau. Le dédain de lord Byron pour ses conquêtes lui en eût fait sentir le vide avant que le sort le lui eût dévoilé; il eût compris que la véritable gloire est d'élever les hommes, non de les avilir; au lieu d'offrir, comme un démon tentateur, de l'or à la cupidité, des honneurs à l'orgueil, des couronnes à l'ambition, il pouvait développer les plus nobles facultés de la nature humaine, et lui donner pour récompense l'estime de la postérité. Il pouvait être le libérateur des peuples, il a mieux aimé les asservir.

On confond trop souvent l'ascendant magique qu'exerce sur notre esprit un pouvoir gigantesque, avec l'admiration qu'inspire la vertu; rien n'est cependant plus opposé. L'un naît d'une sorte de crainte et du sentiment de notre faiblesse; l'autre prend sa source dans la conscience de notre supériorité et de la dignité de notre âme; elle ne nous abat pas, bien au contraire, elle nous relève. Il y a des natures qui éprouvent le besoin de se faire un Dieu terrible, devant lequel elles se prosternent et tremblent; mais il en est qui ne peuvent adorer qu'un Dieu juste et miséricordieux. C'est cette différence qui fait que Bonaparte a plus de partisans que Washington.

Napoléon fut un bien grand génie : il souleva des peuples; il créa des soldats avec une idée; il électrisa les hommes en leur promettant de la gloire; dès qu'il les utilisa pour lui il ne fut plus qu'un ambitieux égoïste. Il est toujours beau d'éveiller en nous l'enthousiasme et le dévoûment, nos deux plus nobles facultés, mais il est ingrat, je dirais presque ignoble, de les tourner au profit d'un seul, et d'en déshériter la masse. Napoléon employa des moyens immenses pour atteindre à un but mesquin, car dans ses conquêtes, comme dans ses institutions, il chercha toujours son intérêt personnel, et cet intérêt devait-il entrer en balance avec l'honneur de plusieurs millions d'hommes? On ne peut marcher dans une fausse route sans s'égarer; aussi après avoir eu recours aux idées de gloire et d'indépendance nationale pour créer des armées, Bonaparte ne put consolider sa puissance qu'en faisant la part de la corruption.

Un parallèle entre Napoléon et Byron, peut sembler d'abord ridicule et disproportionné : cependant, ces deux grands hommes ont plus d'un point de rapprochement. Ce n'est pas sous le rapport de la puissance que j'ai prétendu les comparer, quoique le règne de la pensée soit plus durable que celui des bayonnettes, des prestiges, et des séductions; mais tous deux s'isolaient de la foule par leurs immenses facultés; tous deux planaient sur le monde, l'un pour en faire sa proie, l'autre pour y chercher de grands souvenirs, et pour faire revivre d'antiques vertus.

Napoléon a tiré parti de tous les élémens d'indépendance qu'il a trouvés dans la nation française, pour en organiser le système le plus complet de despotisme. Byron s'est joint à une poignée d'hommes pour faire triompher la plus belle des causes. Celui qui avait été maître de l'Europe, redevenu grand à force de malheurs, est mort captif, isolé, sur un rocher stérile. Le poète aussi est tombé, mais au milieu d'un peuple régénéré dont il était l'idole; d'heureuses visions d'avenir ont réjoui son âme. Précurseur de la véritable gloire, il a brillé comme l'étoile qui précède le jour; de sa poussière naîtront des héros, et le sol même sous lequel il repose s'enflammera pour la liberté.

Dans notre vieille Europe, qui semblait épuisée pour les grandes choses, une nation oubliée, avilie, se réveille tout-à-coup, et dès ses premiers pas, s'élève à la hauteur du plus sublime héroïsme. Ni son dévoûment, ni son courage, ne peuvent fléchir la froide et sinistre politique des gouvernemens, mais ils ont éveillé la sympathie des âmes généreuses. Lord Byron qui avait pleuré sur la Grèce, salua le premier l'aurore de sa liberté; il vit s'accomplir le rêve chéri de son imagination. Jusque-là, il n'avait rencontré que des ambitieux et des esclaves; dans les Grecs, il trouva des hommes; il leur consacra son génie, sa fortune, sa vie: qui oserait dire encore qu'il ne sentait pas la vertu ?

Peu de personnes ont été jugées plus diversement que lord Byron. Les circonstances de sa vie aventureuse, ses chagrins domestiques, prêtaient aux conjectures ; aussi la calomnie ne lui fut-elle point épargnée. On l'accusa tour-à-tour d'égoïsme, de misanthropie, d'affectation, de dûreté d'âme, ou d'une sensibilité qui allait quelquefois jusqu'au délire. Les contes les plus absurdes furent accueillis et répétés dans la première société de Londres, où le commérage s'ennoblit par de grands noms. On désapprouva hautement le noble poète; tous les hypocrites de vertu se déchaînèrent contre son immoralité; son génie put à peine le sauver d'un anathème général.

Si l'on remonte à la cause de ces clameurs, on la trouvera, je crois, dans le caractère même de lord Byron, et dans les mœurs de sa nation. Placé par sa naissance au premier rang de l'aristocratie anglaise, il en dédaigna toujours les prérogatives. Il montra la nullité des distinctions derrière lesquelles se réfugie la médiocrité. Il attaqua les hommes d'état, et les combattit corps à corps, jusqu'à ce qu'il eût dévoilé au peuple tout leur machiavélisme. Il les accabla de ce mépris railleur, plus difficile à supporter que les injures directes. Il démasqua la pruderie chez les femmes, l'hypocrisie d'honneur chez les hommes; en un mot, il révolta l'orgueil de l'Angleterre. Ce peuple, qui se croyait le plus grand peuple du monde, s'étonna de se trouver si petit. Il ne vit pas que le géant qui l'écrasait, représentait la nation aux yeux de l'Europe, traitée par lui avec le même dédain.

Nous ne pouvons, en France, nous former une juste idée de l'aristocratie anglaise. Cette hydre aux cent têtes dévore tout : gloire, honneurs, considération, richesses. Elle règne sur l'opinion, et ce genre de despotisme est plus absolu que celui des lois; l'esprit, le génie lui-même, plient un moment devant cette puissance. On récompense Walter Scott par un titre; et plus d'un écrivain distingué doit s'assurer, pour réussir, le patronage d'un grand seigneur. Ainsi, sous le règne de Louis XIV, lorsque la cour était toute la France, Molière, par un bizarre contraste, jouait les marquis, et s'appuyait du suffrage d'un d'entre eux, pour assurer qu'il avait du mérite. « Je soumis cette idée à une « personne de qualité, dit-il quelque part, et elle « la trouva assez à son gré (*). » Ce n'est pas que le

---

(*) Voyez la préface de l'Ecole des Femmes, les Epîtres dédicatoires, etc.

génie pauvre, inconnu, n'ait besoin de protecteurs pour sortir de la foule; mais, une fois qu'il a pris son rang, il dispense les honneurs, et ne les reçoit pas. Devenu à son tour le bienfaiteur de celui qui l'encouragea, il lui donne une part à sa gloire et à son immortalité.

L'argent sert de contre-poids à l'aristocratie en Angleterre, mais sa tyrannie est encore plus avilissante. Un grand nom est quelquefois la récompense d'une belle action : il excite du moins à se montrer digne de le porter; mais la fortune s'acquiert souvent par des voies obliques, ou par des calculs qui rétrécissent l'âme; puis, en cédant au prestige de la noblesse, on cède à des souvenirs, à une sorte de grandeur morale, à une idée enfin; tandis que l'influence de l'argent est toute physique. Elle frappe nos sens, elle s'adresse à nos jouissances les plus communes, elle nous promet des plaisirs faciles, elle nous démoralise et nous corrompt. Un noble qui veut se faire respecter, sans autre droit à l'estime que son titre, devient ridicule; un riche qui vous humilie parce qu'il a de l'or, et que vous manquez de pain, est un lâche insolent et cruel.

De jour en jour, l'argent prend plus d'importance en Angleterre; tout y devient marché ou spéculation; les coffres s'emplissent, et les cœurs se dessèchent. La nation toute entière semble frappée de la funeste malédiction du roi Midas; elle change en or tout ce qu'elle touche, et au sein de l'abondance, elle s'appauvrit des vrais biens, de ceux de l'âme et du sentiment. Une femme de beaucoup d'esprit, et d'un cœur noble et grand, m'écrivait de Londres, il y a quelques jours : « J'ai « passé la soirée avec M. S*** ; c'est le seul Anglais « que j'aie rencontré depuis mon retour ici, qui ait « une étincelle d'enthousiasme dans tout son être. Il « a écrit une brochure en faveur des Grecs, et il a « cherché à remuer ciel et terre pour leur cause ; « mais le succès dépendra entièrement des chances « de gain que leurs affaires offriront aux spécula- « teurs et aux joueurs de bourse. Nous touchons à « l'époque prédite par Burke, et que, malgré tous « ses préjugés, il n'envisageait qu'avec horreur ; « cette époque où l'Angleterre, au lieu de gouverner « ses richesses, doit être maîtrisée par elles. L'aris- « tocratie de cette vile poussière menace de rem- « placer toutes les autres. C'est l'unique bien, vu, « senti, compris, desiré, pour lequel nous espérions « vivre et nous osions mourir (*) ».

Ce n'est pas que lord Byron n'eût aussi son aristocratie, mais c'était celle du génie, de la vraie supériorité ; celle qui épouvante le vulgaire et contre laquelle il s'élève par une sorte d'instinct. L'Angleterre ne pardonna point au plus noble de ses enfans de l'avoir humiliée ; cette orgueilleuse

---

(*) It is the one good, seen, felt, understood, desired, for which we hope to live, and dare to die.

patrie le repoussa de son sein, et il devint citoyen de l'univers. Son génie qui, au milieu de la société, était pour lui une douleur, une fièvre dévorante, s'étendit sur le monde entier, il en atteignit les bornes, et se replia sur lui-même. Il n'avait rien trouvé qui pût remplir le vide de son âme pénétrante.

CHAPITRE II.

ENFANCE ET ÉDUCATION DE LORD BYRON. — STANCES A MARIE. — ANECDOTES.

Georges Gordon Noel Byron, né le 22 janvier 1788, dans une terre de sa mère, à 30 milles d'Aberdeen, annonça de bonne heure un caractère ardent et un talent précoce. Il était boiteux et d'un tempérament fort délicat. Son père, dont la mémoire est entachée de plusieurs vices, dépensa toute la fortune de sa femme, et l'abandonna ainsi que son enfant, pour fuir en France ses créanciers. Le jeune Gordon, seule consolation de sa mère, fut traité par elle avec une indulgence qui allait jusqu'à la faiblesse. Elle ne voulut l'obliger à faire aucune étude; elle le laissait gravir les montagnes et courir dans les bois pendant des journées entières. Ces courses au milieu des sites les plus agrestes de l'Ecosse, firent naître en lui cet amour de la nature qu'il a toujours conservé, et qui, depuis, a souvent adouci ses malheurs. On retrouve dans ses premières poésies les souvenirs de son enfance, et des lieux où il l'avait passée. Ce fut là qu'il connut miss Chaworth, plus âgée que lui de quelques années, et petite-fille d'un lord de ce nom, tué par l'oncle de lord Byron, à la suite d'une querelle. Cette jeune fille fut l'objet de son premier amour; elle lui inspira une admiration mêlée de respect : il ne la quittait presque pas. « Elle était sa vie toute entière. Il ne respirait qu'en elle. » Quoiqu'il fût encore enfant « son cœur avait devancé ses années. » Dans les premiers vers qu'il lui adressa plus tard, il dépeint ainsi le sentiment qu'il éprouvait pour elle.

A MARIE.

I.

Lorsque, jeune montagnard, j'errais sur la sombre bruyère, gravissant les sommets escarpés du neigeux Morven (*), pour contempler le torrent qui grondait au-dessous, ou le brouillard de la tempête qui se rassemblait à mes pieds (**), inhabile aux sciences, étranger à la crainte, et rude comme les rochers où j'avais

---

1.

When I rov'd, a young Highlander, o'er the dark heath,
And climb'd thy steep summit, oh! Morven of snow (*),
To gaze on the torrent, that thunder'd beneath,
Or the mist of the tempest that gather'd below (**);
Untutor'd by science, a stranger to fear,
And rude as the rocks, where my infancy grew,

(*) *Morven*, haute montagne du comté d'Aberdeen. « Gormal de neige » est une expression qu'on rencontre souvent dans Ossian.

(**) Cela ne semblera pas extraordinaire aux personnes qui ont habité les pays de montagnes; il n'est pas rare d'apercevoir, en atteignant le

vu le jour, mon âme n'était remplie que d'un seul sentiment. Est-il besoin de vous dire, ô ma douce Marie, qu'elle était concentrée en vous ?

II.

Ce ne pouvait être de l'amour, car je n'en connaissais pas même le nom. Quelle passion peut habiter dans le cœur d'un enfant ? Cependant j'éprouve encore la même émotion que je ressentais près de vous dans ces solitudes montagneuses. Une image, une seule, était devant mes yeux. J'aimais ces régions glacées, je ne soupirais pas pour un plus beau séjour : j'avais peu de desirs, tous mes vœux étaient comblés, et mes pensées étaient pures ; car mon âme était en vous.

No feeling, save one, to my bosom was dear,
Need I say, my sweet Mary, 'twas centred in you?

2.

Yet it could not be love, for I knew not the name;
What passion can dwell in the heart of a child?
But, still, I perceive an emotion the same
As I felt, when a boy, on the crag-cover'd wild :
One image, alone, on my bosom imprest,
I lov'd my bleak regions, nor panted for new,
And few were my wants, for my wishes were blest,
And pure were my thoughts, for my soul was with you.

sommet du *Ben e vis*, du *Ben y bourd*, etc., entre soi et la vallée, des nuages qui se fondent en pluies accompagnées souvent de tonnerre et d'éclairs, tandis que le spectateur contemple l'orage sans ressentir ses effets.

III.

Levé avec l'aurore, n'ayant pour guide que mon chien, je bondissais de montagne en montagne; j'opposais mon sein nu aux vagues grossissantes de la Dee (*) à l'heure du reflux, et j'entendais au loin le chant du montagnard. Le soir, étendu sur ma couche de bruyère, vous présidiez à tous mes rêves, ô Marie, et mon ardente prière s'élevait jusqu'au ciel pour demander qu'il vous bénît.

IV.

J'ai laissé ma sombre patrie, et mes visions se sont dissipées; les montagnes se sont évanouies : Ma jeu-

---

3.

I arose with the dawn, with my dog as my guide,
From mountain to mountain I bounded along,
I breasted the billows of Dee's (*) rushing tide,
And heard, at a distance, the Highlander's song :
At eve, on my heath-cover'd couch of repose,
No dreams, save of Mary, were spread to my view,
And warm to the skies my devotions arose,
For the first of my prayers was a blessing on you.

4.

I left my bleak home, and my visions are gone,
The mountains are vanish'd, my youth is no more;

(*) La Dee est une belle rivière qui prend sa source près de Mar-Logde et se jette dans la mer à la Nouvelle Aberdeen.

nesse n'est plus. Le dernier de ma race, il me faut languir seul : il n'est plus de bonheur que dans les jours qui sont passés. Ah! les grandeurs, en élevant mon sort, l'ont rempli d'amertume; les scènes de mon enfance me sont mille fois plus chères. Quoique mes espérances aient été déçues, cependant elles ne sont point oubliées. Quoique mon cœur soit froid, il erre encore autour de vous.

V.

Quand je vois quelque haute montagne élancer sa cime vers les cieux, je pense aux rochers qui couronnent Colbleen (*). Quand je regarde le bleu humide d'un œil où se peint la tendresse, je pense aux yeux qui me faisaient chérir ces sauvages contrées.

As the last of my race, I must wither alone,
And delight but in days I have witness'd before;
Ah! splendour has rais'd, but embitter'd my lot,
More dear were the scenes which my infancy knew;
Though my hopes may have fail'd, yet they are not forgot,
Tho' cold is my heart, still it lingers with you.

5.

When I see some dark hill point its crest to the sky,
I think of the rocks that o'ershadow Colbleen (*);
When I see the soft blue of a love-speaking eye,
I think of those eyes that endear'd the rude scene;

(*) Colbleen est une montagne qui forme l'extrémité des *hautes terres* (Highlands), non loin des ruines du château de *Dee*.

Lorsque j'aperçois ces boucles flottantes et légères, dont la couleur me rappelle celles de Marie, je pense à ces longs anneaux d'or, à ces cheveux si beaux dont j'étais idolâtre.

VI.

Cependant le jour viendra peut-être où je verrai s'élever devant moi ces mêmes montagnes et leurs manteaux de neige. Elles n'auront pas changé ; mais Marie sera-t-elle là pour me recevoir? Oh non ! Adieu donc, adieu, collines où s'écoula mon heureuse enfance; adieu, douces eaux de la *Dee*. La sauvage forêt n'abritera plus ma tête. Ah! Marie ! est-il donc une patrie pour moi, où vous n'êtes pas! » (*)

When, haply, some light-waving locks I behold,
That faintly resembles my Mary's in hue,
I think on the long flowing ringlets of gold,
The locks that were sacred to beauty, and you.

6.

Yet, the day may arrive, when the mountains, once more,
Shall rise to my sight, in their mantles of snow :
But, while these soar above me, unchanged as before,
Will Mary be there to receive me? ah no!
Adieu! then, ye hills, where my childhood was bred,
Thou sweet flowing Dee, to thy waters adieu!
No home in the forest shall shelter my head,
Ah! Mary, what home could be mine, but with you? (*)

(*) Cette pièce de vers ne fait point partie de la traduction des Œuvres de lord Byron ; elle n'a paru que dans l'essai qui précède la traduction.

L'éducation de lord Byron fut poétique comme sa vie. Aucune contrainte ne réprima l'élan de ses premières sensations. Ses idées se développaient au milieu d'une contrée pittoresque, et riche de traditions. Il aimait à recueillir les antiques légendes de l'Écosse. Assis sous l'ombrage des noirs sapins, il se faisait raconter les exploits des anciens chefs ; son âme s'enflammait à ces récits guerriers. Souvent l'étoile du soir apparaissait à l'horizon, avant qu'il eût pensé à regagner sa demeure. La vallée du Loch na Gar (*) était son séjour favori ; il lui consacra ses premiers chants.

« Ombres des morts, s'écrie-t-il, n'ai-je pas en-
« tendu vos voix se mêler aux longs sifflemens de
« la brise des nuits ? C'est l'âme joyeuse du héros
« qui, portée par les vents, passe au-dessus de sa
« vallée natale. Les brouillards se rassemblent autour
« du Loch na Gar, et l'hiver dans son char glacé
« règne au sommet du mont. Là, mes aïeux sont en-
« veloppés de nuages ; ils habitent dans les tempêtes
« du sombre Loch na Gar.

« O vous, nés sous une malheureuse étoile, quoi-

(*) « *Lachin y gair*, ou, comme on le prononce dans la langue Erse,
« Loch na Gar, s'élève près d'Invercauld ; un voyageur moderne la cite
« comme la plus haute montagne de la Grande-Bretagne ; c'est assurément
« l'une des plus sublimes et des plus pittoresques de nos Alpes calédo-
« niennes. Son aspect général est d'une teinte sombre, mais sa cîme est
« couronnée de neiges éternelles. Je passai près du Loch na Gar les pre-
« mières années de ma vie, et c'est le souvenir de cet heureux temps qui
« m'a inspiré ces stances. » (Note de LORD BYRON.)

« que braves, aucune vision prophétique ne vous
« prédit que le destin avait abandonné votre cause (*).
« Destinés à mourir aux champs de Culloden, la
« victoire ne couronna point votre chute de ses
« bruyans applaudissemens. Et cependant, heureux
« encore dans votre fin prématurée, vous reposez
« avec votre *clan* dans les cavernes de Braemar (**).
« Les sauvages accords du pibroch (***), unis au
« chant du barde, racontent vos exploits aux échos
« du sombre Loch na Gar. »

Son isolement et sa pauvreté, car sa mère n'avait conservé que très peu de bien, lui laissèrent son indépendance. Les lois de la société, ses amères critiques ne glacèrent pas les feux de son génie. Dans Marie, il avait une compagne de ses plaisirs. Sa mère veillait sur lui avec une tendre sollicitude, et son cœur se partageait entre les deux anges protecteurs de sa vie.

A neuf ans, il entra dans une pension d'Aberdeen (****). On le nommait alors Georges Byron

(*) Lord Byron fait ici allusion aux Gordons, ses ancêtres maternels, dont plusieurs combattirent pour le malheureux prince Charles, mieux connu sous le nom du Prétendant ; cette branche de sa famille était alliée aux Stuarts.

(**) Nom d'une partie des hautes terres de l'Ecosse ; il y a aussi un château de Braemar.

(***) Le *Pibroch* n'est point un instrument, mais bien un chant guerrier des montagnards écossais. Lord Byron les avait confondus ; erreur assez légère que la Revue d'Edimbourg relève avec ironie et amertume, dans sa critique des premiers ouvrages de lord Byron.

(****) A l'école grammaticale d'Aberdeen.

Gordon. Il tenait beaucoup à ce dernier nom, qui était celui de sa mère; et lorsque par hasard ou par malice il arrivait à ses camarades de le transposer, il se mettait en fureur, et regardait cela comme une insulte. Malgré sa faiblesse, il aimait les exercices violens. Il montait bien à cheval, allait à la pêche, conduisait seul un bateau, et faisait un long trajet à la nage. Il était aussi très brave. On raconte qu'un enfant, attaqué pour une cause injuste par un autre enfant plus fort que lui, se réfugia chez madame Byron. Le jeune Gordon interposa son autorité, et dit qu'il ne souffrirait pas qu'on maltraitât quelqu'un qui s'était mis sous sa protection. La querelle s'engagea entre lui et l'agresseur. Quoique moins robuste et moins grand, il porta les premiers coups. Le combat dura deux heures, et ne fut suspendu que parce que les deux champions étaient hors d'haleine.

Il travaillait peu, mais avec facilité. Une sensibilité excessive le rendait irritable et susceptible. Cependant, son ressentiment s'exprimait plutôt par le mépris que par la colère. Il aimait les coutumes des lieux où il était né, et se plaisait à raconter les légendes et les superstitions dont on l'avait entretenu. Il y ajoutait la foi la plus vive. Il était bon camarade et très dévoué. Il poussait même cette qualité fort loin. Un de ses compagnons, qui avait un petit cheval des îles Shetland, vint un jour lui proposer de faire une promenade sur les bords du Don (*). Ils montaient et marchaient tour à tour ; mais quand ils atteignirent un vieux pont jeté sur la rivière (**), Byron arrêta l'écolier et le supplia de mettre pied à terre et de le laisser passer seul avec le cheval, parce qu'il existait une vieille prophétie populaire qui disait que le pont de Balgounie tomberait si le fils unique d'une veuve et le seul poulain d'une jument y passaient à-la-fois. « Et qui sait, dit-il, si ce poulain n'est pas le seul enfant d'une jument, et nous sommes tous deux fils de veuves ; mais toi, tu as une sœur ; et moi, personne que ma mère ne me pleurera. » Son camarade céda ; mais aussitôt que Byron eut échappé aux dangers de ce terrible passage, l'autre enfant voulut absolument le tenter aussi. Il arriva sans accident sur l'autre bord, et

(*) Petite rivière qui a son embouchure près d'Aberdeen.
(**) « Le pont du Don, près de la vieille ville d'Aberdeen, avec sa grande
« arche, et le noir et profond courant qui passait au-dessous, est aussi pré-
« sent à ma mémoire que si je l'avais vu hier. Je me rappelle encore, quoi-
« que peut-être je le cite mal, le terrible proverbe qui me fit m'arrêter
« avant de le traverser, puis ensuite m'appuyer sur la rampe avec un
« plaisir enfantin ; car j'étais fils unique, du moins du côté de ma mère.
« Le dicton, s'il m'en souvient bien, (je ne l'ai ni vu écrit, ni entendu
« depuis l'âge de neuf ans)', était ainsi conçu :

Brig of Balgounie, *black's* your *wa'* ;
Wi' a wife's *ae son* and a mear's *ae foal*,
Doun ye shall fa' !

Pont de Balgounie, votre mur est noir ; si un fils unique et l'unique poulain d'une jument passent à-la-fois sur vous, vous tomberez. » (Note de Lord Byron.)

tous deux en conclurent très sérieusement que la mère du petit cheval avait eu d'autres poulains.

Pendant son séjour à l'école d'Aberdeen, Byron, quoique fort jeune, vivait déjà un peu à l'écart. Ses camarades se plaignaient de sa réserve et d'une sorte de dignité qu'ils prenaient pour du dédain. Cependant, tous s'accordaient à lui trouver de la générosité et un cœur chaud. Il supportait impatiemment les railleries sur son infirmité (*). En général, toute injustice le révoltait. Il faillit un jour être victime d'un malentendu. On voulut le fouetter pour une faute qu'il n'avait pas commise. Le surlendemain, arriva la nouvelle de la mort de son grand-oncle qui lui laissait, avec son titre, une fortune immense. On l'inscrivit sur la liste des écoliers comme Seigneur de Byron. Au moment de l'appel, on le nomma *Dominus de Byron.* Un de ses camarades lui demanda pourquoi on lui donnait ce titre; il répondit : « Je n'y suis pour rien. Hier, le hasard a manqué me faire fouetter pour ce qu'un autre avait fait; aujourd'hui, il me fait lord, parce qu'un autre a cessé de vivre. Dans tous les cas, je ne lui dois point de remercîmens, car je ne lui ai rien demandé. » Le jeune Byron avait alors dix ans.

Cette élévation soudaine ne lui causa pas une grande joie. Quelques-uns de ses compagnons

---

(*) Il était venu au monde avec un pied contrefait.

s'éloignèrent de lui par envie ou par fierté ; l'habitude d'un respect servile pour le rang retint les autres à distance, et il se trouva presqu'isolé. Il en éprouva un si vif chagrin, qu'il lui arrivait par fois d'en fondre en larmes.

Son tuteur, le comte de Carlisle, le fit passer au collége d'Harrow; mais il n'y apporta point cette disposition à la docilité, si nécessaire pour les études. Accoutumé à juger par lui-même, ennemi né de la routine, il trouva le système d'éducation absurde. Il se moqua du pédantisme des professeurs et de la nullité des élèves. Il découvrit avec dégoût l'espèce de culte qu'on rendait à l'argent et aux titres (*). Là commença son mépris pour les hommes. Après un séjour de six ans à Harrow, il se rendit au collége de la Trinité à Cambridge. Son amour pour l'indépendance n'avait fait que s'accroître; il offensa l'orgueil des docteurs, en ne voulant s'astreindre à aucune des règles de l'instruction. Il s'appliquait surtout à l'étude des langues anciennes et modernes.

(*) Voyez dans les poésies fugitives : *Thoughts suggested by a College examination.*

CHAPITRE III.

ABBAYE DE NEWSTEAD. — PROFESSION DE FOI DE LORD BYRON. — HEURES D'OISIVETÉ. — LES BARDES ANGLAIS ET LES CRITIQUES ÉCOSSAIS.

Il avait dix-huit à dix-neuf ans, lorsqu'il prit possession de Newstead-Abbey, dans le Nottinghamshire. Cet édifice, d'une construction gothique et irrégulière, passe pour une des curiosités du comté. Il fut fondé par des moines de l'ordre de St.-Augustin, et donné par Henri VIII à l'un des ancêtres de lord Byron. Ses dépendances et ses richesses sont considérables. L'aspect en est triste et imposant. Noircie par les siècles, la façade majestueuse de l'église est couverte d'ornemens sculptés. Une grande arcade à jour s'élève au-dessus du portail, et laisse voir, dans l'intérieur, de longues aiguilles ciselées. A gauche, sur un plan plus reculé, sont les bâtimens qui servaient de couvent, et qu'habitent ordinairement les seigneurs de cette terre.

L'architecture gothique qui laisse un si grand essor au génie de l'homme, aurait dû naître chez les Anglais. S'ils ne l'ont pas inventée, ils l'ont du moins variée à l'infini; et leur pensée s'y montre aussi indépendante que dans leur littérature. C'est un ensemble de défauts bizarres et de beautés sublimes, mais toujours conçus et exécutés avec une entière liberté. Presque tous les beaux édifices de l'Angleterre sont gothiques; on n'a pas, comme en France, la barbare manie de tout détruire pour rebâtir à la moderne. La nation et les individus protègent le passé et l'entourent d'un saint respect; on soigne les jouissances de l'imagination. Il faut aux Anglais d'antiques manoirs, des ruines, des mystères; tout ce qui, enveloppé dans les brouillards du temps, ou dans le vague de l'inconnu, leur permet de rêver, de deviner, de créer. Je sais bien que c'est un prestige de plus en faveur de l'aristocratie; mais c'est la cause de la poésie que je plaide, et non celle de la justice. Où se réfugieraient les arts et les muses, s'ils étaient condamnés à habiter les champs gras et fertiles de la Flandre?

Ce fut à Newstead-Abbey que lord Byron composa son premier ouvrage, *Les heures d'oisiveté*. On y trouve des pensées fortes, exprimées en vers faibles; des sentimens pleins d'ardeur et de générosité (*), et une profession de foi qui contient tout son avenir. Elle est dans une épitre adressée

---

(*) Voyez la réponse à l'impromptu qui parut dans les journaux sur la mort de Fox.

à un de ses camarades de collége, au duc de D***. je la traduis ici presqu'en entier.

« Cher D—r—t! Tes premiers pas ont erré avec moi sous l'ombrage du Mont Ida. Toi que ma tendresse m'apprit à défendre, et dont je fus l'ami, et non pas le tyran, malgré les lois de notre république qui t'ordonnaient d'obéir, et à moi de commander..... dans peu d'années, le sort amassera sur ta tête le don des richesses et l'orgueil du pouvoir. Dès à présent tu portes un nom illustre, renommé dans l'histoire, et peu distant du trône. Mais que ces vains dehors ne séduisent pas ton âme, et quand ton précepteur, passif, craignant de s'attirer la haine de l'enfant titré dont le souffle peut l'élever un jour, verrait tes erreurs d'un œil indulgent ; quand il encouragerait les défauts

---

D--r--t! whose early steps with mine have stray'd,
Exploring every path of Ida's glade,
Whom, still, affection taught me to defend,
And made me less a tyrant than a friend;
Tho' the harsh custom of our youthful band
Bade *thee* obey, and gave *me* to command
Thee, on whose head a few short years will shower
The gift of riches and the pride of power;
Even now a name illustrious is thine own,
Renown'd in rank, not far beneath the throne.
Yet, D--r--t, let not this seduce thy soul,
To shun fair science, or evade controul;
Tho' passive tutors, fearful to dispraise

CHAPITRE TROISIÈME.

qu'il n'ose châtier, je t'en supplie ne fuis pas les sciences, ne te révolte pas contre un frein salutaire.

« Lorsque de jeunes parasites plieront le genou devant la richesse, leur idole, non devant toi; car, dès la simple et candide adolescence, on trouve des esclaves prêts à flatter et à ramper : quand ils te diront que « la pompe doit entourer celui que sa naissance appelle aux grandeurs; que les livres ne furent écrits que pour amuser des rêveurs ou des insensés ; que les esprits supérieurs dédaignent les règles ordinaires, » ne les crois pas! Ils montrent le sentier qui conduit à la honte; ils cherchent à ternir l'honneur de ton beau nom. Alors, tourne-toi vers ceux des compagnons de ton enfance dont l'âme ne craint pas de con-

---

The titled child, whose future breath may raise,
View ducal errors with indulgent eyes,
And wink at faults they tremble to chastise.
  When youthful parasites, who bend the knee
To wealth, their golden idol, not to thee!
And, even in simple boyhood's opening dawn,
Some slaves are found to flatter and to fawn:
When these declare : « That pomp alone should wait
« On one by birth predestin'd to be great;
« That books were only meant for drudging fools,
« That gallant spirits scorn the common rules. »
Believe them not, — they point the path to shame,
And seek to blast the honours of thy name :
Turn to the few, in Ida's early throng,
Whose souls disdain not to condemn the wrong;

damner le mal; et si, parmi eux, il ne s'en trouvait pas un qui osât te faire entendre la voix impérieuse de la vérité, demande-la à ton cœur, il t'avertira du danger; car, je le sais, la vertu y réside.

« Oui, j'ai veillé sur toi pendant bien des jours. Mais à présent de nouveaux soins m'appellent. Oui, j'ai vu que ton âme généreuse était formée pour le bonheur du genre humain. *Ah! quoique moi-même je sois d'un naturel hautain, bizarre, impétueux, dominé par le caprice, la proie de mille erreurs qui préparent ma chute, je voudrais tomber seul. Quoiqu'aucun précepte ne puisse maintenant dompter mon cœur altier, j'aime les vertus que je ne pratique pas.*

Or, if amidst the comrades of thy youth,
None dare to raise the sterner voice of truth,
Ask thine own heart! 'twill bid thee, boy, forbear,
For *well* I know, that virtue lingers there:

Yes! I have mark'd thee many a passing day,
But, now new scenes invite me far away;
Yes! I have mark'd, within that generous mind,
A soul, if well matur'd, to bless mankind;
Ah! *tho', myself, by nature haughty, wild,*
Whom Indiscretion hail'd her favourite child;
Tho' ev'ry error stamps me for her own,
And dooms my fall, I fain would fall alone;
Tho' my proud heart no precept, now, can tame,
I love the virtues which I cannot claim.

'Tis not enough with other sons of power,
To gleam the lambent meteor of an hour,

CHAPITRE TROISIÈME. 29

« Non, ce n'est point assez de briller confondu avec les enfans du pouvoir, comme un météore qui passe et s'évanouit; d'enfler les annales de la noblesse de vains noms qu'on ne retrouve plus ailleurs; de partager avec la foule titrée le sort commun; d'être dans cette vie un moment entrevu, oublié dans le tombeau. Là, rien ne te séparera du vulgaire, si ce n'est la pierre glacée qui pèsera sur ta tête, l'écusson tombant en poudre, ou le parchemin du héraut-d'armes. Les grands qui meurent sans gloire n'ont trouvé que la tombe pour transmettre au monde, après eux, un nom méprisé. Là dorment, inaperçus comme les voûtes sépulchrales qui cachent leur poussière, leurs folies et leurs fautes, une longue suite d'aïeux recouverts d'armoiries destinées à n'être jamais lues. Ah! que ne puis-je te voir d'un

---

To swell some peerage page in feeble pride,
With long-drawn names, that grace no page beside;
Then share with titled crowds the common lot,
In life just gaz'd at, in the grave forgot;
While nought divides thee from the vulgar dead,
Except the dull cold stone that hides thy head,
The mouldering 'scutcheon, or the herald's roll,
That well-emblazon'd, but neglected scroll,
Where lords, unhonour'd, in the tomb may find
One spot to leave a worthless name behind;
There sleep, unnotic'd as the gloomy vaults,
That veil their dust, their follies, and their faults;
A race, with old armorial lists o'erspread,
In records, destin'd never to be read.

œil prophétique, parmi les sages et les hommes vertueux, parcourir une longue et glorieuse carrière! Le premier par ton rang, par tes vertus, par ton génie, foulant aux pieds les vices, exempt de toute bassesse, non le favori de la fortune, mais le plus noble de ses fils! » (*)

Un pareil langage, dans la bouche d'un jeune homme de dix-neuf ans, n'annonçait pas une âme commune. Il était d'ailleurs facile de reconnaître, dans l'ensemble de ces poésies, un être qui aspirait à de hautes destinées et qui déjà ne faisait plus partie de la foule: on y rencontre à chaque page des promesses de gloire pour l'avenir. Qui ne serait ému du pressentiment d'immortalité que renferment ces vers, datés de 1803? Lord Byron avait alors quinze ans.

Fain would I view thee, with prophetic eyes,
Exalted more among the good and wise;
A glorious and a long career pursue,
As first in rank, the first in talent too;
Spurn every vice, each little meanness shun,
Not Fortune's minion, but her noblest son! (*)

(*) Cette pièce de vers n'avait encore jamais été traduite en français, non plus que le fragment cité à la page suivante.

CHAPITRE TROISIÈME.

FRAGMENT.

« Quand la voix de mes pères, du haut de leur palais aérien, appellera mon âme, réjouie d'être choisie par eux; lorsque je monterai, balancé par la brise, ou qu'enveloppé de brouillards, je descendrai le flanc de la montagne ; oh! puisse mon ombre ne voir aux lieux où mes cendres retourneront à la terre, ni urne sculptée, ni parchemin surchargé d'armoiries, ni pierre couverte de louanges ! *Mon nom seul sera mon épitaphe.* S'il n'environne d'honneur ma froide poussière, qu'aucune autre gloire ne soit la récompense de mes actions. *Ce nom,* ce *nom-là* seul doit marquer mon tombeau, illustré par lui, ou avec lui oublié. »

A FRAGMENT.

When, to their airy hall, my Fathers' voice
Shall call my spirit, joyful in their choice;
When, pois'd upon the gale, my form shall ride,
Or, dark in mist, descend the mountain's side;
Oh! may my shade behold no sculptur'd urns,
To mark the spot where earth to earth returns:
No lengthen'd scroll, no praise-encumber'd stone;
My epitaph shall be my name alone:
If *that* with honour fail to crown my clay,
Oh! may no other fame my deeds repay;
That, only *that,* shall single out the spot,
By that remember'd, or with that forgot.

Les *Heures d'oisiveté* furent critiquées avec amertume dans la *Revue d'Edimbourg*, qui était alors l'oracle de l'Angleterre. Elle tourna en ridicule l'auteur et son ouvrage. Peut-être ce premier désappointement exerça-t-il une grande influence sur la vie de lord Byron. Il en fut profondément blessé. Son âme, encore jeune et confiante, desirait l'estime des hommes, et il se voyait traité par eux avec une sorte de mépris. On attaquait son enthousiasme parce qu'il dépassait quelquefois le but. On lui ôtait ses plus chères illusions. Ce qui eût découragé tout autre, lui redonna une nouvelle énergie. Il répondit à l'article de la Revue d'Édimbourg par l'amère satire des « Bardes anglais et des Critiques écossais (*). » C'était l'œuvre d'un grand maître. Jamais on ne déploya plus de verve et plus d'âpreté. Personne n'y fut épargné, ni grands, ni petits : il les nivela tous sous son fouet vengeur. Il se montra indépendant des hommes d'une manière effrayante pour eux. On eût dit qu'il avait pris pour devise : « Puisque je n'ai pu leur plaire, je veux du moins les faire trembler. » Le génie que dévoilait sa vengeance en agrandit la cause. On eut peur de ce gigantesque amour-propre qu'on ne pouvait offenser impunément.

Pendant son séjour à Newstead-Abbey, il revit miss Chaworth. Tous ses souvenirs se liaient à

(*) *English Bards and scotch reviewers.*

cette amie de son enfance. Il souhaitait ardemment l'avoir pour compagne, mais elle ne l'avait aimé que comme un frère; son cœur était tout entier à un autre. Malgré la perte de ses espérances, il conserva toujours pour elle une profonde tendresse. Les pièces de vers qu'il lui adressa ont un sentiment de pureté et une douce mélancolie. Long-temps après, il écrivit *le Rêve*, l'une de ses plus admirables productions et l'histoire fidèle de ce premier amour (*). Il est impossible de méconnaître lord Byron dans le jeune homme « à l'âme ardente », et la douce Marie dans la belle jeune fille, « seul et dernier rejeton d'une race honorée depuis des siècles (**). » Il s'est plu à retracer jusqu'aux lieux qu'ils habitaient ensemble : la colline « couronnée par un diadème d'arbres, » l'antique oratoire, ne sont pas des créations du poète ; ils existent à Newstead-Abbey.

Peut-être fut-ce à la suite de ce refus que lord Byron chercha des distractions dans les plaisirs. Il se rendit à Londres et y mena une vie très dissipée ; puis, il revint s'enfermer dans son antique château. Il y vivait presque toujours seul, n'ayant pour compagnon qu'un chien de Terre-Neuve, qu'il aimait beaucoup, et auquel il fit élever un monument avec cette inscription :

(*) Le texte et la traduction sont à la fin du volume.
(**) Miss Chaworth était effectivement le dernier descendant d'une maison illustre.

« Quand un orgueilleux fils de l'homme, inconnu à la gloire, mais élevé par sa naissance, retourne en poussière, l'art du sculpteur épuise la pompe de la douleur, et des urnes fastueuses annoncent que là repose un grand. On inscrit ensuite sur sa tombe, au lieu de ce qu'il fut, ce qu'il aurait dû être. Mais un pauvre chien, le plus fidèle des amis tant qu'il existe, le premier à fêter notre retour, le plus prompt à nous défendre; dont le cœur appartient tout entier à son maître, qui travaille, combat, vit, respire pour lui seul, expire sans honneur. Son mérite est méconnu : on lui refuse au Ciel l'âme qu'il avait sur la terre; tandis que l'homme, orgueilleux insecte, espère obtenir son pardon, et réclame les cieux pour lui seul. O homme! faible vassal d'une heure, avili par l'es-

---

When some proud son of man returns to earth,
Unknown to glory, but upheld by birth,
The sculptor's art exhausts the pomp of woe,
And storied urns record who rests below;
When all is done, upon the tomb is seen,
Not what he was, but what he should have been:
But the poor dog, in life the firmest friend,
The first to welcome, foremost to defend,
Whose honest heart is still his master's own,
Who labours, fights, lives, breathes for him alone,
Unhonoured falls, unnoticed all his worth,
Denied in heaven the soul he held on earth:
While man, vain insect! hopes to be forgiven,
And claims himself a sole exclusive heaven.

clavage ou corrompu par le pouvoir, quiconque te connaît bien doit te quitter avec dégoût. Amas dégradé d'une vivante poussière! ton amour n'est que la licence, ton amitié qu'un faux semblant; tes sourires de l'hypocrisie; tes paroles un continuel mensonge. Vil par ta nature, noble seulement par ton nom, chaque animal que tu méprises pourrait te faire rougir de honte. Vous, qui, par hasard, contemplez cette urne modeste, passez..... Elle n'honore personne que vous veuilliez pleurer. Ces pierres furent élevées sur les restes d'un ami. Je n'en connus jamais qu'un, et c'est ici qu'il dort. »

Ces vers sont peu remarquables, si ce n'est par le sentiment de misanthropie qui semble les avoir dictés. A peu près à la même époque, il fit faire une coupe d'un crâne trouvé dans le cime-

---

Oh man! Thou feeble tenant of an hour,
Debased by slavery, or corrupt by power,
Who knows thee well must quit thee with disgust.
Degraded mass of animated dust!
Thy love is lust, thy friendship all a cheat,
Thy smiles hypocrisy, thy words deceit!
By nature vile, ennobled but by name,
Each kindred brute might bid thee blush for shame.
Ye! who perchance behold this simple urn,
Pass on—it honours none you wish to mourn:
To mark a friend's remains these stones arise,
I never knew but one, and here he lies.

Newstead Abbey, october 30, 1808.

tière de l'abbaye de Newstead, et il y fit graver cette inscription, mélange bizarre d'ironie et d'insouciance.

Lignes inscrites sur une coupe formée d'un crâne.

« Ne tressaille point..... ne crois pas que l'esprit qui m'animait soit enfui. Vois en moi le seul crâne, bien différent en cela d'une tête vivante, d'où découle toujours une source qui jamais ne fatigue, et qui jamais n'ennuie.

« Je vécus, j'aimai, je bus à longs traits comme toi ; je mourus. Que la terre te cède mes ossemens. Remplis jusques aux bords..... Tu ne peux pas me souiller : le ver est plus impur que toi.

« Mieux vaut contenir le jus pétillant du raisin que de nourrir cette race hideuse ; et, arrondi en coupe, renfermer le breuvage des dieux, plutôt que la nourriture des reptiles.

Start not—nor deem my spirit fled :
In me behold the only skull,
From which, unlike a living head,
Whatever flows is never dull.

I lived, I loved, I quaff'd like thee ;
I died; let earth my bones resign :
Fill up—thou canst not injure me;
The worm hath fouler lips than thine.

Better to hold the sparkling grape,
Than nurse the earth-worm's slimy brood;
And circle in the goblet's shape
The drink of gods, than reptile's food.

CHAPITRE TROISIÈME. 37

« Qu'ici où peut-être jadis mon esprit a brillé, j'aide à ranimer la verve des autres, hélas! quand tous les fibres déliés de la pensée sont anéantis, quel plus noble remplaçant que le vin!

« Bois, tandis que tu le peux encore... Lorsque toi et les tiens auront passé comme moi, une autre génération t'arrachera peut-être aussi à la terre, et, au sein des festins et des chants, se réjouira avec les morts.

« Pourquoi non? puisque à travers le jour si court, si fugitif de notre vie, nos têtes produisent de si tristes effets; sauvées des vers et de la poussière destructive, la plus belle chance qui leur reste est encore d'être utile. »

On jugea comme des fautes graves ces bizarreries qui n'étaient que les caprices d'un cœur malade et

---

Where once my wit, perchance, hath shone,
In aid of others' let me shine;
And when, alas! our brains are gone,
What nobler substitute than wine!

Quaff while thou canst—another race,
When thou and thine like me are sped,
May rescue thee from earth's embrace,
And rhyme and revel with the dead.

Why not? since through life's little day
Our heads such sad effects produce;
Redeemed from worms and wasting clay,
This chance is theirs, to be of use.

Newstead Abbey, 1808.

d'une imagination exaltée. Lord Byron passait continuellement d'un excès à un autre excès. Tantôt il fuyait les hommes, tantôt il recherchait les plaisirs avec ardeur. Cependant, malgré l'activité de ses ennemis à lui découvrir des torts, on ne l'accusa jamais d'avoir cherché à séduire une jeune fille innocente, ou d'avoir troublé le repos d'un ménage. Il est vrai qu'une femme mariée afficha pour lui une passion scandaleuse, et qu'irritée du mépris dont, au bout de quelque temps, il paya ses avances, elle écrivit un roman, où elle le dépeint sous de hideuses couleurs. Mais le public, malgré ses préventions, fit justice de l'auteur et du livre (*).

(*) Glenarvon.

CHAPITRE IV.

LE GIAOUR. — DES TRADUCTIONS. — LA FIANCÉE D'ABYDOS. — DE L'INFLUENCE DU GÉNIE DE LORD BYRON. — LE CORSAIRE.

Arrivé à sa majorité, lord Byron quitta l'Angleterre; il visita le Portugal, l'Espagne et la Grèce. De retour dans sa patrie, après une absence de trois ans, il publia les deux premiers chants de Childe-Harold, son poème favori et son plus beau titre à l'immortalité. Cette poésie neuve, hardie, toute mystérieuse, pleine de profondeur sans obscurité, excita un grand enthousiasme : elle eut aussitôt ses partisans et ses ennemis; mais personne ne la lut avec indifférence. Bientôt après, parut le *Giaour* ou *l'Infidèle*, fragment d'un conte turc qui s'ouvre par une admirable description du beau climat de l'Orient. On y respire les parfums de cette terre enchantée; l'air doux et suave ride mollement le bleu cristal des mers; les sensations sont autant de jouissances. Tout semble formé pour le bonheur et pour la paix; et cependant, au milieu de ce délicieux Eden, les passions règnent en despotes. La vie de la contrée semble éteinte. « C'est la Grèce, mais non plus la Grèce vivante ! » (*) Ce poème est empreint d'une énergie de sentiment extraordinaire : il a des mots qui respirent, et des pensées qui brûlent (**) ; c'est le cri d'un cœur déchiré. Il y a dans le héros une grande intensité de douleur et de volonté ; on sent qu'il prodigue toute sa vie en quelques heures. Il s'éteint comme une torche incendiaire qui a tout embrâsé, et qui, seule au milieu des débris, se dévore elle-même.

La poésie en est ardente et concise ; la pensée resserrée en peu de mots, frappe l'âme avec une double force. Cependant les vers deviennent doux et harmonieux quand ils expriment des idées tendres et des images gracieuses, comme dans le délicieux morceau qui commence ainsi :

> « As rising on its purple wing
> « The insect-queen of eastern spring, etc. »

Ils sont tristes et plaintifs quand ils peignent la désolation de la Grèce, et pleins d'une touchante sensibilité, lorsqu'à son lit de mort, le *Giaour* se rappelle l'ami de sa jeunesse qui jadis lui prédit son sort.

Lord Byron change de style selon les sentimens dont il est agité ; c'est ce qui rend la traduction de ses ouvrages si difficile, ou pour mieux dire,

---

(*) « 'Tis Greece, but living Greece no more ! »
(**) « Words that breathe and thoughts that burn. »

presque impossible. La science des mots ne suffit pas pour traduire le génie, il n'y a que l'âme qui aide à rendre le langage de l'âme. Il faut surmonter les obstacles à force d'émotions, il faut sentir avec enthousiasme, avec larmes, les beautés qu'on veut faire passer dans une autre langue. Mais plus on est ému, plus on a de peine à se résoudre à affaiblir la pensée, à la dénaturer, en lui ôtant l'harmonie des vers; il semble qu'on va commettre un sacrilège, on se dégoûte de son travail et on est vingt fois tenté de le jeter au feu avant qu'il soit achevé. C'est du moins ce que doivent éprouver tous ceux qui sentent vivement. Il y a, à la vérité, des traducteurs moins consciencieux, qui se mettent fort peu en peine de comprendre les émotions du poète, et encore moins de les reproduire en français. Ils poussent même quelquefois l'insouciance jusqu'à traduire les mots sans s'inquiéter des idées, et il en résulte assez souvent les contresens les plus bizarres. Ces gens-là n'ont jamais réfléchi que « traduire un poète ce n'est pas prendre un compas, et copier les dimensions de l'édifice; c'est animer du même souffle de vie un instrument différent (*). » Et il n'est pas donné à tout le monde de posséder ce souffle créateur. Un homme d'esprit peut faire une traduction exacte quant aux phrases, élégante, où l'on devi-

---

(*) Madame de Staël.

nera les intentions du poète; mais on n'y trouvera pas ce qui constitue peut-être son talent, ce qu'il y a en lui de plus intime, ce qui fait battre notre cœur à l'unisson du sien; ce feu qui circule dans la poésie inspirée, cette étincelle vivifiante qui se dérobe aux âmes froides. Une foule de traductions me rappelle ces mots du Roland de l'Arioste que madame de Staël appliquait si heureusement aux imitateurs allemands : « Ma jument réunit toutes les qualités imaginables, mais elle a pourtant un défaut, c'est qu'elle est morte. »

Nous sommes dans le siècle des traductions; jamais la France ne s'est montrée plus avide d'ouvrages étrangers, et cela tient, je crois, au besoin d'innovations qui tourmente notre littérature. Cette curiosité doit avoir de bons résultats. Les peuples ne peuvent faire un plus noble échange que celui des productions de la pensée. Ce sont les trésors de l'esprit humain, qu'on augmente en les partageant. Un bon ouvrage est le legs le plus précieux d'un homme de bien; mais du moins faudrait-il le sauver des mains de ces mercenaires littéraires qui massacrent un auteur à tant la page. Lord Byron en avait une extrême frayeur, il dit quelque part en parlant d'une traduction de Childe-Harold en vers italiens : « Un des inconvéniens attachés à l'état d'auteur, pour ceux qui ont un nom connu, en bien ou en mal, c'est la difficulté d'échapper aux traducteurs. » Je trouve qu'il avait

CHAPITRE QUATRIÈME.

bien raison de les craindre, aussi, ne le citai-je en français que pour faciliter l'intelligence du texte à ceux qui comprennent l'anglais, et pour donner aux autres un faible aperçu d'un génie aussi extraordinaire.

La *Fiancée d'Abydos* suivit le *Giaour*. C'est encore l'Orient, son brûlant soleil, ses cœurs de feu, mais adoucis par l'influence d'une vierge candide. Cette femme, la première que lord Byron ait peinte, a un charme inexprimable. Elle est tendre, innocente, dévouée. Fille du féroce Giaffir, elle seule a le pouvoir de dérider son front. Elle aime Sélim, et dans tout ce qu'elle lui dit, il y a un mélange de jeunesse, de gaîté et d'amour qui fait à-la-fois pleurer et sourire. Je ne connais rien de comparable à la première scène entre les deux amans; aux transports de Sélim, lorsqu'affranchi des caprices d'un despote, il voit l'immensité devant lui, et celle qu'il aime à ses côtés. Dans son fougueux élan de liberté, il embrasse l'univers.

« C'est en vain, s'écrie-t-il,... ma langue ne peut pas te décrire l'enivrement de mon cœur, quand mes yeux rendus à la liberté parcoururent la terre, l'Océan, le soleil et les cieux; comme si mon âme les eût pénétrés,

---

'Tis vain—my tongue cannot impart
My almost drunkenness of heart,
When first this liberated eye
Surveyed Earth, Ocean, Sun and Sky,

ainsi que leurs merveilles les plus intimes. Un seul mot peut te peindre ce qui surpasse toute sensation..... J'étais libre! J'avais cessé de soupirer même après ta présence. Le monde.... le ciel était à moi ! . . . .
. . . .

« Oh! que je puisse errer sur la mer comme le patriarche de l'océan, (*) et n'avoir sur la terre d'autre patrie que celle du Tartare! (**) Ma tente sur le rivage, ma galère sur les eaux, sont plus pour moi que les villes et les sérails. Porté par mon coursier, je traverserai les déserts; en-

---

As if my spirit pierced them through,
And all their inmost wonders knew!
One word alone can paint to thee
That more than feeling—I was free!
E'en for thy presence ceased to pine;
The world—nay—Heaven itself was mine!

. . . .

Ay! let me like the Ocean-Patriarch (*) roam,
Or only know on land the Tartar's home! (**)
My tent on shore, my galley on the sea,
Are more than cities and Serais to me :
Borne by my steed, or wafted by my sail,
Across the desert, or before the gale,

(*) Noé.
(**) La vie errante des Arabes, des Tartares et des Turcomans, est décrite avec détail dans tous les voyages en Orient. On ne peut nier qu'elle possède un charme tout particulier. Un jeune renégat français avoua à M. de Châteaubriand, qu'il ne s'était jamais trouvé seul, galoppant dans le désert, sans éprouver une sensation qui tenait du ravissement, et qui était inexprimable. (Note de LORD BYRON.)

veloppé des voiles de ma barque, je fuirai devant la brise; mais en quelque lieu que m'entraîne mon barbe bondissant, ou que ma proue agile se dirige, tu seras l'étoile qui guidera le voyageur égaré. O ma Zuleïka! tu partageras, tu béniras ma nacelle; toi, la colombe de paix et d'alliance de mon arche!...... »

Les deux amans s'enfuient. Bientôt ils sont poursuivis par le farouche Giaffir. Sélim se défend avec toute l'énergie du désespoir. Il succombe enfin, et Zuleïka expire de douleur auprès de lui. La fin est d'un mystère et d'une harmonie si charmante, que c'est en tremblant que je me hasarde à la donner ici.

« Dans l'enceinte où brillent mille tombeaux, tandis qu'au-dessus s'étend le noir ombrage du triste mais vivant cyprès, qui jamais ne se fane quoique ses branches et ses feuilles portent l'empreinte d'une éternelle

---

Bound where thou wilt, my barb! or glide my prow!
But be the star that guides the wanderer, Thou!
Thou! my Zuleika, share and bless my bark;
The dove of peace and promise to mine ark!
. . . .
Within the place of thousand tombs
   That shine beneath, while dark above
The sad but living cypress glooms
   And withers not; though branch and leaf
Are stamped with an eternal grief,
   Like early unrequited Love.

douleur, comme un premier amour qui n'est point partagé; dans ce bosquet de la mort, il est un lieu toujours fleuri : une rose isolée l'orne de son doux et pâle éclat; on la croirait apportée là par le désespoir. Si blanche, si languissante que le plus léger souffle pourrait disperser ses feuilles dans l'air; et cependant, quoique assaillie par l'orage et la tempête, quoique des mains plus rudes que les vents d'hiver l'arrachent à la branche; c'est en vain....., le lendemain la voit refleurir! Quelque esprit relève doucement la tige et l'arrose de larmes célestes.

« Ah! ce n'est pas sans cause que les vierges d'Hellé croient que ce n'est point une fleur terrestre qui peut

---

  One spot exists, which ever blooms,
   Ev'n in that deadly grove—
  A single rose is shedding there
   Its lonely lustre, meek and pale :
  It looks as planted by Despair—
   So white—so faint—the slightest gale
  Might whirl the leaves on high;
   And yet, though storms and blight assail,
  And hands more rude than wintry sky
   May wring it from the stem—in vain—
   To-morrow sees it bloom again!
   The stalk some spirit gently rears,
   And waters with celestial tears;
For well may maids of Helle deem
   That this can be no earthly flower,
   Which mocks the tempest's withering hour.

CHAPITRE QUATRIÈME.

braver ainsi les fureurs de l'ouragan, et s'épanouir sans l'abri d'un berceau. Quoique le printemps lui refuse sa rosée, elle ne languit pas : elle n'appelle pas les rayons du soleil.

« Là chante toute la nuit un oiseau inconnu, quoique peu éloigné; ses ailes aériennes sont invisibles, mais ses longs et ravissans accords sont doux comme ceux des harpes des houris. Ce pourrait être le bulbul, (*) mais son chant, quoique triste, n'approche pas de cette mélodie. Car ceux qui l'écoutent ne peuvent laisser ces lieux, mais ils demeurent et pleurent comme s'ils aimaient en vain ! Cependant, ces larmes sont si dou-

---

    And buds unsheltered by a bower;
      Nor droops, though spring refuse her shower;
    Nor woos the summer beam :
    To it the livelong night there sings
      A bird unseen—but not remote :
    Invisible his airy wings,
    But soft as harp that Houri strings
      His long entrancing note!
    It were the Bulbul; (*) but his throat,
      Though mournful, pours not such a strain :
    For they who listen cannot leave
    The spot, but linger there and grieve
      As if they loved in vain !
    And yet so sweet the tears they shed,
      'Tis sorrow so unmixed with dread,
    They scarce can bear the morn to break

(*) Le « bulbul » ou « l'amant de la rose, » noms que l'on donne au rossignol en Orient.

ces, c'est une douleur si peu mêlée d'amertume, qu'ils ne voient pas sans regret naître l'aurore qui rompt ce charme mélancolique. Plus long-temps encore ils voudraient veiller et pleurer : son chant est si beau, si divin ! Mais quand le jour se répand dans les cieux, cette magique mélodie expire. Il en est qui ont cru (tant les aimables rêves de la jeunesse nous trompent ; et comment oser les blâmer), que ces accords si perçans, si profonds, formaient parfois le nom de Zuleïka. (*) C'est du sommet de son cyprès que s'échappent ces sons qui se perdent dans l'air. C'est dans ses cendres virginales que la rose blanche a pris naissance. Une pierre de marbre fut apportée naguère sur ce

---

  That melancholy spell,
And longer yet would weep and wake,
  He sings so wild and well!
But when the day-blush bursts from high
  Expires that magic melody.
And some have been who could believe
(So fondly youthful dreams deceive,
  Yet harsh be they that blame),
That note so piercing and profound
Will shape and syllable its sound
  Into Zuleika's name. (*)
'Tis from her cypress' summit heard,
That melts in air the liquid word :
'Tis from her lowly virgin earth
That white rose takes its tender birth.
There late was laid a marble stone;

(*) Voyez les notes à la fin du volume.

CHAPITRE QUATRIÈME.

tombeau; le soir la vit placer : le matin, elle avait disparu..... Ce ne fut pas le bras d'un mortel qui transporta sur le rivage ce pilier funéraire si fortement fixé. Les légendes d'Hellé rapportent qu'on le trouva le lendemain aux lieux où tomba Sélim. Il est battu par les flots tumultueux, qui roulent son corps privé de sépulture; on dit qu'à l'approche de la nuit, on y voit reposer une tête livide couverte d'un turban : la colonne renversée est étendue aux bords des vagues. On la nomme « l'oreiller du fantôme du Pirate. » Aux lieux où elle était d'abord, s'épanouit cette fleur de deuil; elle y fleurit encore, humide et seule, pâle, glacée, et pure comme les joues de la Beauté qui pleure en écoutant un douloureux récit. »

Eve saw it placed—the Morrow gone!
It was no mortal arm that bore
That deep-fixed pillar to the shore;
For there, as Helle's legends tell,
Next morn 'twas found where Selim fell;
Lashed by the tumbling tide, whose wave
Denied his bones a holier grave :
And there by night, reclined, 'tis said,
Is seen a ghastly turbaned head :
And hence extended by the billow,
'Tis named the « Pirate-phantom's pillow! »
Where first it lay that mourning flower
Hath flourished; flourisheth this hour,
Alone and dewy, coldly pure and pale,
As weeping Beauty's cheek at Sorrow's tale!

Les opinions furent très partagées sur ces deux poèmes ; on en admirait la beauté, mais on blâmait les sujets, et surtout les passions terribles qui y étaient dépeintes. On compara lord Byron à un volcan qui verse à grands flots une lave bouillante sur de fertiles campagnes, et en fait un aride désert couvert de pierres et de cendres. Il est vrai que son génie, trop grand pour ne pas agir fortement sur l'âme, dégoûte des affections tranquilles : il exalte le cœur, il éveille cette puissance morale assoupie par les lois et les convenances de la société. On veut ce bonheur énivrant qu'il fait entrevoir, on le paierait de sa vie ; on se débat en vain dans les chaînes de l'éducation et de l'habitude, et si on parvenait à les briser, plus malheureux encore, on serait délaissé, avili, méprisé. C'est l'énergie des sauvages transportée au milieu des villes et des salons. Arrêtée par mille obstacles, cette impuissante volonté retombe sur nous et nous écrase.

Pendant qu'on discutait sur son talent, lord Byron en donna une nouvelle preuve plus éclatante encore que les précédentes. Au mois de janvier 1814, il publia *le Corsaire*, poème en trois chants, dédié à Thomas Moore. Le héros est le même que le *Giaour* et *Sélim;* seulement le caractère est plus développé : il a de plus nobles vertus. Le passé cache le commencement d'une vie qui devait être illustre, si les passions et leurs excès ne l'eussent souillée. Plein d'orgueil et de vengeance, il dédaigne le genre humain, et n'y voit que des hypocrites. Cependant, l'amour de la gloire le tourmente : il ne peut plus le placer dans la vertu, il le met dans ses conquêtes; mais il n'a pas l'insouciance qui permet d'en jouir. Le type de ce personnage, si souvent reproduit par lord Byron, semble être l'archange déchu. Ses héros ont la même grandeur, la même ambition; ils se débattent comme lui sous le poids d'une malédiction terrible.

Le poème du *Corsaire* abonde en faits et en sombres images. L'assaut du palais, la nuit de la prison, l'apparition de la sultane et sa terrible rencontre avec le corsaire après l'assassinat, tout fait tableau et se dessine à l'œil. La versification est solennelle. C'est la mesure de l'ancien vers héroïque des Anglais; il a dix syllabes, tandis que celui du *Giaour* n'en a que huit. Malgré l'admiration qu'excita cet ouvrage, ce n'est point celui que je préfère. J'y trouve plus de romanesque que de sentiment, et une sorte de gêne et d'affectation qui tient peut-être au nouveau rythme que lord Byron avait adopté. Dans sa lettre à Moore, il annonçait l'intention de se reposer pendant quelques années. Ce fut sans doute cette espèce d'engagement pris avec le public qui le décida à faire paraître *Lara* sans son nom. C'est encore *le Corsaire* plus vieux de quelques années. Cet être à part des autres, est enveloppé de mystère et de ténèbres. Terrible pour tous, il n'est accessible que pour son page au teint basané qui l'a suivi dans une terre étrangère : Kaled sait des paroles qui calment ses souffrances; il sait faire évanouir les visions qui épouvantent son maître. Il a seul le secret de ses crimes, et ce secret doit être affreux. Lord Byron laisse toujours derrière ses paroles un abîme qu'on n'ose sonder. On ne cherche même pas à deviner ce qu'il cache. On éprouve le même effroi qu'en se penchant au-dessus d'un gouffre dont on ne peut découvrir le fond.

CHAPITRE V.

PORTRAIT DE LORD BYRON ; — DE QUELLE MANIÈRE IL FIT CONNAISSANCE AVEC MISS MILBANK, QUI FUT DEPUIS LADY BYRON ; — SON MARIAGE ; — TROUBLES DOMESTIQUES. — SÉPARATION. — L'ADIEU. — VERS INÉDITS DE LADY BYRON A SA FILLE ET A UNE DE SES AMIES. — ESQUISSE D'UNE VIE PRIVÉE.

Le génie de lord Byron, l'indépendance de son caractère, son dédain pour les honneurs qui éveillent l'ambition des autres hommes, tout concourait à le rendre l'objet de la curiosité publique. Les personnes qui blamaient le plus ses ouvrages n'étaient pas les moins empressées à le connaître. Les extravagances d'une femme qui se prit d'une folle passion pour lui, achevèrent de le mettre à la mode. Tout le monde voulut le voir ; et c'était une épreuve à laquelle il ne pouvait que gagner ; car ses manières étaient séduisantes, et ses traits parfaitement beaux. Il avait le front haut et un peu découvert ; les cheveux noirs, les yeux d'un bleu foncé ; son regard, habituellement doux et pénétrant, était quelquefois vif et impérieux. Sa bouche exprimait tour-à-tour le dédain et la tendresse. Mais le caractère le plus ordinaire de sa physionomie, c'était une grande noblesse, de la bonté, et quelque chose de pensif. Quand un ridicule le frappait, son sourire devenait ironique. Lorsqu'il était fortement ému, ou indigné, ses sensations les plus profondes se peignaient aussitôt sur son visage, dont l'expression était extraordinairement mobile et nuancée. Un poëte, son rival, disait de lui : *C'est un beau vase d'albâtre, uni en dehors, sculpté en dedans; allumez une flamme dans l'intérieur, vous verrez aussitôt le vase resplendir, et toutes les figures, toutes les formes que le ciseau de l'artiste a modelées dans son sein vous apparaîtront brillantes* (*). Il avait le son de la voix doux et vibrant. Il lisait avec beaucoup de chaleur et d'enthousiasme. J'ai entendu assurer à un littérateur anglais très distingué, qui a vécu long-temps dans l'intimité de lord Byron, que personne ne possédait à un plus haut degré les qualités qui font le charme de la vie intérieure. Cependant, il était irritable comme tous les hommes qui sentent vivement; mais c'était plutôt de l'impatience que de la colère. Il prenait les gens en aversion, dès qu'il croyait avoir découvert en eux de la bassesse et des penchans ignobles: mais

---

(*) Je ne sais pas de qui est cette belle image, j'emprunte cette citation à un excellent article de M. Chasles, sur les poëtes anglais, qui parut dans la *Revue Encyclopédique*, en 1821; volume VIII, page 228 et 446.

il excusait les torts de ses amis, et les servait de tout son pouvoir.

Il habitait Londres, en 1814, et se rendait tous les jours à midi chez son éditeur, M. Murray, où il trouvait plusieurs hommes de lettres avec lesquels il était lié. Il y passait environ trois heures occupé à parcourir les brochures nouvelles, les journaux, et à s'entretenir de littérature ou de politique. Il était fort exclusif dans le choix de son cercle intime, et désignait à M. Murray ceux qu'il voulait exclure ou admettre dans le salon qu'on lui réservait.

A l'époque où il était le plus recherché de la première société de l'Angleterre, et où il occupait toutes les têtes, il entendit parler un jour des vers qu'une jeune personne avait faits contre lui et contre ses ouvrages : c'était miss J. Milbank, fille unique de sir Ralph Milbank, baronnet. Lord Byron ne la connaissait pas; mais on la lui avait dépeinte comme une personne très accomplie et de beaucoup de talens. Dans sa critique, elle avait attaqué l'auteur plus encore que ses poésies. Elle y disait qu'il était facile de le reconnaître dans le portrait qu'il faisait de Childe Harold; que sa conduite était parfaitement d'accord avec ses principes, etc... Ses amies ajoutaient qu'elle avait pour lord Byron une horreur invincible, et qu'elle le regardait comme un monstre. Cette espèce de défi donna l'éveil à la vanité de ce dernier. Il lut les vers, les trouva fort piquans, et ne pensa plus qu'à se faire présenter à la personne qui le traitait si mal. La curiosité de miss Milbank l'emporta sans doute sur sa haine, puisqu'elle consentit à se trouver à une soirée avec lord Byron. Ils se virent alors pour la première fois. Sans être belle, elle était agréable; et son esprit acheva sa conquête. Lord Byron n'épargna aucun soin pour la faire revenir de ses préventions. Il mit une sorte de coquetterie à lui plaire, et il y parvint. Il est à craindre que, d'un côté, l'orgueil de vaincre une antipathie déclarée; et de l'autre, celui d'attacher et de fixer un homme de génie dont le nom était déjà dans toutes les bouches, ne fût l'origine et la cause de cet attachement mutuel. Quoi qu'il en soit, il devint si vif de part et d'autre, qu'au commencement du mois de décembre 1814, lord Byron demanda la main de miss J. Milbank. Il l'épousa, le 2 janvier 1815, à Seham, dans le comté de Durham.

Ce mariage étonna généralement. On ne comprenait pas que lord Byron, qui avait à peine vingt-sept ans, eût renoncé si jeune à son indépendance. La sévérité des principes de miss Milbank, et de ceux de son père qui poussait la dévotion jusqu'au puritanisme, rendait la chose encore plus singulière. Non pas que lord Byron eût mené une conduite plus dissipée que la foule des jeunes gens riches du même âge; mais son ta-

CHAPITRE CINQUIÈME.

lent ayant excité l'envie, il avait été l'objet des calomnies les plus fausses et les plus odieuses. Avant son mariage, lady Byron s'informa, dit-on, avec soin, de toutes les circonstances de la vie passée de son mari, et probablement qu'elle n'y découvrit rien que de pardonnable, puisqu'elle consentit à devenir sa femme. Peut-être l'espoir d'une réforme, et la gloire d'y avoir coopéré furent-ils pour quelque chose dans sa décision. Avec du charme dans l'esprit, et du dévouement à ceux qu'elle aimait, elle passait pour avoir un caractère hautain et jaloux.

Après leur mariage, les deux époux revinrent à Londres. Lord Byron publia des mélodies Hébraïques, et quelques pièces de vers, entr'autres, l'*Adieu à Napoléon*, l'*Ode sur l'étoile de la Légion d'honneur*, l'*Ode sur Waterloo*, et l'*Ode sur la France*. (*) Il allait rarement dans le monde, et ne s'y montrait guère qu'avec sa femme. Peu de gens connaissaient leur intérieur. Lady Byron avait auprès d'elle son ancienne gouvernante, qu'elle regardait comme une amie, et qu'elle traitait avec beaucoup d'égards. Soit que lord Byron fût fatigué de la présence continuelle d'un tiers, soit qu'il vît avec chagrin l'influence qu'une étrangère exerçait dans sa maison, il paraît qu'il offensa grièvement l'orgueil de cette femme. C'est du moins le seul

(*) La dernière n'a jamais paru traduite en français.

motif auquel on puisse attribuer la haine profonde et infatigable qu'elle lui montra depuis. Connaissant mieux que personne le caractère de lady Byron, elle sut faire agir à propos tous les ressorts pour exciter sa jalousie, et empoisonner son bonheur domestique. Elle attisait ses moindres ressentimens contre lord Byron. Elle le noircissait par de faux rapports, et aggravait les torts qu'il pouvait avoir. L'irritabilité de ce dernier ne lui permettait pas de répondre avec calme à des reproches injustes : l'amour sincère qu'il avait pour sa femme redoublait sa fureur contre la mégère dont l'ascendant était si funeste à son repos. Il s'en plaignit : elle le sut, et jura de s'en venger. Une occasion s'offrit bientôt.

Lord Byron fut nommé membre du comité de Drury-Lane. Ces fonctions l'obligeaient à entretenir des relations continuelles avec les acteurs et les actrices de ce théâtre. Lady Byron, livrée à sa perfide confidente, jugea que c'était un prétexte spécieux pour cacher quelque intrigue : elle ne parla point de ses soupçons à son mari, mais elle le traita avec hauteur et dédain.

A la fin de 1815, lady Byron accoucha d'une fille. Lord Byron en ressentit une extrême joie; il aimait naturellement les enfans, et il passait souvent des heures entières assis auprès du berceau de sa petite Ada. A peu près vers le même temps, la belle Mistress Mardyn, qui faisait alors partie de la troupe de Drury-Lane, se présenta chez lord Byron pour lui parler d'affaires. Il écrivait dans sa bibliothèque; le domestique la fit entrer. Pendant sa visite, il survint un orage et une pluie si abondante, que, ne pouvant retourner chez elle à pied, elle envoya chercher un fiacre. On n'en trouva pas; lord Byron ordonna qu'on mît les chevaux à sa voiture, et qu'on reconduisît Mistress Mardyn chez elle. Lady Byron, avertie par son argus de la présence de cette actrice, oublia sa dignité au point de défendre au cocher d'obéir à son maître. Elle renvoya le domestique lui dire qu'on avait emprunté la voiture et qu'elle était dehors. Irrité d'un refus dont il pénétrait le motif, lord Byron reprit avec impétuosité : « En ce cas, attelez de suite celle de madame. » Cet ordre ne fut pas plus suivi que l'autre. Lady Byron dit au domestique : « Allez dire à votre maître que jamais Mistress Mardyn ne montera dans une voiture qui m'appartienne. » L'injustice d'un pareil procédé révolta lord Byron : il se tourna vers Mistress Mardyn et la pria de lui faire l'honneur de rester à dîner, puisqu'il ne pouvait pas la faire reconduire chez elle.

Il lui donna la main pour passer dans la salle à manger, où lady Byron les avait précédés; et, s'avançant à sa rencontre, il lui présenta Mistress Mardyn. Au lieu de l'accueillir avec bonté, elle recula de quelques pas, et lui adressa les plus amères railleries sur le but de sa visite et sur sa conduite; puis, s'élançant vers la porte, elle sortit. Lord Byron, trop irrité pour se contenir, la suivit en lui disant de ces mots offensans que l'orgueil ne pardonne point. Il referma la porte sur elle avec bruit. Elle rentra au bout d'un moment; son maintien était calme et composé. « Je vous laisse pour toujours, lui dit-elle; je ne veux plus vivre avec un pareil homme. » Ce furent les dernières paroles que lord Byron entendit prononcer par sa femme : il la vit alors pour la dernière fois. Elle monta dans la voiture qu'on venait d'atteler pour Mistress Mardyn, d'après un nouvel ordre de lord Byron, et s'enfuit en quelque sorte de sa propre maison : elle se retira chez son père, laissant son mari confondu, et Mistress Mardyn, cause innocente de tout ce trouble, à demi évanouie.

Le bruit de cet événement se répandit bientôt à Londres : il devint l'objet de toutes les conversations. On prit fait et cause pour lady Byron : on ne vit plus en elle que la victime d'un homme capricieux et sans mœurs, d'un fou dont elle avait tout à craindre (*). Le nom de Mistress Mardyn se mêlait à tous ces commérages : on l'accusait d'avoir

---

(*) A cette époque, le bruit se répandit que lord Byron avait des accès de démence; on alla même jusqu'à dire que, dans un de ces momens de frénésie, il avait tenu son enfant qu'il adorait, suspendu par une fenêtre, en menaçant de le laisser tomber. Ces contes absurdes ont été démentis par toutes les personnes qui le voyaient alors.

séduit lord Byron, d'avoir cherché à le détacher de sa femme. Quoiqu'elle niât, de la manière la plus solennelle, qu'elle eût jamais eu avec lui aucun rapport coupable, elle n'en était pas moins flétrie par la voix du public. Elle résolut d'en appeler à ce tribunal, et, malgré les efforts de ses amis, elle prit un rôle dans une pièce de Farquhar. On annonça sur l'affiche qu'elle jouerait le soir même. La salle était pleine. On leva le rideau : elle parut. Ce fut pour elle une redoutable et terrible épreuve. A peine avait-elle dépassé l'angle de la coulisse, qu'un cri d'indignation et de vengeance retentit de toutes parts. Les loges vociféraient contr'elle ; le parterre se leva tout entier. Des galeries on lui criait de se retirer, en lui prodiguant l'insulte et le mépris. On lui reprochait sans déguisement les défauts et les vices les plus honteux. Elle soutint cette attaque avec un admirable courage. Elle ne répondit aux cris qui devaient la chasser du théâtre, qu'en s'avançant jusqu'à la rampe. Sa démarche était intrépide. Elle fit signe de la main qu'elle voulait parler. Dès qu'elle put se faire entendre, elle dit : « Non, non, je ne me retirerai pas vivante sous le poids d'un opprobre que je n'ai pas mérité. Je veux, je dois être entendue. » Son ton, ses manières avaient tout le calme de l'innocence ; sa voix était émue, quoique ferme. C'était un spectacle imposant que celui d'une femme jeune et belle résistant seule à de si bruyantes clameurs, et demandant à se justifier. Son courage, sa beauté disposèrent ses juges à l'écouter. Un profond silence succéda au tumulte, et elle reprit ainsi la parole : « Je suis une femme sans protection, et j'en appelle à la justice d'un public anglais. Il n'est point dans le caractère de notre nation d'accuser, sans l'entendre, une femme qui n'a point d'appui. Je suis innocente de l'accusation portée contre moi, et, dans cette crise, j'espère que toutes les âmes nobles prendront ma défense. »

Cet appel eut un effet magique et sans précédent sur l'auditoire. On applaudit avec transport, et, de ce moment, l'innocence de Mistress Mardyn fut regardée comme prouvée.

Il n'en fut pas de même de Lord Byron. Quoique les torts fussent en grande partie du côté de sa femme, on persista à le trouver seul coupable. Il n'avait jamais cherché à dissimuler ses défauts, peut-être même les avait-il trop affichés. On en conclut qu'il en avait bien plus qu'il n'en montrait. En proie à de vifs chagrins domestiques, il se vit encore la fable de la cour et de la ville. Il en conçut une irritation si grande, qu'à peine ses amis osaient-ils l'aborder. Je tiens de quelqu'un qui l'a beaucoup connu, que cette époque de sa vie fut la plus malheureuse; il devint triste, morose, et perdit toute sa vivacité. Tandis qu'on faisait des conjec-

CHAPITRE CINQUIÈME.

tures sur le parti qu'il prendrait, il quitta l'Angleterre pour n'y plus revenir.

Ce brusque départ et la vie errante qu'il mena depuis, sont des preuves irrécusables de la douleur que lui causa cette séparation. Quoique d'abord son orgueil ne lui permît pas de faire des avances directes à lady Byron, il permit à quelques personnes d'intervenir et de chercher à les rapprocher, mais sa femme fut inflexible. Peu de temps après cette tentative, il écrivit son célèbre adieu, avec cette épigraphe :

« Hélas! ils avaient été amis dans leur jeune âge; mais des langues perfides savent empoisonner la vérité; et la constance n'habite que dans les cieux. La vie est épineuse et la jeunesse est vaine; et se courroucer contre ce qu'on aime égare la raison. . . .
. . . .
« Ils se quittèrent pour ne plus se revoir! Mais ni l'un, ni l'autre, ne trouva un ami qui pût remplir le vide de son cœur souffrant. Ils se tinrent à l'écart, gardant

---

Alas! they had been friends in youth;
But whispering tongues can poison truth;
And constancy lives in realms above;
And life is thorny; and youth is vain:
And to be wroth with one we love,
Doth work like madness in the brain.
. . . .
They parted ne'er to meet again!
But never either found another

leurs cicatrices, semblables au rocher entr'ouvert par une violente secousse : une mer profonde roule au milieu, mais ni la chaleur, ni la glace, ni la foudre, n'effaceront entièrement, je crois, les traces de ce qui existait jadis. »

L'ADIEU.

« Adieu; sois bénie! (*) et quand cet adieu devrait être éternel, je te bénis encore. Quand tu serais inexorable,

---

To free the hollow heart from paining—
They stood aloof, the scars remaining,
Like cliffs, which had been rent asunder;
A dreary sea now flows between,
But neither heat, nor frost, nor thunder,
Shall wholly do away, I ween,
The marks of that which once hath been.

(Coleridge's Christabel.)

FARE THEE WELL!

Fare thee well! and if for ever,
   Still for ever, fare *thee well*:
Even though unforgiving, never
   'Gainst thee shall my heart rebel.

(*) Le *farewell* anglais a quelque chose de plus tendre que notre *adieu*; il réunit des souhaits de bonheur et de santé aux regrets de la séparation : comme nous n'avons point d'équivalent en français, j'ai cherché à le traduire en y ajoutant les mots « sois bénie », que les Anglais affectionnent, et dont ils font un usage fréquent dans leurs relations d'amitié ou d'amour.

jamais mon cœur ne se révoltera contre toi. Que ne peux-tu lire dans ce cœur sur lequel si souvent tu reposas ta tête, lorsqu'un sommeil doux et tranquille s'emparait de toi ; ce sommeil que tu ne retrouveras plus. Que ne peut-il s'ouvrir à tes yeux et te dévoiler ses pensées les plus intimes ! Tu apprendrais alors que ce n'était pas bien de me repousser ainsi. Quoique le monde t'approuve, quoiqu'il soit disposé à sourire aux blessures que tu fais, ses louanges qui ont pour objet mes douleurs doivent t'offenser. Quoique de nombreux défauts aient terni ma vie, ne se trouvait-il pas pour me faire une plaie incurable d'autres bras que ceux qui m'enlacèrent jadis. Cependant, ne t'abuses pas toi-même; l'amour

---

Would that breast were bared before thee
    Where thy head so oft hath lain,
While that placid sleep came o'er thee
    Which thou ne'er can'st know again :
Would that breast, by thee glanced over,
    Every inmost thought could show !
Then thou would'st at last discover
    'Twas not well to spurn it so.
Though the world for this commend thee—
    Though it smile upon the blow,
Even its praises must offend thee,
    Founded on another's woe—
Though my many faults defaced me,
    Could no other arm be found
Than the one which once embraced me,
    To inflict a cureless wound?

peut s'éteindre par degrés; mais ne crois pas qu'une violente secousse arrache ainsi deux cœurs l'un à l'autre. Non, le tien conserve encore sa vie.... Le mien, quoique saignant, palpite encore; et l'éternelle pensée qui le déchire, est que peut-être nous ne nous reverrons plus !

« Ce sont là des paroles remplies d'une douleur plus profonde que les gémissemens sur la mort de ce qu'on aime. Nous vivrons tous deux, mais chacun en s'éveillant retrouvera son veuvage et sa couche déserte. Lorsque les premiers accens de notre enfant viendront te consoler, lui apprendras-tu à dire : « Mon père »! quoiqu'elle doive vivre privée de ses soins ?

Yet, oh yet, thyself deceive not;
   Love may sink by slow decay,
But by sudden wrench, believe not
   Hearts can thus be torn away:
Still thine own its life retaineth—
   Still must mine, though bleeding, beat;
And the undying thought which paineth
   Is—that we no more may meet.
These are words of deeper sorrow
   Than the wail above the dead;
Both shall live, but every morrow
   Wake us from a widowed bed.
And when thou would'st solace gather,
   When our child's first accents flow,
Wilt thou teach her to say « Father! »
   Though his care she must forego ?

CHAPITRE CINQUIÈME.

« Quand ses petites mains te caresseront, quand ses lèvres presseront les tiennes, rappelle-toi celui dont la prière te bénira, celui que ton amour avait béni! et si ses traits ressemblent à ceux que tu ne dois plus revoir, ton cœur fidèle à mon souvenir palpitera doucement!

« Peut-être connais-tu tous mes défauts : personne ne peut savoir jusqu'où va mon délire. Toutes mes espérances, dirigées vers toi, se flétrissent, et cependant elles te suivent toujours. Tous les sentimens de mon être ont été ébranlés. Un orgueil qui n'eût pas plié devant un monde, s'abaisse devant toi. Abandonné par toi, mon âme elle-même m'aban-

---

When her little hands shall press thee,
    When her lip to thine is press'd,
Think of him whose prayer shall bless thee,
    Think of him thy love had bless'd!
Should her lineaments resemble
    Those thou never more may'st see,
Then thy heart will softly tremble
    With a pulse yet true to me.
All my faults perchance thou knowest,
    All my madness none can know;
All my hopes, where'er thou goest,
    Wither—yet with *thee* they go.
Every feeling hath been shaken;
    Pride, which not a world could bow,
Bows to thee—by thee forsaken,
    Even my soul forsakes me now:

donne. C'en est fait : toutes paroles sont vaines, et les miennes sont plus vaines encore. Mais il est des pensées sans frein que nous ne pouvons dominer et qui se font jour en dépit de la volonté.

« Adieu ! loin de toi, arraché aux liens les plus chers et les plus sacrés, le cœur consumé par la douleur, isolé, flétri, en faut-il donc plus pour mourir? »

Cette pièce de vers, si touchante et si belle, fut regardée en Angleterre comme une déclamation hypocrite. Lady Byron ne s'en montra point attendrie, puisqu'elle ne révoqua pas l'arrêt qui retenait son mari loin d'elle. Cette froideur apparente est difficile à concilier avec l'assurance que m'ont donnée plusieurs personnes dignes de foi, qu'il avait existé une correspondance entr'elle et lord Byron depuis leur séparation. Dans tous les cas, il est très probable que son orgueil et le sentiment de sa dignité l'empêchèrent seuls de revenir sur le passé. Elle souffrait du sacrifice qu'elle

---

    But 'tis done—all words are idle—
        Words from me are vainer still;
    But the thoughts we cannot bridle
        Force their way without the will.—
    Fare thee well!—thus disunited,
        Torn from every nearer tie,
    Seared in heart, and lone, and blighted—
        More than this I scarce can die.

s'était imposé. Tout en accusant lord Byron d'être cause de ses malheurs, elle en parle avec un mélange de ressentiment et de tendresse dans des vers fort curieux qu'elle fit en 1816, et qu'elle adressa à sa fille, ainsi que dans des stances à une de ses amies. Le hasard le plus singulier a fait tomber ces papiers entre mes mains. Comme ils n'ont jamais paru en Angleterre, j'ai hésité un moment si je les publierais ici; mais je m'y suis décidée, en réfléchissant qu'ils jettent du jour sur une des circonstances les plus importantes de la vie de lord Byron, et qu'ils ne contiennent rien d'offensant pour personne : car lady Byron ne pouvait être un juge impartial des torts de son mari; et s'il est vrai qu'elle l'eût beaucoup aimé, et que la malveillance d'un tiers les eût désunis, elle avait trop souffert pour n'être pas injuste. Quant à ses regrets, il me semble qu'ils ne peuvent que l'honorer.

Il y a, dans ces deux pièces de vers, quelques passages obscurs par l'expression, mais dont le sentiment se fait comprendre. Avant de les traduire, j'ai consulté un littérateur anglais, et je me suis attachée surtout à rendre le sens aussi clair que possible. Plusieurs comparaisons tirées de la sainte écriture annoncent une disposition religieuse et sévère. Des circonstances et des pensées sont quelquefois sous-entendues ou laissées dans le vague. On voit que ces vers s'adressaient à une amie qui connaissait tous les détails de la vie de lady Byron, et de ses chagrins.

VERS DE LADY A. J. BYRON A SA FILLE.

10 décembre 1816.

A ADA.

« Dans ton sourire, dans l'éclat de ta fraîcheur, l'espérance pourrait voir la promesse de charmes accomplis ; mais la mienne est obscurcie par de sombres souvenirs : tu n'es pas dans les bras d'un père !

« Là, j'aurais pu te chérir encore davantage ; là, j'aurais pu avouer que tu m'étais si chère que, malgré la perte de tout mon bonheur dans ce monde, j'aurais encore senti que j'existais en toi !

« Qu'es-tu maintenant ? Un triste monument de

TO ADA.

Thine is the smile and thine the bloom
Where hope might fancy ripen'd charms;
But mine is dyed in Memory's gloom;
Thou art not in a father's arms!

And there I could have loved thee most,
And there have owned thou wert so dear,
That tho' my worldly all were lost
I still had *felt* my life was *here!*

What art thou now?—A monument,
Which rose to weep o'er buried love;—

l'amour qui n'est plus; une tendre et douce affligée, envoyée pour pleurer, et rêver à des liens qui ne te seront rendus que dans les cieux!

« O toi, colombe! qui ne peux trouver de repos que dans cette barque frêle et brisée, le sein d'une mère délaissée, puisse le ciel t'accorder une arche plus sûre

« Pour te porter sur les flots de la douleur, qui inondent encore ce monde, jusqu'à ce que celui qui seul peut sauver, te guide vers un lieu de refuge et un plus saint Ararat (*) !

« Ne me crois pas glacée, si, pour toi, je ne forme plus aucun vœu terrestre; de tels vœux m'ont été trop

---

    A fond and filial mourner, sent
    To dream of ties, restor'd above!

    Thou, dove! who may'st not find a rest,
    Save in this frail and shatter'd bark,
    A lonely mother's offered breast,—
    May heaven provide a surer ark

    To bear thee over sorrow's waves
    Which deluge still this world below;
    Till thou, thro' him alone that saves,
    A holier Ararat shall know (*).

    Nor think me frozen; if for thee
    No earthly wish now claims a part;

(*) Nom de la montagne sur laquelle s'arrêta l'arche de Noé après le déluge.

chers; ils ont été trop vains; tu n'es pas dans le cœur d'un père! »

Dans la seconde pièce à miss D***, lady Byron cherche à expliquer la froideur qu'elle montra à son amie, en s'excusant sur la force de sa douleur et l'effroi que lui inspirait toute espèce d'affection, quand la plus profonde se tournait contre elle. Elle réclame la tendresse qu'elle a repoussée autrefois comme l'unique consolation qui lui reste aujourd'hui.

VERS DE LADY BYRON, ADRESSÉS A SON AMIE MISS D***.

« Oh! pardonne à ce cœur qui voudrait se reposer encore sur l'amitié, qui jadis le remplit d'effroi. Il craignit d'avoir recours aux affections; il craignit d'en éprouver, lorsque, dans la plus proche et la plus chère, il trouva l'ennemi le plus impitoyable; lorsqu'il fut déchiré par l'être pour lequel il eût donné sa vie.

Too dear such wish; too vain to me;
Thou art not in a father's heart!

A. J. Byron, december 10, 1816.

TO A FRIEND.

Oh! pardon the heart which again would repose
On the friendship it dreaded to need or to feel;
When nearest it found the most ruthless of foes,
And its wounds from the hand it had died but to heal.

CHAPITRE CINQUIÈME. 73

« L'ange destructeur était là, et la racine de l'existence se consumait; les rayons du soleil, les gouttes de la rosée brillaient et tombaient en vain. Alors, aucune reconnaissance ne récompensait ta tendresse; alors, les cris de ma douleur répondaient seuls à tes larmes.

« Si le ruisseau de la vallée est empoisonné dans son cours, la douce fleur de ses bords se flétrit, et tombe, sans laisser de parfums; ainsi la sympathie se retire, et meurt, quand la source la plus intime du sentiment se perd dans l'amertume.

« Mais tout ce que j'ai rejeté ne s'est point évanoui. Ton calme feint, la douleur que tu réprimais (jusqu'à ce que ton affection même en parût diminuée), afin de ne point aggraver par des reproches l'affliction que tu voulais calmer :

The destroyer was there, and the root was consuming,
The sunbeams or dews touched the branches in vain;
And thus for thy love was no gratitude beaming;
And thus for thy tears all my answer was pain.

On the stream of the valley, if poisoned it rise,
The sweet flower may fall; but no sweetness prevails;
So the virtue of sympathy dwindles; but dies
When the home-source of feeling in bitterness fails.

But all I rejected has pass'd not away;
The calmness assumed and the sorrow repress'd,
(When e'en thy affection would seem to decay)
That it might not reproach, whilst it sooth'd me to rest,—

« Tous ces souvenirs ne sont point oubliés. Ils revivent sans cesse; ils adoucissent les traces de la douleur et ses cruels ravages. Hélas! quand elle régnait dans toute sa puissance, ils luttaient en vain contre les maux qui bannissaient jusqu'au rêve du soulagement!

« Oh! ne crois pas que le pardon puisse seul me faire revivre (*); ne crois pas que ce soit la seule étincelle de vie d'un cœur où sont recueillies les cendres de l'amour éteint. Ne crois pas que toutes les visions de la mémoire soient sombres et tristes; il en est que je conserverai, que je chérirai, même dans les célestes régions!

« Toi qui fus mon amie dans cette heure de désolation, d'ingratitude et de froideur, si je ressens pour toi maintenant ce que j'aurais dû sentir alors, oh! ne

---

All these unforgotten, are ever reviving,
To soften each trace and each record of grief;
Tho' when present, alas! they were hopelessly striving
With evils, that banish'd the dream of relief.

Oh! think not forgiveness the sole vital spark (*)
In a heart where are treasur'd the ashes of love;
Nor dream all the visions of memory dark;
There are those I might cherish in regions above!

Thou friend of the hour which was thankless and cold,
If I feel for thee now what I then should have felt,

(*) Lady Byron répond peut-être ici aux sollicitations que lui avait faites son amie, de pardonner à lord Byron; l'original ne donne aucun éclaircissement.

CHAPITRE CINQUIÈME.

te détourne pas, ne repousse pas les pensées que je te dévoile; ne me retire pas le sourire qui leur apprit à s'épancher. »

Lord Byron ne vit jamais ces vers qui ne furent écrits que plusieurs mois après son départ d'Angleterre. Avant de quitter pour toujours sa patrie et ses amis, il rendit un hommage éclatant à la vertu et au caractère de lady Byron, dans sa terrible satire contre la femme qui les avait séparés; la voici toute entière :

ESQUISSE D'UNE VIE PRIVÉE.

« Honnête.... honnête Iago !
« S'il est vrai que tu sois un démon, je ne peux pas te tuer. »
Othello. Shakespeare.

«Née dans le grenier, élevée dans la cuisine, admise à aider sa maîtresse dans les soins de sa toilette : en-

---

Oh! turn not away from the thoughts I unfold,
And withdraw not the smile which has taught them to melt.
A. J. Byron; addressed to her friend miss D***.

A SKETCH FROM PRIVATE LIFE.

« Honest—Honest Iago!
« If that thou be'st a devil, I cannot kill thee. »
Shakespeare.

Born in the garret, in the kitchen bred,
Promoted thence to deck her mistress' head;

suite pour quelques gracieux services que l'on ne nomme point, et que ses gages seuls peuvent faire deviner, de la toilette elle passe à la table, où ses anciens compagnons, supérieurs à elle, s'étonnent de se trouver derrière sa chaise. D'un œil intrépide et d'un front déhonté, elle dîne dans l'assiette qu'elle relavait hier. Toujours prête à forger mille contes, de feu pour le mensonge, la confidente intime et l'espion général, qui pourrait, ô dieux! soupçonner son nouvel emploi, la première gouvernante d'une fille unique! Elle enseigna à lire à l'enfant, et l'enseigna si bien, qu'elle même, en montrant, apprit à épeler. Elle devint ensuite adepte en l'art d'écrire, comme l'a prouvé depuis plus d'une adroite et calomnieuse épître. Ce qu'elle eût fait de son élève, on ne peut le prévoir, si une grande âme

---

Next—for some gracious service unexpress'd,
And from its wages only to be guess'd—
Rais'd from the toilet to the table,—where
Her wondering betters wait behind her chair,
With eye unmoved, and forehead unabash'd,
She dines from off the plate she lately wash'd.
Quick with the tale, and ready with the lie—
The genial confidante, and general spy—
Who could, ye gods! her next employment guess—
An only infant's earliest governess!
She taught the child to read, and taught so well,
That she herself, by teaching, learned to spell.
An adept next in penmanship she grows,
As many a nameless slander deftly shows:

CHAPITRE CINQUIÈME.

n'eût garanti le noble cœur de la jeune fille. Elle appelait avec ardeur la vérité qu'elle ne pouvait entendre; mais ses oreilles s'étaient conservées chastes pour elle.

« Le vice fut bafoué dans ses efforts par cette jeune âme que la flatterie ne put séduire, ni la bassesse aveugler, ni la fausseté corrompre, ni la contagion souiller, ni l'indulgence amollir, ni l'exemple gâter; qui jamais ne s'enorgueillit de son savoir pour humilier de plus humbles talens; que le génie ne put enfler, ni la beauté rendre vaine; que l'envie n'excita point à faire souffrir. La fortune ne pouvait la changer, ni l'orgueil l'élever, ni la passion l'avilir; la vertu même, jusqu'à ce jour, ne lui avait jamais appris à être austère. La plus céleste, la plus pure des femmes qui existent, il ne lui manquait qu'une douce faiblesse, celle de par-

---

What she had made the pupil of her art,
None know—but that high soul secured the heart,
And panted for the truth it could not hear,
With longing breast and undeluded ear.
   Foil'd was perversion by that youthful mind,
Which flattery fool'd not—baseness could not blind,
Deceit infect not—nor contagion soil—
Indulgence weaken—nor example spoil—
Nor master'd science tempt her to look down
On humbler talents with a pitying frown—
Nor Genius swell—nor Beauty render vain—
Nor Envy ruffle to retaliate pain—
Nor Fortune change—Pride raise—nor Passion bow,
Nor Virtue teach austerity—till now.

donner. Trop indignée des fautes que sa belle âme ne peut jamais comprendre, elle croit que tous ici-bas doivent lui ressembler : ennemie de tous les vices, et cependant à peine amie de la vertu; car la vertu pardonne à ceux qu'elle voudrait corriger.

« Mais revenons au sujet haïssable et délaissé trop long-temps de ce chant véridique. Quoiqu'elle ne remplisse plus le même poste qu'autrefois, elle gouverne le cercle qu'elle servait jadis. Si les mères tremblent devant elle, sans qu'on sache pourquoi; si les filles la redoutent pour l'amour de leurs mères; si les premières habitudes (ces faux liens qui attachent quelquefois l'être le plus noble à l'être le plus vil) lui ont donné le pouvoir de verser à son gré dans l'âme

> Serenely purest of her sex that live,
> But wanting one sweet weakness—to forgive;
> Too shock'd at faults her soul can never know,
> She deems that all could be like her below :
> Foe to all vice, yet hardly Virtue's friend,
> For Virtue pardons those she would amend.
>   But to the theme :—now laid aside too long,
> The baleful burthen of this honest song—
> Though all her former functions are no more,
> She rules the circle which she served before.
> If mothers—none know why—before her quake;
> If daughters dread her for the mother's sake;
> If early habits—those false links, which bind
> At times the loftiest to the meanest mind—
> Have given her power too deeply to instil
> The angry essence of her deadly will;

CHAPITRE CINQUIÈME.

l'essence de ses poisons mortels; si, semblable au serpent, elle se glisse dans vos murs, jusqu'à ce que son noir venin trahisse partout ses traces ; si , comme une vipère, elle s'enlace jusqu'au cœur, et y laisse l'amertume qu'elle n'y trouva pas, faut-il donc s'étonner que cette détestable messagère de l'éternel esprit du mal fasse un Pandemonium (*) des lieux où elle habite , et y règne en despote, l'Hécate des enfers domestiques?

«Versée dans l'art de rembrunir par une seule touche les teintes du scandale, aidée du commode mensonge des signes, des gestes, des sous-entendus, mêlant la vérité à la duplicité, les grimaces insultantes aux sourires, elle sait à propos faire briller la candeur au milieu

---

If, like a snake, she steal within your walls,
Till the black slime betray her as she crawls;
If, like a viper, to the heart she wind,
And leave the venom there she did not find;
What marvel that this hag of hatred works
Eternal evil latent as she lurks,
To make a Pandemonium where she dwells,
And reign the Hecate of domestic hells?
   Skill'd by a touch to deepen scandal's tints
With all the kind mendacity of hints,
While mingling truth with falsehood—sneers with smiles—
A thread of candour with a web of wiles;
A plain blunt show of briefly-spoken seeming,
To hide her bloodless heart's soul-harden'd scheming,

(*) Nom du palais des démons dans Milton. *Paradis perdu*, chant I.

d'un tissu de noires perfidies. Elle affecte un langage brusque, simple, des paroles sans art, pour cacher les plans de son âme endurcie, de son cœur au sang glacé. Ses lèvres sont mensongères; sa figure est formée pour la dissimulation. Incapable de sentiment, elle se moque de tous ceux qui peuvent sentir. Sous un vil masque, qu'une Gorgone désavoûrait, avec des joues de parchemin et un œil de pierre : voyez comme son sang jaunâtre coule lentement jusqu'à sa peau, s'y épaissit et s'y corrompt, emprisonné comme le mille-pieds dans ses écailles d'un jaune safran, ou comme le scorpion, d'un vert plus foncé (car ce n'est que chez les reptiles qu'on trouve des couleurs pour peindre son âme et sa figure). Contemplez son visage; son cœur s'y réfléchit, comme dans un miroir fidèle. Regardez aussi ce por-

---

A lip of lies—a face formed to conceal;
And, without feeling, mock at all who feel :
With a vile mask the Gorgon would disown;
A cheek of parchment—and an eye of stone.
Mark, how the channels of her yellow blood
Ooze to her skin, and stagnate there to mud,
Cased like the centipede in saffron mail,
Or darker greenness of the scorpion's scale—
(For drawn from reptiles only may we trace
Congenial colours in that soul or face)—
Look on her features! and behold her mind
As in a mirror of itself defined :
Look on the picture ! deem it not o'ercharged—
There is no trait which might not be enlarged;—

CHAPITRE CINQUIÈME.

trait; ne le croyez pas exagéré. Il n'est pas un trait qui ne pût être encore enlaidi. Œuvre informe des « ouvriers de la nature » (*) qui firent ce monstre, quand leur maîtresse voulut se reposer : Syrius femelle de son étroite sphère, où tout se flétrit et meurt sous son influence funeste.

« Oh! misérable! Sans une larme, sans une pensée, si ce n'est de joie sur les ruines que tu as faites, le temps viendra, et il n'est pas loin, où tu sentiras plus de souffrances que tu n'en infligeas; tu gémiras en vain sur ton être égoïste, vil, aride; tu hurleras dans les angoisses de la douleur, et personne ne te plaindra. Puisse la terrible malédiction des affections brisées retomber

---

Yet true to « Nature's journeymen, » who made
This monster when their mistress left off trade,—
This female dog-star of her little sky,
Where all beneath her influence droop or die.
 Oh! wretch without a tear—without a thought,
Save joy above the ruin thou hast wrought—
The time shall come, nor long remote, when thou
Shalt feel far more than thou inflictest now;
Feel for thy vile self-loving self in vain,
And turn thee howling in unpitied pain.
May the strong curse of crush'd affections light
Back on thy bosom with reflected blight!
And make thee in thy leprosy of mind
As loathsome to thyself as to mankind!

(*) Expression de Shakespeare dans Hamlet.

sur ton sein avec un double poids, et dans la lèpre de ton âme, te rendre aussi haïssable à toi-même qu'à tout le genre humain; jusqu'à ce que toutes tes pensées, fixées sur toi, engendrent une haine implacable comme celle que tu voulus créer pour d'autres; jusqu'à ce que ton cœur soit calciné et réduit en poussière, et que ton âme se débatte dans sa hideuse enveloppe. Oh! puisse ta tombe n'être jamais visitée du sommeil, comme la couche de feu et de veuvage que tu m'as préparée! Alors, quand tu voudrais fatiguer le ciel de tes prières, regarde tes victimes sur la terre et désespère du pardon. Retourne en poussière, et quand tu pourriras, les vers même mourront sur ton cadavre empoisonné. Ah! sans l'amour que je ressentis, que je ressens encore, pour celle dont ta noirceur

---

Till all thy self-thoughts curdle into hate,
Black—as thy will for others would create:
Till thy hard heart be calcined into dust,
And thy soul welter in its hideous crust.
Oh! may thy grave be sleepless as the bed,—
The widow'd couch of fire, that thou hast spread!
Then, when thou fain would'st weary Heaven with prayer,
Look on thine earthly victims—and despair!
Down to the dust!—and, as thou rott'st away,
Even worms shall perish on thy poisonous clay.
But for the love I bore, and still must bear,
To her thy malice from all ties would tear—
Thy name—thy human name—to every eye
The climax of all scorn should hang on high,

CHAPITRE CINQUIÈME.

voulut briser tous les liens, ton nom......, celui que tu portais sous une forme humaine, affiché à tous les yeux, deviendrait un signal d'horreur et de mépris. Élevé au-dessus de celui de tes complices moins abhorrés, il serait voué à l'infamie par la postérité (*).

30 mars 1816. »

Il y a dans tout ce morceau un accent de vengeance et de mépris dont la traduction ne donne qu'une bien faible idée. Les vers brûlent d'indignation ; les mots vulgaires s'ennoblissent par la force avec laquelle ils sont employés ; l'expression est si âpre et si dévorante, qu'elle semble devoir consumer ceux qu'elle attaque. On frémit à l'idée d'une douleur assez vive pour inspirer tant de haine.

Exalted o'er thy less abhorred compeers—
And festering in the infamy of years.

March 30, 1816.

(*) Il est impossible de traduire en français la pensée des trois derniers vers; lord Byron semble y comparer le nom de son ennemie au cadavre d'un criminel qui, élevé sur un gibet, exposé à tous les yeux, se corrompt de plus en plus avec les années; ce n'est du moins qu'en supposant ce sous-entendu qu'on peut expliquer la dernière imprécation.

CHAPITRE VI.

LE PRISONNIER DE CHILLON. — DES PASSIONS. — DE L'ENTHOUSIASME.

Lord Byron traversa rapidement la France, se rendit à Bruxelles, et visita la plaine de Waterloo, un an après la bataille. Il y composa un des plus beaux passages de Childe Harold. Il alla ensuite à Coblentz, remonta le Rhin jusqu'à Bâle, et s'arrêta quelque temps sur les bords du lac de Genève. Ce fut alors qu'il écrivit *le Prisonnier de Chillon*, poème plein d'âme et de sensibilité. De tous les ouvrages de lord Byron, c'est peut-être celui qui fait pleurer davantage. Les affections y sont douces et profondes, les images gracieuses ; mais elles apparaissent à travers un nuage de tristesse qui *assombrit* tout. C'est un cri de souffrance et de liberté sorti du fond d'un cachot. Le prisonnier ne lutte pas contre le désespoir : arrivé au dernier terme du malheur, il se résigne, parce qu'il n'a plus à gémir que sur lui. Le récit est simple ; un sentiment religieux y domine et lui donne un accent nouveau qu'on ne retrouve pas dans les autres productions de Byron. Il y a une foule de nuances délicates et tendres, un dévoûment si touchant et si vrai, que l'âme en est profondément émue.

Lorsque je lus ce poème pour la première fois, il me fit éprouver tant d'émotions, que je ne pus résister au desir de les faire partager. Je le traduisis pour une de mes amies qui ne savait pas l'anglais, et je m'appliquai surtout à rendre le sentiment et l'accent du poëte. Quoique je sois bien loin d'avoir réussi, cependant je me hasarde à donner ici cette traduction, parce qu'elle est courte, que je la crois fidèle, et qu'elle prouve mieux que tous les commentaires que lord Byron avait l'âme aimante et noble (*).

LE PRISONNIER DE CHILLON.

I.

« Ce n'est ni la vieillesse ni de vaines terreurs qui ont blanchi ma tête. Ce changement ne s'est pas fait non

---

THE PRISONER OF CHILLON.

1.

My hair is grey, but not with years,
    Nor grew it white
    In a single night,
As men's have grown from sudden fears:

(*) La traduction publiée en français, qui fait partie de la collection des Œuvres de lord Byron, est tout-à-fait mauvaise; on n'y retrouve point l'âme du poète et ses pensées n'y sont pas comprises.

plus dans l'espace d'une seule nuit, comme dans les hommes surpris par une crainte soudaine(1): mes membres sont affaiblis, non par l'excès du travail; ils se sont énervés dans un vil repos, car ils ont été la proie d'un cachot. J'ai partagé le sort de ceux que l'on prive à-la-fois de l'air et de la liberté; mais c'était pour la foi de mes aïeux: je me laissai enchaîner sans murmures et la mort ne m'effraya pas. Fidèle à sa croyance, mon père mourut sur l'échafaud; ses fils furent condamnés à habiter éternellement un lieu de ténèbres et d'effroi. Nous étions sept: il n'en reste plus qu'un. Six au printemps de la vie, et l'un touchant à son déclin; tous finirent leur carrière comme ils l'avaient commencée,

---

My limbs are bowed, though not with toil,
But rusted with a vile repose,
For they have been a dungeon's spoil;
And mine has been the fate of those
To whom the goodly earth and air
Are bann'd, and barr'd—forbidden fare;
But this was for my father's faith
I suffered chains and courted death;
That father perish'd at the stake
For tenets he would not forsake;
And for the same his lineal race
In darkness found a dwelling-place.
We were seven—who now are one;
    Six in youth and one in age,
    Finish'd as they had begun,
    Proud of persecution's rage;

fiers de la rage de leurs tyrans. L'un expira dans les tortures, et deux au milieu des combats scellèrent de leur sang la foi qu'ils défendaient. Comme leur père, ils moururent pour le Dieu que reniaient leurs ennemis. Trois furent jetés dans un cachot. De ce naufrage je suis le seul débris.

II.

« Dans les prisons froides et profondes de Chillon, il existe sept colonnes d'une structure gothique; noires et massives, elles s'élèvent jusqu'à la voûte; éclairées par une triste lueur, faible rayon de soleil qui semble s'être égaré à travers les crevasses du rocher et de l'épaisse muraille, pour tomber là et s'y éteindre : semblable aux feux livides qui apparaissent pendant la

---

One in fire, and two in field,
Their belief with blood have scal'd;
Dying as their father died,
For the God their foes denied;
Three were in a dungeon cast,
Of whom this wreck is left the last.

2.

There are seven pillars of gothic mold,
In Chillon's dungeons deep and old;
There are seven columns, massy and gray,
Dim with a dull imprisoned ray,
A sunbeam which hath lost its way,
And through the crevice and the cleft
Of the thick wall is fallen and left;

nuit au milieu des marais, il glisse lentement sur la terre humide du cachot. A chacune de ces colonnes, il y a un anneau auquel est suspendue une chaîne de fer; ce fer rongeur a laissé sur mes membres des traces qui ne s'effaceront que lorsque j'aurai dit adieu à ce nouveau jour, si pénible à mes yeux qui n'ont pas vu le soleil se lever pendant des années..... je ne puis les compter : leur longue et pénible série fut interrompue pour moi, quand le dernier de mes frères languit, mourut, et que je demeurai vivant à ses côtés.

III.

« Ils enchaînèrent chacun de nous à une colonne de pierre; nous étions trois, et pourtant seuls. Nous ne

---

Creeping o'er the floor so damp,
Like a marsh's meteor lamp :
And in each pillar there is a ring,
And in each ring there is a chain;
That iron is a cankering thing,
For in these limbs its teeth remain,
With marks that will not wear away,
Till I have done with this new day,
Which now is painful to these eyes
Which have not seen the sun so rise
For years—I cannot count them o'er,
I lost their long and heavy score,
When my last brother droop'd and died,
And I lay living by his side.

pouvions faire un pas, ni nous entrevoir qu'à cette lueur pâle et livide qui nous rendait méconnaissables à nos propres yeux ; à-la-fois, ensemble et séparés, nous étions enchaînés l'un près de l'autre, et nos cœurs se flétrissaient. C'était encore un soulagement pour chacun de nous, dans cet affreux isolement des joies et des biens de la terre, d'entendre nos voix et de devenir tour à tour le consolateur de nos compagnons d'infortune. Tantôt, par quelque nouvelle espérance, ou quelque antique légende, nous essayions de ranimer notre courage abattu ; tantôt nous faisions retentir notre sombre caverne de quelques chants héroïquement hardis, mais ceux-là même devinrent froids. Nos

---

3.

They chain'd us each to a column stone,
And we were three—yet, each alone;
We could not move a single pace,
We could not see each other's face,
But with that pale and livid light
That made us strangers in our sight;
And thus together—yet apart,
Fettered in hand, but pined in heart;
'Twas still some solace in the dearth
Of the pure elements of earth,
To hearken to each other's speech,
And each turn comforter to each,
With some new hope, or legend old,
Or song heroically bold;
But even these at length grew cold.

voix prirent un ton sépulchral semblable à l'écho de notre prison ; un son triste et sourd, non plus libre et plein comme au temps de la liberté : peut-être était-ce une illusion ; mais jamais elles ne résonnèrent à mes oreilles, comme celles d'autrefois.

IV.

« J'étais l'aîné des trois, et je faisais de mon mieux pour soutenir et consoler mes frères. Hélas! chacun de nous s'exerçait à cette œuvre de miséricorde. Mon père avait aimé le plus jeune avec idolâtrie, parce que notre mère lui avait légué ses traits et ses yeux qui semblaient réfléchir l'azur d'un ciel d'été. C'était pour lui

---

Our voices took a dreary tone,
An echo of the dungeon-stone,
 A grating sound—not full and free
 As they of yore were wont to be :
 It might be fancy—but to me
They never sounded like our own.

4.

I was the eldest of the three,
And to uphold and cheer the rest
I ought to do—and did my best—
And each did well in his degree.
The youngest, whom my father loved,
Because our mother's brow was given
To him—with eyes as blue as heaven,
For him my soul was sorely moved ;

surtout que mon âme était tristement émue ; et qui eût pu voir sans douleur cet innocent jeune homme dans cet horrible cachot ! Il était beau comme le jour (quand le jour me paraissait aussi beau qu'aux jeunes aigles qui en jouissent dans l'immensité des airs), un jour des poles, long été sans nuit, rayonnant de lumière, réflexion glacée du soleil ; et il était aussi pur et aussi brillant. Né pour le bonheur et la gaîté, il ne pleurait que sur les maux des autres ; mais alors ses larmes coulaient comme les ruisseaux de la montagne, à moins qu'il pût soulager les peines dont la vue déchirait son cœur.

V.

« L'autre avait l'âme aussi noble ; mais il semblait

And truly might it be distrest
To see such bird in such a nest ;
For he was beautiful as day
(When day was beautiful to me
As to young eagles, being free)—
A polar day, which will not see
A sunset till its summer's gone,
Its sleepless summer of long light,
The snow-clad offspring of the sun :
And thus he was as pure and bright,
And in his natural spirit gay,
With tears for nought but others' ills,
And then they flowed like mountain rills,
Unless he could assuage the woe
Which he abhorr'd to view below.

créé pour lutter avec les hommes. Fort et vaillant, il eût guerroyé contre le monde entier, et péri avec joie au premier rang; mais il ne pouvait languir dans les fers. Le bruit de ses chaînes flétrissait son courage: je le vis diminuer peu à peu, et peut-être que le mien m'abandonnait aussi. Cependant, je m'efforçai de le relever, pour ranimer encore ce qui restait d'une famille si chère. Mon frère était un chasseur des collines : il y avait poursuivi le loup et le chevreuil; pour lui, ce cachot était un gouffre, et la perte de sa liberté, le plus grand des malheurs.

VI.

« Les murs de Chillon s'élèvent sur les bords du lac

5.

The other was as pure of mind,
But formed to combat with his kind;
Strong in his frame, and of a mood
Which 'gainst the world in war had stood,
And perish'd in the foremost rank
With joy :—but not in chains to pine :
His spirit withered with their clank,
   I saw it silently decline—
   And so perchance in sooth did mine ;
But yet I forced it on to cheer
Those relics of a home so dear.
He was a hunter of the hills,
   Had followed there the deer and wolf :
   To him this dungeon was a gulf,
And fettered feet the worst of ills.

Léman ; à mille pieds au-dessous des créneaux blanchâtres, coulent ses eaux écumantes (2). Les vagues qui entourent cette effroyable demeure, en ont fait une double prison, sépulcre des vivans. La sombre voûte où nous étions enfermés est située au-dessous de la surface du lac; nous l'entendions bouillonner nuit et jour, et se briser sur nos têtes avec un bruit affreux, et lorsque les vents déchaînés se jouaient dans les airs, j'ai senti l'écume qui, franchissant les grilles, pénétrait jusqu'à nous. Alors le rocher même s'est ébranlé, et je l'ai senti trembler sans

---

6.

Lake Leman lies by Chillon's walls :
A thousand feet in depth below
Its massy waters meet and flow;
Thus much the fathom-line was sent
From Chillon's snow-white battlement, (2)
 Which round about the wave enthralls :
A double dungeon wall and wave
Have made—and like a living grave.
Below the surface of the lake
The dark vault lies wherein we lay,
We heard it ripple night and day;
 Sounding o'er our heads it knock'd;
And I have felt the winter's spray
Wash through the bars when winds were high
And wanton in the happy sky;
 And then the very rock hath rock'd,
 And I have felt it shake, unshock'd,

frayeur ; car j'aurais pu sourire à la mort, qui m'eût rendu ma liberté.

VII.

« J'ai dit que mon frère languissait; j'ai dit que son noble cœur souffrait. Bientôt il repoussa ses alimens : ce n'était pas parce qu'ils étaient grossiers ; nous étions accoutumés à la vie sobre du chasseur, et les privations ne nous étaient pas nouvelles. Le lait de la chèvre des montagnes avait été remplacé par l'eau bourbeuse du fossé, et notre pain était celui que les captifs ont trempé de leurs larmes, depuis des milliers d'années; depuis que l'homme enferma pour la première fois ses semblables dans une cage de fer, comme

---

Because I could have smiled to see
The death that would have set me free.

7.

I said my nearer brother pined,
I said his mighty heart declined,
He loath'd and put away his food;
It was not that 'twas coarse and rude,
For we were used to hunter's fare,
And for the like had little care :
The milk drawn from the mountain goat
Was changed for water from the moat,
Our bread was such as captive's tears
Have moisten'd many a thousand years,
Since man first pent his fellow men
Like brutes within an iron den :

CHAPITRE SIXIÈME.

des bêtes féroces. Mais, hélas! qu'étaient pour lui ces choses? Ce n'étaient pas elles qui faisaient défaillir son cœur, et lui ravissaient ses forces. L'âme de mon frère était de trempe à se glacer dans un palais, si on lui eût refusé de parcourir les flancs escarpés des collines, et de respirer l'air libre des montagnes. Mais, pourquoi retarder la vérité?.... Il mourut. Je le vis, et ne pus soutenir sa tête, ni serrer sa main défaillante qu'avant d'expirer il étendit vers moi..... J'essayai de briser, de ronger mes fers, mais tous mes efforts furent vains; il mourut..... Ils détachèrent ses chaînes, et lui creusèrent un tombeau dans la terre froide de notre caverne. Je leur demandai, comme une grâce,

---

But what were these to us or him?
These wasted not his heart or limb;
My brother's soul was of that mold
Which in a palace had grown cold,
Had his free breathing been denied
The range of the steep mountain's side;
But why delay the truth?—He died!
I saw and could not hold his head,
Nor reach his dying hand—nor dead,
Though hard I strove, but strove in vain,
To rend and gnash my bonds in twain.
He died—and they unlocked his chain,
And scoop'd for him a shallow grave
Even from the cold earth of our cave.
I begg'd them, as a boon, to lay
His corse in dust whereon the day

d'ensevelir son corps en un lieu où le soleil pût briller.....; c'était une folle pensée, mais il me semblait que, même après sa mort, ce sein libre ne pourrait reposer en paix dans cet affreux cachot. J'aurais pu m'épargner ma prière.....; ils rirent froidement......, et le transportèrent dans sa fosse; puis, ils recouvrirent l'être que nous avions tant chéri, d'une terre humide et stérile. Les anneaux de sa chaîne vide retombaient au-dessus, digne monument d'une fin si cruelle!

VIII.

« Mais celui qui était le favori et la fleur, qui, depuis l'heure de sa naissance, était si tendrement aimé, l'image embellie de sa mère, le bien-aimé de toute sa

---

Might shine—it was a foolish thought,
But then within my brain it wrought,
That even in death his freeborn breast
In such a dungeon could not rest.
I might have spared my idle prayer—
They coldly laugh'd—and laid him there.
The flat and turfless earth above
The being we so much did love;
His empty chain above it leant,
Such murder's fitting monument!

8.

But he, the favourite and the flower,
Most cherish'd since his natal hour,
His mother's image in fair face,
The infant love of all his race,

race, la plus chère pensée de son père expirant, mon unique soutien et mon dernier espoir! celui pour qui je cherchais à prolonger ma vie, afin que la sienne fût moins malheureuse et qu'il pût être libre un jour; lui aussi, dont le courage naturel ou inspiré ne s'était pas encore démenti; lui aussi fut frappé, et de jour en jour il se flétrit sur sa tige, comme une tendre fleur qui ne reverra plus l'aurore. O Dieu! qu'il est terrible de voir l'âme de l'homme s'envoler et retourner à vous de ce monde de douleurs! Je l'ai vue s'écouler avec des torrens de sang; je l'ai vue sur l'Océan tumultueux s'échapper avec un mouvement convulsif du corps qu'elle animait. J'ai vu les remords et la crainte entourer la cou-

---

His martyred father's dearest thought,
My latest care, for whom I sought
To hoard my life, that his might be
Less wretched now, and one day free:
He, too, who yet had held untired
A spirit natural or inspired—
He, too, was struck, and day by day
Was withered on the stalk away.
Oh God! it is a fearful thing
To see the human soul take wing
In any shape, in any mood :—
I've seen it rushing forth in blood,
I've seen it on the breaking ocean
Strive with a swoln convulsive motion;
I've seen the sick and ghastly bed
Of Sin delirious with its dread :

che du pêcheur délirant et livide; mais cette mort n'était point mêlée de ces horreurs.... c'était un déclin sûr, mais lent, calme et doux. Mon frère se sentit affaiblir sans verser une larme, et cependant, toujours tendre et bon, il ne s'affligeait que pour ceux qu'il laissait derrière lui. Pendant long-temps l'incarnat de ses joues semblait encore défier la tombe; mais ces teintes s'effacèrent peu à peu, comme les rayons de l'arc-en-ciel se perdent sur la nue argentée. Ses yeux, dont l'éclat dissipait par moment l'obscurité du cachot, se voilèrent. Il ne lui échappa pas un murmure, pas un gémissement sur sa fin prématurée. De temps en temps il réveillait un souvenir des jours meilleurs, un peu d'espérance

---

But these were horrors—this was woe
Unmix'd with such—but sure and slow:
He faded, and so calm and meek,
So softly worn, so sweetly weak,
So tearless, yet so tender—kind,
And grieved for those he left behind;
With all the while a cheek whose bloom
Was as a mockery of the tomb,
Whose tints as gently sunk away
As a departing rainbow's ray—
An eye of most transparent light,
That almost made the dungeon bright,
And not a word of murmur—not
A groan o'er his untimely lot,
A little talk of better days,
A little hope my own to raise,

CHAPITRE SIXIÈME.

pour relever la mienne, car j'étais abîmé dans cette perte, la dernière et la plus cruelle de toutes. Bientôt, les soupirs qu'il voulait étouffer, trahirent ses souffrances et la lutte de la nature. Sa respiration devint lente et gênée, elle s'affaiblit de plus en plus : J'écoutai, mais je n'entendis rien..... J'appelai, car j'étais égaré de frayeur; je savais qu'il n'était plus d'espoir, mais je repoussais l'horrible certitude. J'appelai et je crus entendre un son.... je brisai ma chaîne, et m'élançai vers lui !.... Je ne le trouvai plus : seul je remuais dans ce noir séjour; seul, je vivais; seul je respirais l'air maudit du cachot; le dernier, l'unique, le plus cher lien qui m'attachât encore à ma race perverse, qui me retînt sur le bord de l'éternité, s'était rompu à cette

---

For I was sunk in silence—lost
In this last loss, of all the most;
And then the sighs he would suppress
Of fainting nature's feebleness,
More slowly drawn, grew less and less :
I listened, but I could not hear—
I called, for I was wild with fear;
I knew 'twas hopeless, but my dread
Would not be thus admonished;
I called, and thought I heard a sound—
I burst my chain with one strong bound,
And rush'd to him :—I found him not :
I only stirr'd in this black spot,
I only lived—I only drew
The accursed breath of dungeon-dew;

heure fatale. L'un étendu sur la terre, l'autre dessous, tous deux mes frères..... tous deux sans vie! Je pris cette main devenue immobile; hélas! la mienne était aussi glacée : Je n'avais pas la force de me mouvoir, mais je sentais que je vivais encore..... Horrible sensation, quand vient s'y mêler la pensée que ce que nous aimons ne l'éprouvera plus. J'ignore pourquoi je ne pus pas mourir; je n'avais plus d'espoir sur la terre, mais la foi me défendait de me donner la mort qui m'eût délivré de mes maux.

IX.

« Je ne sais pas bien ce qui m'arriva alors. Je ne l'ai

    The last—the sole—the dearest link
    Between me and the eternal brink,
    Which bound me to my failing race,
    Was broken in this fatal place.
    One on the earth, and one beneath—
    My brothers—both had ceased to breathe :
    I took that hand which lay so still,
    Alas! my own was full as chill;
    I had not strength to stir, or strive,
    But felt that I was still alive—
    A frantic feeling, when we know
    That what we love shall ne'er be so.
        I know not why
        I could not die,
    I had no earthly hope—but faith,
    And that forbade a selfish death.

jamais su. D'abord je perdis le sentiment de l'air et de la lumière, puis aussi celui des ténèbres. Je n'avais point de pensée, point de sensation : au milieu des pierres, j'étais insensible comme elles. Semblable à un rocher aride, enveloppé de brouillard, à peine savais-je si je pensais; car tout était sombre, froid, grisâtre : ce n'était pas la nuit, ce n'était pas le jour, ce n'était pas même la lumière du cachot si haïssable à mes yeux appesantis; mais un vide absorbant l'espace, une fixité sans but. Il n'y avait plus d'étoiles, plus de terre, plus de temps, plus de frein, plus de changement, plus de bien, plus de crime; mais le silence, et un souffle glacé qui n'é-

9.

What next befell me then and there
I know not well—I never knew—
First came the loss of light and air,
And then of darkness too :
I had no thought, no feeling—none—
Among the stones I stood a stone,
And was scarce conscious what I wist,
As shrubless crags within the mist;
For all was blank, and bleak, and gray,
It was not night—it was not day,
It was not even the dungeon-light,
So hateful to my heavy sight,
But vacancy absorbing space,
And fixedness—without a place;
There were no stars—no earth—no time—
No check—no change—no good—no crime—

tait ni la vie, ni la mort : un néant obscur et silencieux; un abîme sans bornes, muet et désolé!

X.

« Une lumière brilla tout-à-coup au milieu de ce chaos : j'entendis le chant d'un oiseau; il cessa, puis il recommença les plus doux accords qui aient jamais charmé aucune oreille. La mienne en fut ravie; j'ouvris les yeux, je regardai autour de moi avec une joyeuse surprise, et, dans cet instant, j'oubliai mes douleurs. Mais, peu-à-peu, mes sens reprirent leurs voies ac-

---

But silence, and a stirless breath,
Which neither was of life nor death;
A sea of stagnant idleness,
Blind, boundless, mute, and motionless!

10.

A light broke in upon my brain,—
It was the carol of a bird;
It ceased, and then it came again,
The sweetest song ear ever heard;
And mine was thankful till my eyes
Ran over with a glad surprise,
And they that moment could not see
I was the mate of misery;
But then by dull degrees came back
My senses to their wonted track,
I saw the dungeon walls and floor
Close slowly round me as before;
I saw the glimmer of the sun
Creeping as it before had done;

coutumées. Je vis les murs du cachot se refermer lentement sur moi; je vis la pâle lueur du soleil glisser, comme autrefois, sur la terre humide; mais au bord de la crevasse qui lui servait de passage, s'était posé ce bel oiseau, aussi heureux, aussi tranquille, que s'il eût été au milieu des bois. Ses ailes étaient d'un bleu d'azur, et son chant disait mille choses, et semblait les dire toutes pour moi! Je n'avais jamais rien vu qui lui ressemblât, jamais je ne reverrai son pareil. Il paraissait, comme moi, manquer d'ami, mais il n'était pas moitié si désolé; il était venu pour m'aimer, quand j'avais perdu tout ce qui m'aimait sur la terre, et, dissipant l'horreur de ma prison, il m'avait rappelé

But through the crevice where it came
Thad bird was perch'd, as fond and tame,
And tamer than upon the tree :
A lovely bird, with azure wings,
And song that said a thousand things,
And seem'd to say them all for me!
I never saw its like before,
I ne'er shall see its likeness more :
It seem'd like me to want a mate,
But was not half so desolate,
And it was come to love me when
None lived to love me so again,
And cheering from my dungeon's brink,
Had brought me back to feel and think.
I know not if it late were free,
Or broke its cage to perch on mine,

au sentiment et à la pensée. Je ne sais s'il avait toujours été libre, ou s'il avait rompu sa prison, pour venir égayer la mienne; mais, connaissant trop bien l'esclavage, doux oiseau! je ne pouvais souhaiter de t'avoir pour captif! Peut-être était-ce un habitant du paradis, voilé sous cette brillante enveloppe; le ciel me pardonne cette pensée, qui me fit à-la-fois et pleurer et sourire! je crus un instant que c'était l'âme de mon frère qui descendait vers moi. Mais, hélas! il s'envola enfin; et alors, je vis bien que ce n'était rien que de mortel; car jamais il ne se fût enfui ainsi, et ne m'eût laissé deux fois seul, comme le cadavre enveloppé du linceul; seul, comme un nuage solitaire,

---

But knowing well captivity,
Sweet bird! I could not wish for thine!
Or if it were, in winged guise,
A visitant from Paradise;
For—Heaven forgive that thought! the while
Which made me both to weep and smile,
I sometimes deemed that it might be
My brother's soul come down to me;
But then at last away it flew,
And then 'twas mortal—well I knew,
For he would never thus have flown,
And left me twice so doubly lone,
Lone—as the corse within its shroud,
Lone—as a solitary cloud,
A single cloud on a sunny day,
While all the rest of heaven is clear;

qui, dans un beau jour d'été, obscurcit la face riante du ciel; une tache dans la création qui ne devait pas se montrer quand les cieux sont bleus et que la terre est heureuse.

XI.

« Une sorte de changement s'opéra dans mon sort ; mes geoliers devinrent compatissans; je ne sais quelle en fut la cause, car le spectacle de la douleur avait endurci leur âme; mais cela fut ainsi. Ils ne rattachèrent pas la chaîne que j'avais brisée, et j'eus la liberté de parcourir mon cachot de long en large, du haut en bas, puis en travers; d'en visiter tous les recoins, de tourner autour de chaque colonne, revenant à l'endroit où j'avais commencé ma promenade. J'évitais

---

A frown upon the atmosphere,
That hath no business to appear
When skies are blue, and earth is gay.

11.

A kind of change came in my fate,
My keepers grew compassionate;
I know not what had made them so,
They were inured to sights of woe,
But so it was :—my broken chain
With links unfasten'd did remain,
And it was liberty to stride
Along my cell from side to side
And up and down, and then athwart,
And tread it over every part;

seulement de fouler aux pieds les tombes stériles de mes frères; car, lorsque je croyais avoir, par mégarde, profané de mes pas leurs couches d'argile, ma respiration s'arrêtait, une sueur froide couvrait mon corps, et je sentais mon cœur oppressé, faiblir au-dedans de moi.

XII.

« Je creusai quelques marches dans le mur; ce n'était pas pour m'échapper de ce lieu; j'y avais enseveli tout ce qui m'aimait sous une forme humaine, et la terre entière n'eût plus été pour moi qu'une prison plus vaste: je n'avais ni père, ni enfant, ni parent, ni compagnon de ma misère. J'y pensai, et je m'en réjouis; car le

---

And round the pillars one by one,
Returning where my walk begun,
Avoiding only, as I trod,
My brothers' graves without a sod;
For if I thought with heedless tread
My step profaned their lowly bed,
My breath came gaspingly and thick,
And my crush'd heart felt blind and sick.

12.

I made a footing in the wall;
It was not therefrom to escape,
For I had buried one and all
Who loved me in a human shape;
And the whole earth would henceforth be
A wider prison unto me:
No child—no sire—no kin had I,
No partner in my misery;

CHAPITRE SIXIÈME.

sentiment de leur peine avait presqu'égaré ma raison; mais je voulais monter jusqu'aux grilles de ma fenêtre, et contempler encore les hautes montagnes avec des yeux aimans.

XIII.

«Je les vis.....; et elles étaient les mêmes; elles n'avaient pas changé comme moi. Je vis dans l'air leurs sommets couronnés de neiges éternelles, et le lac se déroulant au-dessous, et le Rhône, dont les eaux bleues coulaient avec rapidité; j'entendis les torrens se précipiter et bondir au-dessus des roches escarpées et des buissons déracinés; je vis, dans le lointain, les

---

I thought of this and I was glad,
For thought of them had made me mad,
But I was curious to ascend
To my barr'd windows, and to bend
Once more, upon the mountains high,
The quiet of a loving eye.

13.

I saw them—and they were the same,
They were not changed like me in frame;
I saw their thousand years of snow
On high—their wide long lake below,
And the blue Rhone in fullest flow;
I heard the torrents leap and gush
O'er channell'd rock and broken bush;
I saw the white-wall'd distant town,
And whiter sails go skimming down;

murs blanchâtres de la ville, et les voiles plus blanches encore des barques qui sillonnaient les eaux.

« Vis-à-vis de moi, il y avait une petite île qui semblait me sourire; la seule que je pusse voir; une petite île verte; à peine me paraissait-elle plus grande que ma prison; mais il y croissait trois grands arbres; la brise des montagnes y soufflait; les ondes se brisaient doucement sur son rivage, et elle était émaillée d'une multitude de fleurs de couleurs brillantes et d'un parfum ravissant. Les poissons nageaient près des murs du château, et tous paraissaient joyeux. L'aigle passa, porté sur l'aquilon; il me sembla qu'il n'avait jamais volé aussi vite qu'il me parut voler alors. De

---

    And then there was a little isle,
    Which in my very face did smile,
      The only one in view;
    A small green isle, it seem'd no more
    Scarce broader than my dungeon floor,
    But in it there were three tall trees,
    And o'er it blew the mountain breeze,
    And by it there were waters flowing,
    And on it there were young flowers growing,
    Of gentle breath and hue.
    The fish swam by the castle wall,
    And they seemed joyous each and all;
    The eagle rode the rising blast,
    Methought he never flew so fast
    As then to me he seemed to fly,
    And then new tears came in my eye,

nouvelles larmes remplirent mes yeux; je me sentis troublé....., et je regrettai d'avoir laissé ma chaîne. Quand je redescendis, l'obscurité de mon triste séjour tomba sur moi, comme un fardeau pesant. C'était comme la tombe nouvellement creusée, qui se referme sur l'être que nous cherchions à sauver; et cependant mes faibles yeux, fatigués de tant d'images, avaient presque besoin d'un tel repos.

XIV.

« Il s'écoula des mois, des années, ou des jours; j'en ignore le nombre. Je ne les comptais point; je n'avais plus d'espoir qui me fît desirer d'abréger leur durée, ou qui dissipât l'humide brouillard qui voilait mes

---

And I felt troubled— and would fain
I had not left my recent chain;
And when I did descend again,
The darkness of my dim abode
Fell on me as a heavy load;
It was as is a new-dug grave,
Closing o'er one we sought to save,
And yet my glance, too much opprest,
Had almost need of such a rest.

14.

It might be months or years, or days,
I kept no count—I took no note,
I had no hope my eyes to raise,
And clear them of their dreary mote.
At last men came to set me free,
I ask'd' not why, and reck'd not where;

yeux. Des hommes vinrent enfin me mettre en liberté. Je ne leur demandai pas pourquoi, ni où ils voulaient me conduire. Il m'était devenu indifférent d'être enchaîné ou libre ; j'avais appris à aimer jusqu'à mon désespoir ; et, quand ils parurent enfin, et que tous mes liens furent brisés, ces murs pesans étaient devenus pour moi une retraite qui m'appartenait toute entière ; et j'éprouvai une sensation presque aussi pénible que si on était venu m'arracher une seconde fois de ma demeure. J'avais lié amitié avec les araignées de ma prison ; j'observais leurs travaux silencieux ; j'aimais à voir les souris se jouer au clair de la lune ; et pourquoi aurais-je été moins sensible que ces ani-

---

It was at length the same to me,
Fettered or fetterless to be :
I learn'd to love despair.
And thus when they appear'd at last,
And all my bonds aside were cast,
These heavy walls to me had grown
A hermitage—and all my own !
And half I felt as they were come
To tear me from a second home :
With spiders I had friendship made,
And watch'd them in their sullen trade,
Had seen the mice by moonlight play,
And why should I feel less than they ?
We were all inmates of one place,
And I, the monarch of each race,
Had power to kill—yet, strange to tell !

maux? Nous étions tous habitans d'un même lieu, et moi, roi de toute leur race, j'avais le pouvoir de les tuer; cependant, chose étrange! nous avions appris à vivre en paix. J'aimais jusqu'à mes chaînes, tant une longue habitude nous fait ce que nous sommes. Je soupirai en retrouvant ma liberté. »

Que de grandes et simples images! Comme la nature est vivante et belle aux yeux du malheureux qui la contemple au travers des grilles d'un cachot!

Tout déchirant qu'est ce conte, il repose l'âme des fortes émotions auxquelles lord Byron l'accoutume. Il éveille une sympathie plus générale; il ramène à des sensations plus ordinaires, plus vraies. Non pas que je veuille dire que les tableaux habituels de lord Byron n'aient pas de vérité; au contraire, ils en ont une désolante, mais relative seulement à un petit nombre d'hommes. A force de s'exalter, on donne à ses facultés un trop haut degré d'énergie; il n'y a plus d'accord entre nos désirs et nos espérances; toute l'harmonie de notre vie est détruite; l'immortalité même semble

---

In quiet we had learn'd to dwell—
My very chains and I grew friends,
So much a long communion tends
To make us what we are :—Even I
Regain'd my freedom with a sigh.

froide et douteuse; nous sommes des géans enfermés dans une étroite cage de fer, dont les barreaux nous blessent et résistent à nos efforts. Si ce surplus d'existence pouvait toujours se diriger vers un noble but, il serait beau de l'avoir, car il créerait des prodiges de vertu, de génie, de dévoûment : mais il égare plutôt qu'il n'éclaire, et trop souvent, il avilit, au lieu d'élever.

Les beautés de la nature n'existent, pour une âme passionnée, qu'autant qu'elles sont en rapport avec les sensations qui l'agitent. Le soleil ne lui apporte pas de joie : le silence de la nuit, la tranquille clarté de la lune, ne calment point son âme, ne lui inspirent pas de douces rêveries.

Les passions ont une force imposante qui entraîne. Elles ont quelque chose de gigantesque, qui ressemble à l'héroïsme. On cède à cette magie du pouvoir; on devient grand, non comme Dieu, mais comme l'archange tombé. C'est l'illusion de l'orgueil, non la tranquille supériorité de la vertu. Leur plus grand prestige est de faire croire qu'elles mènent au bien. Appât des ambitieux, elles font dédaigner le devoir pour atteindre plus haut, et nous laissent retomber, froissés, malheureux, et quelquefois coupables.

Les passions sont surtout funestes pour ceux qui les éprouvent. J'ai vu des êtres dont l'existence toute entière avait été la proie de ces fougueux orages, et ils m'ont appris à connaître leurs funestes effets. Cette vie tumultueuse ne leur avait laissé que de vains desirs, des regrets, et pas un souvenir consolant. Je ne me rappelle jamais sans effroi leur tristesse, leur isolement, et l'espèce de culte qu'ils avaient encore pour les sentimens qui les avaient perdus.

On croit trop souvent que l'enthousiasme est une suite des passions, tandis que c'est seulement lorsque l'âme est dégagée de leurs entraves, qu'elle peut s'élever à la hauteur de cette sensation sublime. Il faut de la pureté de cœur pour être capable d'enthousiasme; il faut pouvoir s'élancer hors de soi vers tout ce qui est bon, grand et beau. Cette noble flamme résiste aux années. C'est un feu sacré, qui se conserve dans un cœur pur, et qui nous réchauffe, quand la vieillesse nous glace. Je l'ai vu briller chez une femme, qui était arrivée à quatre-vingts ans, avec l'âme candide qu'elle avait à quinze. C'était l'être le plus heureux que j'eusse jamais connu. Chaque jour était pour elle un bienfait. Le soleil, qui brillait à travers ses rideaux, lui causait, chaque matin, une sensation délicieuse. Le chant des oiseaux la ravissait. Elle jouissait des fleurs, des eaux, comme un enfant qui les voit pour la première fois. Tous ses plaisirs étaient simples, et elle les décrivait dans un langage poétique; car un sentiment vrai a toujours de la poésie. Jamais personne ne fut moins exigeant, et ne reçut plus de bonheur ; elle le trouvait partout. Un jardin public était pour elle la campagne. N'y avait-il pas des oiseaux, des arbres, de l'ombrage, et d'heureux papillons qu'elle voyait voltiger autour d'elle? N'y trouvait-elle pas des enfans qui lui souriaient, des amis qui se réjouissaient de la revoir. Cette âme jeune avait traversé toute une longue vie sans douter des hommes, et presque sans croire au mal. Il y a dans les êtres bons et candides une sympathie céleste qui appelle autour d'eux tous ceux qui leur ressemblent, et qui permet ainsi une ignorance presque complète du vice. Les ambitieux, les méchans ne pourraient vivre dans cette tranquille atmosphère, où la vertu les presserait de toutes parts. Aussi, les voit-on s'en éloigner avec effroi, pour se grouper autour de la puissance, de la richesse, qui leur promettent des faveurs corruptrices, et des passions à servir.

Religieuse et indulgente, madame P*** excusait toujours les fautes des autres. La médisance l'affligeait et la fatiguait. Elle me racontait naïvement un jour qu'un protestant qui venait souvent la voir voulait du mal au pape : c'était son sujet de conversation favori. Quoique anglaise et protestante aussi, elle ne partageait point sa rancune contre le chef de l'église catholique. Après avoir vainement cherché à le guérir de ses préventions, elle n'imagina rien de mieux que de lui adresser, aussitôt qu'il commençait à parler du pape, quelques questions sur son neveu qu'il aimait beaucoup. «Il finit, je crois, me disait-elle, par deviner ma ruse; car il sourit une fois de mon interruption : depuis il ne nomma même plus le pape, et j'obtins ainsi de lui qu'il le laissât en repos. »

Elle passait ses journées à se promener ou à lire. Quand venait le soir, elle faisait approcher son fauteuil de la fenêtre ouverte, et elle contemplait le ciel, les étoiles et les édifices éclairés par la lune, ou bien, suivant de l'œil les nuages mobiles, elle y voyait des formes fantastiques et pures comme ses pensées. En automne, elle ramassait avec soin les premières feuilles qui se détachaient des arbres; leurs teintes variées la remplissaient d'admiration. Elle me les montrait avec un sentiment de joie que j'étais honteuse et triste de ne pas partager.

On eût dit que son âme rajeunissait aux portes du tombeau pour passer radieuse à l'immortalité. Sa mort fut calme, comme sa vie. Jamais je ne rencontrai plus de fraîcheur d'imagination, plus de cette candeur que donne la vertu. J'avais pour elle un saint respect. C'était quelque chose de si extraordinaire et de si imposant que ce caractère sans passions, sans faiblesses, et où l'on ne trouvait pas le moindre mélange des petitesses de notre nature. Si le bonheur avait ses saints, ma vieille amie mériterait d'être comptée parmi eux.

Mais je demande pardon à mes lecteurs de cette longue digression. Je reviens à lord Byron dont l'amour des contrastes m'a trop éloigné.

CHAPITRE VII.

MANFRED. — ANALYSE DE CE DRAME. — SON BUT MORAL.

Le drame, ou plutôt le poème de Manfred, car lord Byron ne lui a donné la forme dramatique que pour être plus libre dans sa marche et dans son plan, est une des plus belles conceptions que je connaisse. Son ensemble a quelque chose de gigantesque. Au milieu des hautes montagnes de la Suisse, de ses glaciers hérissés de pics menaçans, lord Byron a créé un être en harmonie avec cette nature agreste, tour-à-tour sublime et désolée. Mais ce qui doit frapper surtout dans cet ouvrage, c'est sa haute morale. Shakespeare avait personnifié le remords dans Macbeth; mais Macbeth est un être pusillanime, « d'un naturel trop plein d'humanité pour prendre le chemin le plus court. Il voudrait bien s'élever aux grandeurs, mais par des moyens innocens. Il ne veut pas trahir, et il voudrait recueillir le fruit de la trahison. » Ces mots de lady Macbeth le peignent tout entier : « Noble Glamis, tu aspires à posséder un bien qui te crie : Voilà ce qu'il faut que tu fasses si tu veux m'obtenir; et c'est cette action que tu crains de commettre, plus que tu ne desires qu'elle ne soit pas commise(*)». Un pareil homme devait être en proie à mille terreurs; cruel par faiblesse, il cherchait la sécurité dans de nouveaux crimes d'où renaissaient de nouveaux tourmens. Mais on n'avait point encore montré au monde un être puissant par son génie, par son âme intrépide, par une volonté inflexible, faisant plier devant lui jusqu'aux esprits immortels, commandant même à ses desirs, et ne pouvant échapper aux remords. Ni la richesse, ni les grandeurs, ni son art surnaturel ne peuvent le soustraire à cette redoutable puissance. C'est une grande et imposante leçon que ce profond désespoir au milieu de tous les biens de la vie. Manfred domine les hommes et lui-même; il ne relève que de son propre tribunal, et c'est là qu'il est condamné. Un crime pèse sur son âme, et tous les jugemens des hommes ne peuvent l'en absoudre. Jamais on n'a peint avec plus d'énergie et de vérité cette voix effrayante qui poursuit les grands coupables, et les force à faire justice d'eux-mêmes : Manfred cherche en vain à lui échapper.

(*) Thou'dst have, great Glamis,
That which cries, « *This thou must do if thou have it :*
And that's what rather thou dost fear to do,
Than wishest should be undone. »

MACBETH, Acte 1er, scène VII.

CHAPITRE SEPTIÈME.

La terre n'a plus rien qui le touche.

« L'arbre du savoir n'est point l'arbre de vie, s'écrie-t-il : « La philosophie et la science, les secrets merveilleux et la sagesse du monde, j'ai essayé de tout; et dans mon âme il y a une puissance qui commande à ces mystères, mais tout a été vain. J'ai fait du bien aux hommes, et même parmi eux j'ai quelquefois rencontré la vertu, mais cela même était impuissant. J'ai eu mes ennemis, aucun ne m'a bravé, plusieurs sont tombés devant moi, mais tout a été inutile. Le bien, le mal, la vie, la puissance, toutes les passions que je vois dans les autres ont été pour moi comme la pluie que dévorent les sables, depuis cette heure sans nom ».....

Il évoque les esprits immortels soumis à ses

The Tree of Knowledge is not that of Life.
Philosophy and science, and the springs
Of wonder, and the wisdom of the world,
I have essayed, and in my mind there is
A power to make these subject to itself—
But thy avail not : I have done men good,
And I have met with good even among men—
But this avail'd not : I have had my foes,
And none have baffled, many fallen before me—
But this avail'd not :—Good, or evil, life,
Powers, passions, all I see in other beings,
Have been to me as rain unto the sands,
Since that all-nameless hour. . . . .

ordres; ils apparaissent tour-à-tour sous la forme d'une étoile; rien n'est plus fantastique et plus poétique que leurs chants. Ils ont quelque chose de surnaturel et de grandiose qui rapetisse l'homme, et en fait un atome à peine visible dans l'immensité. Les esprits lui obéissent pourtant, mais avec dégoût. Forcé de leur apprendre ce qu'il desire, Manfred leur demande l'oubli de ce qui est en lui. Ce don est le seul qu'ils ne peuvent satisfaire ; ils lui offrent des sujets, des couronnes, l'empire du monde entier. Il ne veut que l'oubli. Ils s'éloignent. Manfred les arrête :

« Un instant avant de nous séparer, je voudrais vous voir face à face. J'entends vos voix douces et mélancoliques comme la musique sur les eaux. Je vois une étoile immobile, large et brillante; rien de plus. Approchez tels que vous êtes; un à un, ou tous ensemble, sous vos formes accoutumées.

MANFRED.

One moment, ere we part—
I would behold ye face to face. I hear
Your voices, sweet and melancholy sounds,
As music on the waters; and I see
The steady aspect of a clear large star,
But nothing more. Approach me as ye are,
Or one, or all, in your accustom'd forms.

CHAPITRE SEPTIÈME.

L'ESPRIT.

« Nous n'avons point d'autre forme que les élémens dont nous sommes l'âme et le principe. Mais choisis celle que tu préfères; nous la prendrons.

MANFRED.

« Il n'en est point. Il n'y a pas sur la terre une forme qui, pour moi, soit hideuse ou belle. Que le plus puissant de vous tous prenne l'aspect qui lui plaira..... Venez. »

Un esprit apparaît sous la forme d'une jeune et belle femme. Manfred s'élance à sa rencontre.

« Si tu n'es point une vision trompeuse, s'écrie-t-il, je pourrai encore être heureux. Je te serrerai dans mes bras,

---

SPIRIT.

We have no forms beyond the elements
Of which we are the mind and principle:
But choose a form—in that we will appear.

MANFRED.

I have no choice; there is no form on earth
Hideous or beautiful to me. Let him,
Who is most powerful of ye, take such aspect
As unto him may seem most fitting—Come!

SEVENTH SPIRIT (*Appearing in the shape of a beautiful female figure.*)

Behold!

et nous serons encore » . . . .

La figure disparaît, Manfred tombe évanoui.

La voix du Destin prononce sur lui une terrible malédiction et le condamne à être lui-même son enfer. Manfred reparaît sur la montagne de la Jung-Frau. Le soleil commence à poindre, il est seul au milieu des rochers.

« Les esprits que j'évoquai m'abandonnent. Les charmes que j'étudiai me trompent. Le remède dans lequel j'espérais m'a torturé : je ne veux plus de secours surnaturel, il n'a pas de puissance sur le passé; et que m'importe l'avenir, tant que le passé ne sera pas englouti dans les ténèbres. Ô terre! ô ma mère! Et toi, jour nouveau, qui t'éveilles, et vous,

---

MANFRED.

Oh God! if it be thus, and *thou*
Art not a madness and a mockery,
I yet might be most happy.—I will clasp thee,
And we again will be——
. . . .
The spirits I have raised abandon me—
The spells which I have studied baffle me —
The remedy I reck'd of tortured me;
I lean no more on super-human aid,
It hath no power upon the past, and for
The future, till the past be gulf'd in darkness,
It is not of my search.—My mother Earth!
And thou, fresh breaking Day, and you, ye Mountains,
Why are ye beautiful? I cannot love ye.

ô montagnes, pourquoi êtes-vous tous si beaux? Je ne puis vous aimer. Toi aussi œil étincelant de l'univers, qui t'ouvres sur tous les hommes et qui leur apportes de la joie, tu ne brilles pas sur mon cœur. »

Il mesure la profondeur de l'abîme qui est à ses pieds; il desire la mort et il la redoute; la pensée de l'éternité l'épouvante. Il va céder à l'horrible tentation, lorsqu'un chasseur l'aperçoit. Il s'approche et le retient sur le bord du précipice. Manfred le suit dans sa chaumière; le calme qu'il y trouve accroît son désespoir. Cette scène est une des plus belles du poème par l'admirable contraste de la triste et douloureuse supériorité de Manfred, avec la rustique et franche bonhomie de son hôte. Celui-ci lui présente une coupe de vin dans l'espérance de voir s'éclaircir son front soucieux. «Allons, lui dit-il, fais-moi raison.

MANFRED.

« Ecarte, écarte cette coupe : il y a du sang sur les bords! Ne s'enfoncera-t-il donc jamais, jamais sous terre?

And thou, the bright eye of the universe,
That openest over all, and unto all
Art a delight—thou shin'st not on my heart.
. . . .

MANFRED.

Away, away! there's blood upon the brim!
Will it then never—never sink in the earth?

LE CHASSEUR.

« Que veux-tu dire? Ton esprit s'égare.

MANFRED.

« Je te dis que c'est du sang.... Mon sang! la source de vie pure et brûlante qui coulait dans les veines de mes pères, et dans les nôtres, lorsque nous étions jeunes, que nous n'avions qu'un cœur, et que nous nous aimions d'un amour défendu. Ce sang fut versé; mais il s'élève toujours, il rougit les nuages qui me ferment les cieux, où tu n'es pas....., où je ne serai jamais.

LE CHASSEUR.

« Homme à étranges paroles, à péché délirant qui te

CHAMOIS HUNTER.

What dost thou mean? thy senses wander from thee.

MANFRED.

I say 'tis blood—my blood! the pure warm stream
Which ran in the veins of my fathers, and in ours
When we were in our youth, and had one heart,
And loved each other as we should not love;
And this was shed: but still it rises up,
Colouring the clouds, that shut me out from heaven,
Where thou art not—and I shall never be.

CHAMOIS HUNTER.

Man of strange words, and some half-maddening sin,
Which makes thee people vacancy, whate'er

fait peupler le vide, quelles que soient ta crainte et ta souffrance, il est des consolations : le secours des hommes pieux, et la patience.....

MANFRED.

« La patience, et toujours la patience ! paix. Ce mot fut créé pour les bêtes de somme, non pour les oiseaux de proie. Prêche-le aux mortels de la même poussière que toi..... ; je ne suis pas de ta race.

LE CHASSEUR.

« Le ciel en soit loué ! Je ne voudrais pas être de la tienne, pour la libre et grande renommée de Guillaume Tell. Mais, quel que soit ton malheur, il faut le supporter, et ces sauvages transports sont inutiles.

Thy dread and sufferance be, there's comfort yet—
The aid of holy men, and heavenly patience——

MANFRED.

Patience and patience! Hence—that word was made
For brutes of burthen, not for birds of prey;
Preach it to mortals of a dust like thine,—
I am not of thine order.

CHAMOIS HUNTER.

    Thanks to heaven!
I would not be of thine for the free fame
Of William Tell; but whatsoe'er thine ill,
It must be borne, and these wild starts are useless.

MANFRED.

« Ne le supportai-je pas ?.... Regarde-moi.... Je vis.

LE CHASSEUR.

« C'est une convulsion, et non pas de la vie.

MANFRED.

« Je te dis, homme, que j'ai vécu depuis bien des années, depuis de longues années; mais elles ne sont rien auprès de celles qu'il me faut encore compter. Des siècles.... puis, des siècles.... L'espace et l'éternité, et le sentiment de l'existence avec une soif dévorante de la mort, qui ne sera jamais étanchée !

LE CHASSEUR.

« Eh quoi! le sceau de l'âge mûr est à peine empreint

MANFRED.

Do I not bear it?—Look on me—I live.

CHAMOIS HUNTER.

This is convulsion, and no healthful life.

MANFRED.

I tell thee, man! I have lived many years,
Many long years, but they are nothing now
To those which I must number : ages—ages—
Space and eternity—and consciousness,
With the fierce thirst of death—and still unslaked!

CHAMOIS HUNTER.

Why, on thy brow the seal of middle age

CHAPITRE SEPTIÈME.

sur ton front : je suis de beaucoup plus vieux que toi.

MANFRED.

« Crois-tu que l'existence dépende du temps? Oui, mais les actions sont nos époques : les miennes ont rendu mes nuits et mes jours impérissables, sans fin, et tous semblables comme les sables du rivage, innombrables atômes. Elles en ont fait un désert stérile et glacé, sur lequel les vagues agitées se brisent, et ne laissent que des cadavres, des débris, des rochers, et l'algue amère battue par les flots.

LE CHASSEUR.

« Hélas! il est fou... et cependant, je n'ose le laisser.

Hath scarce beenset; I am thine elder far.

MANFRED.

Think'st thou existence doth depend on time?
It doth; but actions are our epochs: mine
Have made my days and nights imperishable,
Endless, and all alike, as sands on the shore,
Innumerable atoms; and one desart,
Barren and cold, on which the wild waves break.
But nothing rests, save carcases and wrecks,
Rocks, and the salt-surf weeds of bitterness.

CHAMOIS HUNTER.

Alas! he's mad—but yet I must not leave him.

MANFRED.

« Je voudrais être fou.... car alors les choses que je vois ne seraient plus qu'un rêve de mon cerveau malade.

LE CHASSEUR.

« Et que vois-tu ?... ou plutôt que crois-tu voir ?

MANFRED.

« Moi, et toi.... Un paysan des Alpes : tes humbles vertus, ta demeure hospitalière, et ton âme patiente, pieuse, fière et libre ; ton respect pour toi-même, qui prend sa source dans d'innocentes pensées ; tes jours de santé, tes nuits de sommeil ; tes travaux

---

MANFRED.

I would I were—for then the things I see
Would be but a distempered dream.

CHAMOIS HUNTER.

What is it
That thou dost see, or think thou look'st upon ?

MANFRED.

Myself, and thee—a peasant of the Alps—
Thy humble virtues, hospitable home,
And spirit patient, pious, proud and free ;
Thy self-respect, grafted on innocent thoughts ;
Thy days of health, and nights of sleep ; thy toils,

ennoblis par le danger, et pourtant purs de crime; les espérances d'une joyeuse vieillesse et d'un tombeau paisible, avec la croix couronnée de guirlandes sur le vert gazon, et pour épitaphe, l'amour de tes petits enfans : voilà ce que je vois.... Puis, je regarde au-dedans de moi.... Mais qu'importe?... Mon âme était déjà flétrie.

LE CHASSEUR.

« Voudrais-tu donc échanger ton sort avec le mien?

MANFRED.

« Non, ami! non; je ne voudrais pas te faire un si grand mal, ni échanger mon sort avec celui d'aucun être vivant : Je puis supporter.... Quelle que soit

---

By danger dignified, yet guiltless; hopes
Of cheerful old age and a quiet grave,
With cross and garland over its green turf,
And thy grand children's love for epitaph;
This do I see—and then I look within—
It matters not—my soul was scorch'd already!

CHAMOIS HUNTER.

And would'st thou then exchange thy lot for mine?

MANFRED.

No, friend! I would not wrong thee, nor exchange
My lot with living being : I can bear—
However wretchedly, 'tis still to bear—

l'angoisse, je puis souffrir vivant ce que d'autres ne pourraient endurer en rêve, sans mourir.

LE CHASSEUR.

« Et avec cette crainte, avec ce sentiment d'effroi pour les peines des autres, se peut-il que tu te sois noirci par le crime?... Dis que ce n'est pas. Un être plein de douces pensées peut-il assouvir sa vengeance sur ses ennemis?

MANFRED.

« Oh! non, non, non! mes fautes retombèrent sur ceux qui m'aimaient, sur ceux que je chérissais le plus. Je n'ai jamais combattu un ennemi, que pour ma juste défense; mais mon étreinte fut mortelle.

In life what others could not brook to dream,
But perish in their slumber.

CHAMOIS HUNTER.

And with this—
This cautious feeling for another's pain,
Canst thou be black with evil?—say not so.
Can one of gentle thoughts have wreak'd revenge
Upon his enemies?

MANFRED.

Oh! no, no, no!
My injuries came down on those who loved me—
On those whom I best loved : I never quell'd
An enemy, save in my just defence—
But my embrace was fatal.

CHAPITRE SEPTIÈME.

LE CHASSEUR.

« Le Ciel t'accorde le repos ! puisse la pénitence te rendre à toi-même ! Mes prières seront pour toi.

MANFRED.

«Je n'en ai pas besoin ; mais je puis endurer ta pitié.»

Seul, au milieu d'une vallée des Alpes, Manfred contemple le torrent qui descend de la montagne, semblable à une colonne d'argent vacillante et à demi brisée. Il évoque la divinité des Alpes. Elle s'élève sous l'arc-en-ciel formé par la cascade. Elle connaît Manfred pour un être puissant par la pensée, adonné au bien et au mal, extrême dans tous deux ; fatal aux autres, et condamné à souffrir. Elle lui demande ce qu'il lui veut.

MANFRED.

« Contempler ta beauté, rien de plus ! L'aspect de la

CHAMOIS HUNTER.
      Heaven give thee rest!
And penitence to restore thee to thyself;
My prayers shall be for thee.

MANFRED.
       I need them not,
But can endure thy pity.
. . . .

MANFRED.
To look upon thy beauty—nothing further.

terre a égaré ma raison ; je me réfugie dans ses mystères, je pénètre jusque dans les retraites de ceux qui la gouvernent : mais ils ne peuvent rien pour moi. J'ai cherché à en obtenir plus qu'ils ne peuvent donner : maintenant, je ne cherche plus.

LA FÉE DES ALPES.

« Quel peut donc être ce vœu que ne peuvent exaucer les plus puissans esprits, ceux qui régissent l'invisible?

MANFRED.

« Pourquoi le répéterais-je? ce serait en vain.

LA FÉE DES ALPES.

« Je ne sais ; parle.

The face of the Earth hath madden'd me, and I
Take refuge in her mysteries, and pierce
To the abodes of those who govern her—
But they can nothing aid me. I have sought
From them what they could not bestow, and now
I search no further.

WITCH.

What could be the quest
Which is not in the power of the most powerful,
The rulers of the invisible?

MANFRED.

A boon;
But why should I repeat it? 'twere in vain.

WITCH.

I know not that; let thy lips utter it.

MANFRED.

« Eh bien, quoique ce soit une torture, je la braverai ; mon angoisse trouvera une voix. Dès ma jeunesse, mon âme se tenait à l'écart des autres âmes : je ne voyais pas la terre avec les yeux des hommes ; je ne partageais pas la soif de leur ambition. Le but de leur existence n'était pas le mien ; mes joies, mes douleurs, mes passions, mes facultés avaient fait de moi un étranger. Je ressemblais aux hommes, mais je n'avais point de sympathie avec eux. Au milieu des créatures formées de limon qui m'entouraient, il n'y en avait qu'une ;.... mais il n'est pas temps encore. J'ai dit que j'avais peu de rapport avec les hommes et avec leurs pensées. Ma joie était d'aller dans le désert respirer

---

MANFRED.

Well, though it torture me, 'tis but the same ;
My pang shall find a voice. From my youth upwards
My spirit walk'd not with the souls of men,
Nor look'd upon the Earth with human eyes ;
The thirst of their ambition was not mine ;
The aim of their existence was not mine ;
My joys, my griefs, my passions, and my powers,
Made me a stranger ; though I wore the form,
I had no sympathy with breathing flesh,
Nor midst the creatures of clay that girded me
Was there but one who——but of her anon.
I said, with men, and with the thoughts of men,
I held but slight communion ; but instead,

l'air épuré de la cîme glacée des montagnes, où les oiseaux n'osaient bâtir leurs nids, où pas un insecte ne voltige sur le granit dépouillé d'herbes. J'aimais à me plonger dans le torrent, ou à rouler dans le tourbillon de la vague rapide. Emporté par le courant, à l'heure du reflux, j'exerçais avec orgueil mes forces naissantes. La nuit, je suivais à travers les cieux la lune mobile, les étoiles qui apparaissaient une à une; ou bien je contemplais l'éclair éblouissant, jusqu'à ce que mes yeux en fussent obscurcis. Quelquefois je regardais les feuilles éparses, et j'écoutais les vents d'automne soupirer leurs chants du soir. Tels étaient mes plaisirs, et j'en jouissais toujours seul; car si les êtres dont je faisais partie, en détestant d'être né parmi eux,

---

My joy was in the wilderness, to breathe
The difficult air of the iced mountain's top,
Where the birds dare not build, nor insect's wing
Flit o'er the herbless granite; or to plunge
Into the torrent, and to roll along
On the swift whirl of the new breaking wave
Of river-stream, or ocean, in their flow.
In these my early strength exulted; or
To follow through the night the moving moon,
The stars and their developement; or catch
The dazzling lightnings till my eyes grew dim;
Or to look, list'ning, on the scattered leaves,
While Autumn winds were at their evening song.
These were my pastimes, and to be alone;
For if the beings, of whom I was one,—
Hating to be so,—cross'd me in my path,

CHAPITRE SEPTIÈME.

venaient à traverser mon sentier, je me sentais dégradé ; redescendu jusqu'à eux, je redevenais poussière. Souvent, dans mes courses errantes et solitaires, je pénétrais jusqu'aux cavernes de la Mort, cherchant à découvrir sa cause dans son effet ; et de ces ossemens desséchés, de ces crânes, de cette argile amoncelée, je tirais de coupables et dangereuses conclusions. Puis je passais les nuits et les années à m'exercer aux sciences occultes qu'on n'enseignait que dans les vieux temps : et à force de jours, de travail, à l'aide d'une terrible *ordalie* (*), d'une pénitence qui en elle-même exerce un pouvoir sur l'air, sur les esprits qui environnent la terre, l'espace, l'infini peuplé, je me familiarisai avec l'éternité . . . .
. . . .

I felt myself degraded back to them,
And was all clay again. And then I dived,
In my lone wanderings, to the caves of Death,
Searching its cause in its effect, and drew
From wither'd bones, and skulls, and heap'd up dust,
Conclusions most forbidden. Then I pass'd
The nights of years in sciences untaught,
Save in the old-time ; and with time and toil,
And terrible ordeal, and such penance
As in itself hath power upon the air,
And spirits that do compass air and earth,
Space, and the peopled infinite, I made
Mine eyes familiar with eternity.
. . . .

(*) Sorte d'épreuve mystérieuse ; l'ordalie était un reste de paganisme adopté par les chrétiens superstitieux ou fourbes.

« Avec ma science, s'accrut la soif du savoir, et la puissance et la joie de cette brillante intelligence, jusqu'à ce que....

LA FÉE DES ALPES.

« Poursuis.

MANFRED.

« Oh! j'ai cherché à prolonger mon récit en te vantant tous ces vains attributs ; car, à mesure que j'approche de l'angoisse qui déchire mon cœur.... Mais achevons ma tâche. Je ne t'ai nommé ni père, ni mère, ni maîtresse, ni ami, ni aucun être avec lequel je fusse uni par des nœuds humains ; si j'en avais, ils ne me liaient pas. — Cependant, il en existait une....

———

. . . . . . And with my knowledge grew
The thirst of knowledge, and the power and joy
Of this most bright intelligence, until——

WITCH.

Proceed.

MANFRED.

Oh! I but thus prolonged my words,
Boasting these idle attributes, because
As I approach the core of my heart's grief—
But to my task. I have not named to thee
Father or mother, mistress, friend, or being,
With whom I wore the chain of human ties;
If I had such, they seem'd not such to me—
Yet there was one——

CHAPITRE SEPTIÈME.

LA FÉE DES ALPES.

« Ne t'épargne pas. Achève.

MANFRED.

« Elle me ressemblait. Ses yeux, sa chevelure, ses traits, et jusqu'au son de sa voix, disaient-ils, étaient semblables aux miens, mais adoucis et embellis. Elle avait les mêmes pensées solitaires où elle aimait à s'égarer; la même ardeur pour les sciences cachées, et une âme faite pour comprendre l'univers; et ce n'était pas tout, elle y joignait encore de plus aimables dons : la pitié, les sourires et les larmes que je n'avais pas; et la tendresse, mais j'en avais pour elle; de l'humilité, et je n'en eus jamais. Ses défauts

---

WITCH.

Spare not thyself—proceed.

MANFRED.

She was like me in lineaments—her eyes,
Her hair, her features, all, to the very tone
Even of her voice, they said, were like to mine;
But soften'd all, and temper'd into beauty;
She had the same lone thoughts and wanderings,
The quest of hidden knowledge, and a mind
To comprehend the universe: nor these
Alone, but with them gentler powers than mine,
Pity, and smiles, and tears—which I had not;
And tenderness—but that I had for her;
Humility—and that I never had.

étaient les miens; ses vertus ne venaient que d'elle; je l'aimai, et je l'assassinai.

LA FÉE DES ALPES.

« De ta main ?

MANFRED.

« Non, de mon cœur qui brisa son cœur. Elle contempla mon âme, et se flétrit. J'ai versé du sang, mais non le sien; et cependant, son sang fut répandu.... je le vis.... et ne pus l'étancher!....

LA FÉE DES ALPES.

« Et c'est pour cet être d'une race que tu méprises, et au-dessus de laquelle tu voudrais t'élever,

---

Her faults were mine—her virtues were her own—
I loved her, and destroy'd her!

WITCH.

With thy hand?

MANFRED.

Not with my hand, but heart—which broke her heart—
It gazed on mine, and withered. I have shed
Blood, but not hers—and yet her blood was shed—
I saw—and could not staunch it.

WITCH.

And for this—
A being of the race thou dost despise,
The order which thine own would rise above,

CHAPITRE SEPTIÈME.

en te mêlant à nous et aux nôtres! c'est pour cela que tu dédaignes les dons de notre grand savoir, et que tu redescends jusqu'à l'humanité! Retire-toi!

MANFRED.

« Fille de l'Air, je te le dis : depuis cette heure.....
mais les paroles ne sont qu'un souffle ; regarde-moi dans mon sommeil; ou épie mes longues insomnies. Viens t'asseoir à mes côtés. Ma solitude n'est plus la solitude : elle est peuplée par les furies. — J'ai grincé des dents dans les ténèbres jusqu'au retour de l'aurore; puis, je me suis maudit jusqu'au coucher du soleil; j'ai demandé au ciel la folie comme un bienfait; elle m'est refusée. J'ai affronté la mort, mais dans la guerre des élémens, les eaux se retiraient de

---

Mingling with us and ours, thou dost forego
The gifts of our great knowledge, and shrink'st back
To recreant mortality————Away!

MANFRED.

Daughter of Air! I tell thee, since that hour—
But words are breath—look on me in my sleep,
Or watch my watchings—Come and sit by me!
My solitude is solitude no more,
But peopled with the Furies:—I have gnash'd
My teeth in darkness till returning morn,
Then cursed myself till sunset;—I have pray'd
For madness as a blessing—'tis denied me.
I have affronted death—but in the war

moi; et les choses fatales et malfaisantes passaient sans me blesser. La main glacée d'un impitoyable démon me retenait au bord de l'abîme par un seul cheveu qui ne se rompait pas. Je me plongeai dans les rêves de mon imagination, dans toute la riche abondance de mon âme qui jadis créait des trésors; mais semblable à la vague courroucée, elle me repoussait de nouveau dans le gouffre impénétrable de mes pensées. Je me mêlai parmi les hommes, je cherchai l'oubli partout; hors dans les lieux où il se trouve, et je n'ai pu le découvrir encore. Là, mes sciences, mon art surnaturel si long-temps poursuivi, ont échoué, et sont redevenus mortels. J'habite dans mon désespoir : et j'existe, j'existe à jamais. »

Of elements the waters shrunk from me,
And fatal things pass'd harmless—the cold hand
Of an all-pitiless demon held me back,
Back by a single hair, which would not break.
In phantasy, imagination, all
The affluence of my soul—which one day was
A Crœsus in creation—I plunged deep,
But, like an ebbing wave, it dash'd me back
Into the gulf of my unfathom'd thought.
I plunged amidst mankind—Forgetfulness
I sought in all, save where 'tis to be found,
And that I have to learn—my sciences,
My long pursued and super-human art,
Is mortal here—I dwell in my despair—
And live—and live for ever.

. . . .

CHAPITRE SEPTIÈME.

La fée lui promet de le secourir s'il veut jurer d'obéir à ses ordres; mais il s'écrie :

« Je ne veux pas jurer.... Obéir! à qui? Aux esprits auxquels je commande. Etre l'esclave de ceux qui me servirent. Jamais! »

Dans la troisième scène du second acte les Destinées se rassemblent sur le sommet de la Jung-Frau. Elles ont toutes versé leurs coupes de fiel sur les pauvres humains, et se racontent leurs exploits. Dans le chant de la seconde, le poëte fait allusion à un événement politique alors récent.

« L'usurpateur captif précipité du trône, était enseveli dans la torpeur, oublié, isolé. J'ai rompu sa

---

MANFRED.

I will not swear—Obey! and whom? the spirits
Whose presence I command, and be the slave
Of those who served me—Never!

. . . .

  The captive Usurper,
   Hurl'd down from the throne,
  Lay buried in torpor,
   Forgotten and lone;
  I broke through his slumbers,
   I shivered his chain,

léthargie, j'ai brisé sa chaîne, je l'ai ligué avec des masses d'hommes... il est encore tyran!

Il me paiera de mes soins par le sang d'un million de créatures ; la destruction d'une nation signalera sa fuite et son désespoir. »

Cette scène est inspirée, mais non pas imitée, des trois sorcières de Macbeth. Arimanes préside ce conseil ténébreux. Les Destinées lui sont soumises. Un mortel a osé pénétrer jusque dans ce sanctuaire. C'est Manfred qui vient y chercher la fin de ses souffrances. Il refuse de s'humilier devant le roi des esprits. Mais son âme inflexible en impose même aux puissances du mal. La force de sa douleur et de sa volonté lui ont fait dépasser les bornes de la vie. Il demande à revoir Astarté; celle qu'il pleure, et dont le souvenir est à-la-fois une joie et un remords. Le fantôme apparaît. Il le conjure de lui parler; mais il s'obstine à garder le silence : enfin il répond à la brûlante invocation de Manfred :

« *Demain tes maux terrestres finiront.* Adieu!

I leagued him with numbers—
He's Tyrant again!
With the blood of a million he'll answer my care,
With a nation's destruction—his flight and despair.
. . . .
To-morrow ends thine earthly ills.
Farewell!

CHAPITRE SEPTIÈME.

MANFRED.

« Encore un mot : *Suis-je pardonné ?*

LE FANTÔME.

« Adieu !

MANFRED.

« *Nous retrouverons-nous ?*

LE FANTÔME.

« Adieu ! »

Manfred est de retour dans son château. Il ordonne qu'on le laisse seul; mais un prêtre, poussé par un saint zèle, parvient jusqu'à lui. Il a appris qu'il possédait de dangereux secrets; qu'il évoquait à son gré les puissances du mal : il vient lui offrir une réconciliation avec le ciel, la pénitence, et sa pitié.

MANFRED.

Yet one word more—am I forgiven ?

PHANTOM OF ASTARTE.

Farewell !

MANFRED.

Say, shall we meet again ?

PHANTOM OF ASTARTE.

Farewell !

MANFRED.

« Je t'entends, et voici ma réponse : ce que je puis avoir été, ce que je suis, reste entre le ciel et moi. Je ne choisirai pas un mortel pour médiateur. Ai-je péché contre vos ordonnances, prouvez-le et punissez-moi.

L'ABBÉ.

« Mon fils ! je n'ai point parlé de punition, mais de pénitence et de pardon ; tu peux encore choisir : quant aux derniers, nos institutions et notre puissante croyance m'ont donné le pouvoir d'aplanir le chemin qui mène du péché à de plus hautes espérances et à de meilleures pensées. Je laisse au ciel le châtiment.

MANFRED.

I hear thee. This is my reply; whate'er
I may have been, or am, doth rest between
Heaven and myself.—I shall not choose a mortal
To be my mediator. Have I sinn'd
Against your ordinances, prove and punish !

ABBOT OF SAINT MAURICE.

My son ! I did not speak of punishment,
But penitence and pardon ;—with thyself
The choice of such remains—and for the last,
Our institutions and our strong belief
Have given me power to smooth the path from sin
To higher hope and better thoughts; the first
I leave to heaven—« Vengeance is mine alone ! »

« La vengeance appartient à moi seul, » a dit le Seigneur, et son serviteur répète en toute humilité ce mot terrible.

MANFRED.

« Vieillard ! il n'est pas de puissance dans les saints, de charme dans la prière, de forme de pénitence, de marques extérieures de repentir, de jeûne, d'agonie, et, ce qui l'emporte sur tout cela, de tortures intérieures, causées par ce profond désespoir qui est un remords sans la crainte de l'enfer, mais qui, se suffisant à lui-même, ferait des cieux même un enfer; il n'existe rien qui puisse exorciser d'une âme indépendante et libre, le sentiment poignant de ses propres péchés, de ses torts, de ses souffrances, de la vengeance qu'elle s'impose à elle-même. Il n'est point

---

So saith the Lord, and with all humbleness
His servant echoes back the awful word.

MANFRED.

Old man! there is no power in holy men,
Nor charm in prayer—nor purifying form
Of penitence—nor outward look—nor fast,
Nor agony—nor, greater than all these,
The innate tortures of that deep despair,
Which is remorse without the fear of hell,
But all in all sufficient to itself
Would make a hell of heaven—can exorcise
From out the unbounded spirit, the quick sense
Of its own sins, wrongs, sufferance, and revenge

d'angoisse dans l'avenir, qui puisse exercer une justice aussi rigoureuse que celle qu'exerce sur son âme celui qui s'est condamné.

Le prêtre persiste à lui conseiller une expiation; Manfred répond toujours qu'il est trop tard.

L'ABBÉ.

« Il ne peut jamais être trop tard pour te réconcilier avec ton âme, et pour réconcilier ton âme avec le ciel. N'as-tu donc pas d'espérance!.... Ceux même qui désespèrent de la vie à venir, se forment quelque vague desir sur la terre, fragile roseau auquel ils s'attachent, comme des hommes qui se noient.

MANFRED.

Oui..... père! dans ma jeunesse, j'ai eu de ces visions

Upon itself; there is no future pang
Can deal that justice on the self-condemn'd
He deals on his own soul.

. . . .

ABBOT OF SAINT MAURICE.

It never can be so,
To reconcile thyself with thy own soul,
And thy own soul with heaven. Hast thou no hope?
'Tis strange—even those who do despair above,
Yet shape themselves some phantasy on earth,
To which frail twig they cling, like drowning men.

MANFRED.

Ay—father! I have had those earthly visions
And noble aspirations in my youth,

terrestres, de ces nobles aspirations. Je voulais m'emparer de l'âme des autres hommes, être le phare des nations, et m'élever je ne sais où..... peut-être pour tomber. Mais, comme la cataracte de la montagne, qui s'élance du milieu des hauteurs éblouissantes, avec toute sa fougue écumeuse, jusque dans l'abîme (d'où s'élèvent des colonnes de brouillards, qui deviennent nuages, et retombent en pluie des cieux), là elle est abaissée, mais encore puissante. Tout cela n'est plus maintenant, mes pensées avaient pris le change.

L'ABBÉ.

Pourquoi?

MANFRED.

Je ne pouvais dompter ma nature. Celui qui veut

To make my own the mind of other men,
The enlightener of nations; and to rise
I knew not whither—it might be to fall;
But fall, even as the mountain-cataract,
Which having leapt from its more dazzling height,
Even in the foaming strength of its abyss,
(Which casts up misty columns that become
Clouds raining from the re-ascended skies,)
Lies low but mighty still.—But this is past,
My thoughts mistook themselves.

ABBOT OF SAINT MAURICE.

And wherefore so?

MANFRED.

I could not tame my nature down; for he

dominer doit savoir servir, flatter, demander, épier tout moment favorable; pénétrer en tout lieu, et être un mensonge vivant; voilà ce que doit faire quiconque veut devenir puissant parmi les êtres vils, et ce sont eux qui composent la masse. Je dédaignai de me mêler au troupeau, même pour en être le chef, pour commander à des loups. Le lion est seul, et je suis seul aussi.

L'ABBÉ.

Et pourquoi ne pas vivre, ne pas agir avec les autres hommes?

MANFRED.

Parce que ma nature était en guerre avec la vie; et cependant je n'étais pas cruel; je ne voulais pas créer la désolation, mais la trouver..... Semblable au vent,

---

Must serve who fain would sway—and—sooth—and sue—
And watch all time—and pry into all place—
And be a living lie—who would become
A mighty thing amongst the mean, and such
The mass are; I disdained to mingle with
A herd, though to be leader—and of wolves.
The lion is alone, and so am I.

ABBOT OF SAINT MAURICE.

And why not live and act with other men?

MANFRED.

Because my nature was averse from life;
And yet not cruel; for I would not make,
But find a desolation :—like the wind,

CHAPITRE SEPTIÈME. 149

au souffle de feu du sauvage Simoun, qui n'habite que dans le désert, balaye les sables stériles, où ne croît pas un arbrisseau qu'il puisse flétrir, se joue au milieu de leurs vagues arides et sauvages, et ne cherche pas à faire des victimes, pourvu aussi qu'on ne le cherche pas, mais dont la rencontre est mortelle : tel a été le cours de mon existence. Les êtres qui se sont trouvés sur mon passage ne sont plus.

L'ABBÉ.

Hélas! je commence à craindre que moi et mes pareils ne puissions te secourir; cependant, si jeune, je voudrais encore.....

MANFRED.

Regarde-moi. Il est sur la terre une race de mortels

The red-hot breath of the most lone Simoom,
Which dwells but in the desart, and sweeps o'er
The barren sands which bear no shrubs to blast,
And revels o'er their wild and arid waves,
And seeketh not, so that it is not sought,
But being met is deadly; such hath been
The course of my existence; but there came
Things in my path which are no more.

ABBOT OF SAINT MAURICE.

     Alas!
I'gin to fear that thou art past all aid
From me and from my calling; yet so young,
I still would——

qui, deviennent vieux dès leur jeunesse, et qui, sans aller chercher dans les combats une mort violente, meurent avant leur maturité. Quelques-uns sont tués par les plaisirs; d'autres par l'étude; les uns usés par le travail, les autres seulement d'ennui et de fatigue; quelquefois de maladie, quelquefois de folie; et le plus grand nombre périt le cœur flétri et brisé; car cette dernière maladie tue plus d'hommes qu'il n'y en a d'inscrits sur les registres du destin (*). Elle prend toutes les formes; elle porte tous les noms. Regarde-moi! j'ai usé de toutes ces choses avec excès; et de toutes ces choses, une seule suffisait. Ne t'étonne

---

MANFRED.

Look on me! there is an order
Of mortals on the earth, who do become
Old in their youth, and die ere middle age,
Without the violence of warlike death;
Some perishing of pleasure—some of study—
Some worn with toil—some of mere weariness—
Some of disease—and some of insanity—
And some of withered or of broken hearts;
For this last is a malady which slays
More than are numbered in the lists of Fate,
Taking all shapes, and bearing many names.
Look upon me! for even of all these things
Have I partaken; and of all these things,

(*) Cette pensée, qui semble d'abord obscure, est développée plus au long dans Childe-Harold. Lord Byron veut dire que, malgré la perte de ses espérances, de ses affections, on peut encore exister, quoique la vie du cœur et de l'âme soit éteinte.

CHAPITRE SEPTIÈME.

donc plus de ce que je suis, mais de ce que j'aie jamais été, ou de ce qu'ayant été, je sois encore sur la terre. »

Le vieillard se retire. Le soleil descend derrière la montagne. Manfred le contemple.

« Adieu, lui dit-il, je ne te reverrai plus : mon premier regard d'amour et de surprise fût pour toi, reçois donc aussi le dernier. Tu ne peux briller sur un être à qui le don de la vie, de la chaleur ait été plus funeste. Il a disparu : je le suis.

Il s'enferme dans une tour. Deux serviteurs restés seuls s'entretiennent des bizarreries de leur maître, du mystère qui enveloppe sa vie. L'un d'eux a servi le père de Manfred ; il le dépeint comme un ami du plaisir, qui n'aimait ni la solitude, ni les livres, et qui faisait de la nuit un temps de festin plus joyeux que le jour. Mais il n'en est plus

---

One were enough; then wonder not that I
Am what I am, but that I ever was,
Or having been that I am still on earth.

. . . .

       Fare thee well!
I ne'er shall see thee more. As my first glance
Of love and wonder was for thee, then take
My latest look : thou wilt not beam on one
To whom the gifts of life and warmth have been
Of a more fatal nature. — He is gone :
I follow.

. . . .

ainsi. Le vieux serviteur a vu d'étranges choses ; son compagnon le presse de les lui raconter.

MANUEL.

C'était un soir, il m'en souvient, à l'heure du crépuscule, comme maintenant, une soirée pareille à celle-ci. Ce nuage rouge, qui se repose là-bas, sur le sommet de l'Eigher, s'y reposait alors, si semblable, que ce pourrait être le même. Le vent était faible et orageux, et la neige de la montagne commençait à briller, à mesure que la lune montait dans les cieux. Le comte Manfred était, comme à présent, dans sa tour. Nous ignorions de quelle nature étaient ses occupations; mais il avait avec lui la seule compagne de ses courses et de ses veilles ; de toutes les créatures qui existent sur

---

MANUEL.

That was a night indeed; I do remember
'Twas twilight, as it may be now, and such
Another evening :—yon red cloud, which rests
On Eigher's pinnacle, so rested then,—
So like that it might be the same; the wind
Was faint and gusty, and the mountain snows
Began to glitter with the climbing moon;
Count Manfred was, as now, within his tower,—
How occupied, we knew not, but with him
The sole companion of his wanderings
And watchings—her, whom of all earthly things
That lived, the only thing he seem'd to love,
As he, indeed, by blood was bound to do,
The lady Astarte, his,—Hush! who comes here?

CHAPITRE SEPTIÈME.

la terre, la seule qu'il parût aimer, et à la vérité, ils étaient du même sang, Astarté, sa... Paix! qui vient là? »

C'est encore le vieux prêtre. Les dernières paroles de Manfred retentissent à ses oreilles, il vient sauver l'infortuné au péril de sa vie; il veut tout braver pour arriver jusqu'à lui. Le vieux serviteur cherche en vain à le faire renoncer à ce projet.

Manfred est seul dans l'intérieur de la tour, livré à ses réflexions. Le vieillard y pénètre.

Il veut toucher son cœur, rappeler à la vérité une âme noble qui s'égare.

MANFRED.

Tu ne me connais pas; mes jours sont comptés, et mes actions enregistrées. Retire-toi; il y aurait du danger à rester. Éloigne-toi.

L'ABBÉ.

Tu ne veux pas me menacer?

MANFRED.

Moi! non; je te dis simplement que le péril est proche, et je voudrais t'en préserver.

. . . .
MANFRED.
Thou know'st me not;
My days are numbered, and my deeds recorded:
Retire, or 'twill be dangerous—Away!

ABBOT OF SAINT MAURICE.
Thou dost not mean to menace me?

L'ABBÉ.

Que veux-tu dire?

MANFRED.

Regarde là! Que vois-tu?

L'ABBÉ.

Rien.

MANFRED.

Regarde fixement, té dis-je. Maintenant, dis-moi ce que tu vois?

MANFRED.

Not I;
I simply tell thee peril is at hand,
And would preserve thee.

ABBOT OF SAINT MAURICE.

What dost mean?

MANFRED.

Look there!
What dost thou see?

ABBOT OF SAINT MAURICE.

Nothing.

MANFRED.

Look there, I say,
And steadfastly; now tell me what thou seest?

CHAPITRE SEPTIÈME.

L'ABBÉ.

Ce qui devrait me faire trembler..... Mais je ne le crains pas. Je vois un fantôme sombre et terrible s'élever de terre, comme un dieu infernal. Sa figure est enveloppée d'un manteau, et il est entouré de nuages menaçans. Il est entre toi et moi; mais je ne le crains pas.

MANFRED.

Tu n'as aucune raison de le craindre....; il ne te touchera pas.....; mais sa vue pourrait glacer tes membres affaiblis par l'âge. Je te le dis, retire-toi.

. . . .

L'ABBÉ.

Hélas! homme perdu! qu'as-tu à faire de pareils

ABBOT OF SAINT MAURICE.

That which should shake me,—but I fear it not—
I see a dusk and awful figure rise
Like an infernal god from out the earth;
His face wrapt in a mantle, and his form
Robed as with angry clouds; he stands between
Thyself and me—but I do fear him not.

MANFRED.

Thou hast no cause—he shall not harm thee—but
His sight may shock thine old limbs into palsy.
I say to thee—Retire!

. . . .

ABBOT OF SAINT MAURICE.

Alas! lost mortal! what with guests like these

hôtes? Je tremble pour toi. Pourquoi te regarde-t-il ainsi fixement; pourquoi fixes-tu sur lui un semblable regard. Ah!.... il se dévoile. Sur son front sont imprimés les traits de la foudre; dans son œil étincelle l'immortalité des enfers.....

Cet être surnaturel est le génie de Manfred. Il vient le sommer de le suivre dans l'abyme. Mais Manfred le brave et le repousse. Une foule d'esprits l'entourent et veulent l'entraîner. « Je vous défie tous, leur dit-il; quoique je sente que mon âme m'abandonne, je vous défie. . . . . . .
. . . .

UN DES ESPRITS.

Mais, tes crimes nombreux t'ont rendu.....

MANFRED.

Et que sont mes crimes à ceux qui te ressemblent?

Hast thou to do? I tremble for thy sake;
Why doth he gaze on thee, and thou on him?
Ah! he unveils his aspect; on his brow
The thunder-scars are graven: from his eye
Glares forth the immortality of Hell—
Avaunt!——
. . . .

SPIRIT.
But thy many crimes
Have made thee—

MANFRED.
What are they to such as thee?

Les crimes doivent-ils être punis par d'autres crimes, et par de plus grands criminels? Retourne à ton enfer; tu n'as point de pouvoir sur moi..... Je le sens. Je sais que tu ne me posséderas jamais. Ce que j'ai fait est accompli. Je porte au-dedans de moi une torture à laquelle tu ne pourrais rien ajouter. L'âme, qui est immortelle, se fait juge de ses bonnes ou mauvaises pensées. Indépendante des lieux et des temps, elle est elle-même la source et le terme de ses maux. Une fois affranchie de sa dépouille mortelle, son sens intime n'emprunte aucune couleur aux choses passagères du dehors. Elle est absorbée dans la souffrance ou dans la joie, selon qu'elle se connaît, selon qu'elle s'est ju-

---

Must crimes be punish'd but by other crimes,
And greater criminals?—Back to thy Hell!
Thou hast no power upon me, *that* I feel;
Thou never shalt possess me, *that* I know:
What I have done is done, I bear within
A torture which could nothing gain from thine;
The mind which is immortal makes itself
Requital for its good or evil thoughts—
Is its own origin of ill and end—
And its own place and time—its innate sense,
When stripp'd of this mortality, derives
No colour from the fleeting things without;
But is absorb'd in sufferance or in joy,
Born from the knowledge of its own desert.
Thou didst not tempt me, and thou could'st not tempt me;
I have not been thy dupe, nor am thy prey—
But was my own destroyer, and will be

gée. Tu ne m'as point tenté, tu ne pouvais me tenter. je n'ai pas été ta dupe, je ne suis pas ta proie; j'ai été mon propre bourreau, je le serai encore dans l'avenir. Eloignez vous, démons! Je brave votre puissance; la main de la mort est sur moi, et non la vôtre! »

Il expire.

Quelle grande pensée que de représenter l'homme seul arbitre de sa destinée, n'attribuant ses égaremens ni aux passions, ni aux circonstances, mais à lui seul.

Je me suis laissé aller à donner une longue analyse de Manfred, mais c'est que j'ai cru ne pouvoir trop insister sur l'importance morale de ce poème; on ne l'a pas assez généralement sentie, on l'a même contestée en Angleterre.

D'ailleurs, ce drame contient toutes les doctrines morales et religieuses de lord Byron; et sous ce point de vue, les citations avaient un trop haut intérêt, pour ne pas les multiplier. Quoique le poète ait personnifié le génie du mal, ou le mauvais principe, sous le nom d'Arimane, il ne lui donne pas la souveraineté de l'univers; il le force au contraire à reconnaître un dieu plus puissant que lui.

Lorsque les esprits ténébreux pressent Man-

My own hereafter.—Back, ye baffled fiends!
The hand of Death is on me—but not yours!

fred de s'abaisser devant le pouvoir qui les gouverne, il répond : « Commandez-lui plutôt de se prosterner devant ce qui est au-dessus de lui, devant l'Éternel, l'Infini!.... devant le puissant Créateur, qui ne l'a pas créé pour être adoré. Qu'il s'agenouille, et je me prosternerai avec lui. (*)

Jamais l'homme ne fut élevé plus haut; jamais il n'exprima mieux le sentiment de sa force morale. Ses pensées, ses visions même ont un corps. Le passé, l'avenir de sa vie s'animent tout-à-coup. Il n'est pas jusqu'aux merveilles muettes de la nature, auxquelles il ne prête une voix et des formes divines. Mais au milieu de cette grandeur imposante, Manfred porte en lui-même un germe de mort et de malédiction. Un orgueil égal à celui de Satan a préparé sa chute, et fait partie de son châtiment. Il est abaissé, humilié à ses propres yeux, et son âme altière en gémit.

(*) « Bid *him* bow down to that which is above him,
The overruling Infinite—the Maker
Who made him not for worship—let him kneel,
And we will kneel together. »

CHAPITRE VIII.

LE SIÈGE DE CORINTHE.—PARISINA.—DE L'IMITATION EN FRANCE.—DE L'ÉCOLE ROMANTIQUE.—LE VAMPIRE.— CE QU'EST AUJOURD'HUI LA LITTÉRATURE ANGLAISE.—ANALYSE DE MAZEPPA.

Le Siège de Corinthe, qui parut avant Manfred, a tout le feu, tout le tumulte des batailles; et, par un contraste habilement ménagé, les descriptions ont un calme extraordinaire. Celle qui précède l'apparition de Francisca, l'amante d'Alp le renégat, est surtout remarquable. La voici :

« Il est minuit : sur le vert sombre de la montagne la lune froide et arrondie brille d'un lumière pénétrante. Les eaux bleues roulent sans bruit; le ciel s'étend au-dessus comme un océan parsemé d'îles de

---

'Tis midnight : on the mountain's brown
The cold, round moon shines deeply down;
Blue roll the waters; blue the sky
Spreads like an Ocean hung on high,
Bespangled with those isles of light,
So wildly, spiritually bright;

CHAPITRE HUITIÈME.

lumière, mystérieuses, étincelantes et pures. Qui jamais a pu les voir briller, et redescendre vers la terre, sans regret ! Qui n'a souhaité des ailes pour s'envoler et se fondre dans leurs éternels rayons ? »

« Des deux côtés du rivage, les vagues sont calmes, transparentes, azurées comme l'air ; à peine leur écume fait-elle trembler les cailloux ; elles murmurent doucement comme un ruisseau. Les vents assoupis sur les vagues semblent bercés par elles. Les bannières retombent en plis ondoyans ; et au-dessus étincelle le croissant à pointes recourbées. Ce profond silence n'était interrompu que par la sentinelle qui répétait le signal, ou par les hennissemens fréquens et sonores du coursier auquel répondait l'écho de la colline. De temps en temps, un sourd bourdonnement, semblable au frémissement

---

Who ever gazed upon them shining,
And turned to earth without repining.
Nor wished for wings to flee away,
And mix with their eternal ray ?
The waves on either shore lay there
Calm, clear, and azure as the air ;
And scarce their foam the pebbles shook,
But murmured meekly as the brook.
The winds were pillowed on the waves ;
The banners drooped along their staves,
And, as they fell around them furling.
Above them shone the crescent curling ;

du feuillage, se faisait entendre au sein de l'immense armée qui couvrait les deux rives, quand, à minuit, la voix du Muezzin s'élevant dans les airs, récitait la prière accoutumée ; son chant triste et prolongé ressemblait à celui d'un esprit solitaire passant au-dessus de la plaine ; il était harmonieux, mais d'une douceur plaintive, comme les sons que le vent tire de la harpe, lorsqu'il glisse sur ses cordes ces longs accords que ne peut reproduire l'art des hommes. A ceux qui étaient renfermés dans les remparts, il paraissait un cri sinistre, présage de leur chute ; il résonnait même à l'oreille des

---

And that deep silence was unbroke,
Save where the watch his signal spoke,
Save where the steed neighed oft and shrill,
And echo answered from the hill,
And the wide hum of that wild host
Rustled like leaves from coast to coast,
As rose the Muezzin's voice in air
In midnight call to wonted prayer ;
It rose, that chanted mournful strain,
Like some lone spirit's o'er the plain :
'Twas musical, but sadly sweet,
Such as when winds and harp-strings meet,
And take a long unmeasured tone,
To mortal minstrelsy unknown.
It seemed to those within the wall
A cry prophetic of their fall :

CHAPITRE HUITIÈME.

assiégeans comme un accent prophétique et redouté. »

Alp est seul sur le rivage, une foule de pensées se partagent son âme. Demain, le sort de Corinthe se décide; demain, il sera vengé. Son orgueilleuse patrie lui paiera cher les mépris dont elle l'accabla. Une seule tête doit être épargnée; c'est celle de Francesca; il l'aime; et l'amour l'excite encore au carnage. Mais la brise des nuits a soupiré, et pourtant tout est immobile, pas une feuille d'arbre, pas une tige d'herbe n'est agitée. Alp regarde autour de lui: à ses côtés était assise une jeune femme belle et brillante.

« C'était Francesca, la vierge qu'il avait choisie pour épouse. Ses joues avaient encore l'éclat de la rose, mais voilé par des teintes plus délicates et plus pâles. Où donc s'était enfuie l'expression riante de ses lèvres si tendres et si vermeilles? Le sourire qui les animait était passé; l'Océan tranquille se déroulant à

It struck even the besieger's ear
With something ominous and drear.

It was Francesca by his side,
The maid who might have been his bride!
The rose was yet upon her cheek,
But mellowed with a tenderer streak:
Where was the play of her soft lips fled?
Gone was the smile that enlivened their red.
The Ocean's calm within their view,

ses pieds était moins bleu que ses yeux, mais ils étaient immobiles comme l'onde froide; et son regard, quoique perçant et clair, était glacé. Une mince draperie s'enlaçait autour de sa taille. Rien ne cachait son sein éclairé par la lune. A travers ses longs cheveux noirs et flottans apparaissait son bras blanc et arrondi. Avant de répondre, elle éleva vers le ciel une main si pâle et si diaphane qu'on eût pu voir la lune briller au travers. »

Elle somme le rénégat d'abjurer sa fausse croyance, de revenir à la religion qu'il a quittée, afin qu'ils puissent être à jamais unis. Alp ne veut pas céder à sa prière. Elle s'évanouit comme une ombre. Corinthe est pris le lendemain, mais on n'y trouve plus la jeune fille, elle était morte la veille à minuit.

Beside her eye had less of blue;
But like that cold wave it stood still,
And its glance, though clear, was chill.
Around her form a thin robe twining,
Nought concealed her bosom shining;
Through the parting of her hair,
Floating darkly downward there,
Her rounded arm showed white and bare :
And ere yet she made reply,
Once she raised her hand on high;
It was so wan, and transparent of hue,
You might have seen the moon shine through.

Le sujet de Parisina est écrit en caractères de sang, au milieu des plus gracieuses images. Le commencement est plein de mélodie et de charme. Hugo, vaillant jeune homme, fils naturel du marquis d'Este, aime Parisina, femme de son père. Il paie son crime de sa tête. Parisina devient folle. Le discours que Hugo adresse à son père avant de mourir est terrible. Il y a peu de réflexions dans ce poème, il est court; les faits y sont pressés. J'ai ouï dire qu'on en avait publié une traduction en vers français; je n'en puis parler, puisque je ne l'ai pas lue; mais malgré mon enthousiasme pour les œuvres de lord Byron, je ne desire point les voir passer dans notre poésie. Plus je sens la grandeur, la force de son génie, plus je suis convaincue qu'on ne nous en donnera jamais que de pâles imitations. L'accent du poète, son sentiment, l'énergie des expressions, voilà ce qu'il faut rendre, et ce que notre prose plus indépendante nous permet de reproduire en partie. D'ailleurs, ce ne sont pas les chefs-d'œuvre des Anglais que nous devons naturaliser en France ; il faut les consulter, voir comment ils étudient la nature, comment ils saisissent son côté pittoresque, comment ils amènent l'effet qu'ils entendent si bien, et puis ensuite créer de nous-mêmes avec nos qualités et nos défauts. L'imitation gâte tout, et nous sommes essentiellement imitateurs. Il nous faut des écoles, des coteries, des jugemens dictés.

En littérature, comme en politique, on se rallie autour d'un mot souvent vide d'idées, mais qu'on oppose au raisonnement et aux objections; ce qui est plus commode que de penser par soi-même. Il y a une masse de gens irrésolus auxquels il faut une route tracée qui puisse leur épargner le travail de la réflexion. Cet amour de la routine s'étend à tout; il envahit aussi les arts. Tant que Prud'hon vivait on ne savait si on devait l'admirer parce qu'il ne faisait pas école. On éprouve trop en France le besoin de se ranger sous une bannière. Une foule de personnes rappellent ces prétendus amis de la liberté, qui, devant fonder une république au Champ d'Asile, ne purent commencer à bâtir une cabane, avant d'avoir élu un chef.

Il y a pour le style, pour les caractères, même pour les passions, des types donnés qu'on ne se lasse pas d'imiter. On dirait qu'on s'est abonné à retrouver toujours les mêmes idées, les mêmes sensations; et que tout ce qui rompt cette fatigante uniformité doit être proscrit. Cependant nous touchons à une réforme; mais il est à craindre qu'elle ne soit encore dirigée par le même esprit d'imitation. Au lieu d'inventer, on copie les étrangers; et pour se donner l'air original, on exagère leurs qualités et leurs défauts au point de faire la caricature de leurs bons ouvrages. Nous avons toute une génération de petits Walter Scotts;

mais, ne leur en déplaise, leurs romans sont à ceux de ce grand maître, ce qu'est le mélodrame aux tragédies de Shakespeare. J'ajouterai même qu'un imitateur fidèle du romancier écossais, dût-il parvenir à reproduire son style, quelques-uns de ses personnages favoris, serait malgré cela insupportable, parce que la copie d'un chef-d'œuvre, fût-elle tout-à-fait exacte, ne vaut jamais l'original. La leçon donnée par tout grand écrivain, ce n'est pas, je crois, de faire servilement comme lui, mais d'étudier les moyens qui l'ont conduit à la perfection, en sachant encore choisir ceux qui nous sont propres. On crierait moins contre les romantiques s'ils avaient plus de véritables nouveautés; et pour cela il n'est pas besoin de planer dans les nuages, ni de créer des monstres imaginaires comme *Han d'Islande*. Il ne faut que regarder autour de soi : en revenant à la nature nous serons neufs; elle est plus féconde en aperçus nouveaux, en images variées, que le cerveau le plus inventif. Mais pour tirer parti de ce qui s'offre à nous, il faut une observation calme et vraie, et cette faculté ne naît pas en un jour. Elle doit être cultivée comme celle de bien voir en peinture, de bien entendre en musique. Elle ne dépend pas de la volonté seule. Si l'esprit s'est habitué de bonne heure à saisir les nuances des caractères, à établir des rapports et des comparaisons entre eux, à redresser ses jugemens de lui-même, il trouvera partout à observer, dans les livres, dans les hommes et dans les évènemens : ses impressions seront originales et vraies.

L'éducation des Anglais, leurs institutions politiques surtout, favorisent cette indépendance de la pensée, tandis que chez les Français tout la repousse. Cependant, malgré les clameurs qu'excitent les romantiques, je crois que ce sont eux qui amèneront d'importans changemens dans notre littérature. En dépit de nombreuses extravagances et d'écarts que réprouvent la raison et le goût, ils ont l'avantage de marcher en avant ; tandis que leurs antagonistes sont stationnaires. S'ils ne sont pas dans une bonne route, ils peuvent du moins y arriver ; quelques-uns même ont fait de grands efforts de volonté ; mais la tâche qu'ils s'imposent donne à leurs écrits quelque chose de contraint. S'ils saisissent parfois une image vraie, ou un trait de la nature, ils l'entourent de tant d'emphase, que l'esprit éprouve la même sensation que donne aux oreilles une dissonnance musicale ; on croirait voir des diamans mêlés de fausses pierreries.

Ce mauvais goût fait continuellement confondre l'absurde avec le sublime, et la licence avec la liberté. Qui croirait que la réputation de lord Byron a commencé en France par la ridicule et dégoûtante histoire du Vampire, qui n'était pas de lui. Un fragment que le poète anglais écrivit en 1816, et qui parut à la fin d'un volume de ses œuvres, fut l'origine, ou plutôt le prétexte, de ce conte, si maladroitement attribué à ce grand homme. Le style en est aussi pitoyable que l'invention. Voici un passage que je cite au hasard, et que je traduis littéralement : « Ceux qui éprouvaient cette sensation de terreur ne pouvaient s'en expliquer la cause. Quelques-uns l'attribuaient à l'œil d'un gris éteint, qui, se fixant sur la surface de l'objet, ne semblait pas y pénétrer, et d'un regard, percer jusqu'aux mouvemens intérieurs du cœur, mais tombait sur la joue avec un *rayon de plomb,* qui pesait sur la peau, sans pouvoir passer au-delà (*). » Je ne connais qu'un style qui puisse rivaliser avec celui-là. Cependant ce furent de pareils phrases qui assurèrent le succès de l'ouvrage. Pour achever de le populariser, on le mit au théâtre. Bientôt il ne fut plus question que de lord Byron et de son vampire. Peu s'en fallut qu'on ne les confondît ensemble. Beaucoup de gens, même encore aujourd'hui, datent de là leur impression sur ce poète, et c'est pourquoi on entend quelquefois parler de son talent d'une manière si absolue et si absurde.

C'était prendre Potier pour Talma, à l'esprit près;

(*) Those who felt this sensation of awe, could not explain whence it arose: some attributed it to the dead grey eye, which fixing upon the object's face, did not seem to penetrate, and at one glance to pierce through to the inward workings of the heart; but fell upon the cheek with a leaden ray that weighed upon the skin it could not pass.

car l'acteur comique aurait fait une imitation burlesque, mais spirituelle; tandis que le conte du vampire n'était qu'un mélange de sottise et d'effronterie. Lord Byron fut, dit-on, très impatienté de son succès en France; et je le crois sans peine. On jugeait le plus grand génie du siècle sur une plate et ridicule production, qu'il désavouait hautement, et qui était tout-à-fait opposée à son genre d'inspiration. Lord Byron avait peint une nature gigantesque, mais vraie, dont il avait trouvé le type en lui-même. Il n'avait jamais écrit un vers qui ne fût sorti brûlant de son âme. Il était sublime de grandeur et de vérité, et on lui attribuait l'œuvre la plus fausse, la plus mesquine, la plus hors nature. On profita de cet enthousiasme bien ou mal fondé, pour faire paraître une traduction de ses œuvres. On s'occupa davantage alors de son génie, et il trouva en France de nombreux admirateurs. Les romantiques s'en emparèrent, et le firent chef du genre. Je n'examinerai point ses titres à cet honneur. Pour cela il faudrait comprendre mieux que je ne le fais les distinctions qui existent entre le classique et le romantique. Comme elles n'ont pas encore été bien clairement définies, je laisse cette question aux adeptes.

La poésie française est tourmentée, comme la prose, du besoin des innovations. On a découvert qu'il fallait mieux que des vers pour plaire et pour intéresser ; qu'un poème didactique et descriptif était souvent fort ennuyeux ; qu'au lieu d'avoir des ouvrages dont on faisait grand cas et qu'on ne lisait pas, il fallait, autant qu'il était possible, concilier son jugement avec son goût. Mais ici la réforme était encore plus difficile. Tout était prescrit, jusqu'au langage. Que de chaînes à rompre ; que d'obstacles à vaincre ; que de critiques surtout à braver ! Parmi les poètes qui osèrent tenter d'ouvrir des routes nouvelles, il en est un, qui, sans imiter les Anglais, a su créer parmi nous une poésie neuve et sentie. Je ne connais rien de comparable, dans aucune langue, aux préludes de M. de Lamartine, à son poète mourant, et aux dix ou quinze vers qui terminent son épitre à Casimir Delavigne. C'est une suite de sensations et d'images rendues avec une harmonie divine. C'est un soupir modulé, qui s'empare de l'âme avec une douce puissance, et qui a du rapport avec l'impression que fait naître la vue des cieux, de la mer, d'un beau site. Ses vers ne nous arrachent pas à nous-mêmes, comme ceux de lord Byron ; ils nous charment en nous reposant. Ceux qui reprochent de la monotonie de pensée à M. de Lamartine ne comprennent pas son talent. S'il était varié, il ne serait plus lui. Le cercle de ses inspirations est peut-être un peu resserré ; mais il est évident qu'il écrit ce qu'il sent. Un homme mélancolique et rêveur ne peut se faire à son gré joyeux et positif, surtout en poésie. Nous avons souvent le défaut d'exiger du même écrivain les qualités les plus opposées. On peut arriver, à force d'esprit, à une sorte d'universalité; mais je ne crois pas que le génie puisse aussi facilement se prêter à prendre toutes les formes.

On ne jouit pas en France; on met trop l'esprit à la place du sentiment. Au lieu de se laisser entraîner, on pèse les mots, les hémistiches, on analyse ses impressions. En voulant ainsi se rendre compte de tout, on rétrécit de plus en plus le domaine de l'imagination, et elle ne sait plus où se réfugier.

Les Anglais font tout entrer dans la poésie, les caractères, les passions, les habitudes de la vie, et ainsi lui prêtent un intérêt dont rien n'approche. Ce ne sont pas des pensées seulement, ce sont les objets qui nous entourent, les choses qui nous sont les plus familières, que nous retrouvons ennoblies, et comme épurées par un beau langage; ce n'est pas l'emphase des mots, mais l'empreinte de l'âme. Ainsi, un petit coin de terrain que nous avons à peine remarqué, nous charme dans un tableau, par la sensation de l'artiste, par la manière dont il a observé et rendu la nature. Les poètes anglais ne négligent aucun moyen d'intéresser; ils s'emparent de l'imagination par tous ses points accessibles; aussi, sont-ils en général, beaucoup plus po-

CHAPITRE HUITIÈME.

pulaires que les nôtres. A la vérité, ils ont affaire à un public qui a plus d'idées poétiques. Mais leur grand prestige est d'être vrais et toujours divers entre eux, parce qu'ils n'ont pas un type hors d'eux-mêmes. En France, il faut avoir du génie pour sortir de l'ornière tracée, et oser penser et sentir d'après soi : en Angleterre, il y a peu d'écrivains qui ne tracent un nouveau sillon plus ou moins profond.

Les abus ne nous frappent jamais plus que lorsqu'ils sont près de disparaître. Du moins, je l'éprouve ici ; car on ne saurait nier que, depuis sept ou huit ans, nous avons beaucoup plus d'indépendance de pensée qu'auparavant. L'influence de la société se fait moins sentir ; les jugemens sont plus libres ; mais nous ne sommes point encore rendus au point que nous devons atteindre. L'observation y conduira. Les caractères et les mœurs sont déjà mieux étudiés ; mais ce sont encore des mœurs de salons : les personnages ne pourraient vivre en plein air, comme ceux de Walter Scott ; ils sont pâles, effacés, ils ont une existence factice et frêle. Cependant les idées s'élargissent peu à peu.

Je ne voudrais pas qu'on renversât les limites, mais qu'on les reculât ; qu'on accueillît tout ce qui est beau, tout ce qui est grand, sans distinction de genre ni de parti ; qu'on fermât les yeux sur les défauts, quand ils sont rachetés par de sublimes beautés. Je ne sais si je me trompe, mais il me semble que la littérature anglaise est à son apogée, et ne peut plus que redescendre, jusqu'à ce qu'elle ait trouvé un nouveau sentier pour remonter. Ce qui me fait croire à cette décadence, ce sont les écoles et les imitateurs de Walter Scott, de lord Byron, de Moore, de Wordsworth. Toutes les fois que les hommes se groupent autour d'un seul, ils font l'aveu de leur faiblesse, et perdent de leur originalité et de leur énergie. C'est une glace brisée en morceaux, dont chaque éclat renvoie la même image. Cependant, l'esprit d'imitation s'établit plus difficilement en Angleterre qu'en France, et comme il y aura toujours une masse de gens qui y échapperont, en supposant qu'il gagne du terrain, il n'envahira pas tout.

Le domaine du classique, ou ce qu'on est convenu de nommer ainsi, est à-peu-près exploré en France. On a imité les anciens au théâtre, dans la prose, et dans la poésie. Sans doute il faudrait les consulter encore et souvent, mais non adopter leurs mœurs, leur croyance, leur style, qui sont en opposition complète avec les usages et le public actuel. Pourquoi ne pas ouvrir des routes nouvelles? Pourquoi tant crier contre ceux qui vont à la découverte? Plusieurs peuvent s'égarer, mais il en est qui atteindront le but. Corneille, Racine, Molière, Boileau, arrivant après Rotrou, Cyrano de Bergerac, Balzac, Voiture, étaient aussi des novateurs : où en serions-nous si on les eût repoussés? Je prévois bien qu'on me répondra : que les romantiques ne sont pas des Corneille, des Racine, etc.; mais ils comptent dans leurs rangs des hommes de génie, et il leur en naîtra. D'ailleurs, ce serait en vain qu'on voudrait s'opposer au desir du siècle, il veut du nouveau « n'en fût-il plus au monde ». La guerre entre les classiques et les romantiques est une guerre à mort; car si ce dernier parti triomphe, il vieillira de cent ans les écrits des disciples de l'ancienne école.

Vers la fin du 18° siècle les Anglais en étaient à-peu-près où nous en sommes aujourd'hui. Dryden, Pope, Addison, avaient naturalisé une littérature classique, empruntée moitié aux anciens, moitié aux Français, et remarquable surtout par l'élégance et la pureté du style. Mais ni eux, ni leurs continuateurs, n'approchèrent des écrivains du siècle de Louis XIV. Malgré leurs préjugés et leur orgueil national, les Anglais ne comparent même pas Addison à Racine, ni Dryden à Molière. (*The Rape of the lock*), la Boucle de cheveux enlevée, de Pope, n'a pas la finesse, l'esprit et le goût du Lutrin, et ils n'ont pas un seul poète à mettre en parallèle avec le divin La Fontaine, qui est de toutes les écoles et de tous les temps. On avait entièrement délaissé les pièces de Shakespeare, pour le Caton d'Addison, qui eut plus de représentations de suite que n'en avait jamais eues aucune pièce anglaise. Mais cette poésie transplantée n'avait pas jeté de profondes racines, elle était plutôt soutenue par la mode et par le bon ton que par l'opinion; aussi s'éteignit-elle seule sans secousses et sans efforts. On était fatigué de cette imitation des étrangers; on voulait des productions nationales, moins épurées, mais qui eussent le goût du terroir. On retourna à Shakespeare, à Spenser, à Chaucer même, qui, malgré son vieux langage, a un charme extraordinaire de naturel et de naïveté. Tous ces écrits, si long-temps oubliés, étaient remplis de sève et de vigueur : ils inspirèrent le jeune et malheureux Chatterton. Il leur emprunta leurs tours vieillis, leurs expressions pittoresques. Il publia sous le nom de Rowley dans la langue du 15e siècle des poésies très remarquables par leurs sentimens et par leur originalité. Mais cette innovation qui commençait une nouvelle ère en littérature n'eut pas tout le succès qu'on pouvait en attendre. On ne rendit pas justice au talent du jeune poète ; on le laissa dans la misère. Dégoûté des hommes et de la vie, il mit fin à son existence qui commençait à peine (*).

(*) Thomas Chatterton avait à peine dix-huit ans lorsqu'il mourut; il cachait sa misère par orgueil. Une heure avant sa mort, il fut invité à dîner par son propriétaire, qui savait qu'il n'avait pas mangé depuis trois jours ; il refusa, monta chez lui, et s'empoisonna avec de l'arsenic. Johnson et Warton ont rendu un témoignage éclatant de son génie. Tous deux pensent que s'il eut vécu plus long-temps, il eut été le premier des poètes anglais.

CHAPITRE HUITIÈME.

Burns ne fut pas mieux partagé du côté de la fortune. Simple paysan écossais, il faisait, en poussant sa charrue, les vers les plus ravissans qui aient peut-être jamais été composés. Nous n'avons rien en français qui puisse nous en donner l'idée. C'est le génie le plus vrai, le plus tendre, le plus aimable. Eloigné des villes et de la société, il a une grâce tout-à-fait agreste; ses chants respirent l'innocence et la candeur. Sa gaîté fine et spirituelle n'est jamais méchante; son chagrin nous touche jusqu'aux larmes. Burns est le poète de la nature; elle semble l'avoir choisi pour interprète; il la peint avec une admiration douce et profonde, jamais avec des transports bruyans. C'est un fait bien remarquable que la naissance d'un pareil homme au moment de la décadence d'une littérature froide et servile. Tandis qu'on faisait des vers avec une précision mathématique, Burns chantait dans son dialecte les événemens de son village, les terreurs d'une souris et la chute d'une marguerite qu'il avait renversée en labourant la terre. De pareils sujets, surtout à en juger par les titres, nous semblent des niaiseries; on aura peine à croire en France que rien n'est plus intéressant, plus touchant, mieux pensé. Malgré l'impossibilité de traduire ce poète, je me hasarderai à citer ici un de ses plus charmans morceaux. Mais je dois prévenir le lecteur que malgré le soin que j'ai mis à cette traduction, elle laisse tout à desirer. J'ai cherché à indiquer la mesure des vers qui fait admirablement bien en écossais, et qui ajoute beaucoup au sentiment.

A UNE MARGUERITE DES MONTAGNES, RENVERSÉE PAR LA CHARRUE, AU MOIS D'AVRIL 1786.

« Malheur à toi, modeste fleur, couronnée d'écarlate, tu m'as rencontré dans une heure funeste; car il faut que je presse dans la terre mouvante, ta tige élancée; t'épargner maintenant n'est plus en mon pouvoir : ô toi , diamant de nos prairies.

«Hélas! ce n'est pas ta douce voisine, la belle alouette, ta compagne, t'effleurant de son sein tacheté, et te courbant dans la rosée humide, lorsqu'elle s'élance dans l'air, joyeuse de saluer l'orient pourpré.

TO A MOUNTAIN DAISY, ON TURNING ONE DOWN WITH THE PLOUGH, IN APRIL, 1786.

Wee, modest, crimson-tipped flow'r,
Thou's met me in an evil hour;
For I maun crush among the stoure
  Thy slender stem;
To spare thee now is past my pow'r,
  Thou bonnie gem.

Alas! it's no thy neebor sweet,
The bonnie *Lark*, companion meet!
Bending thee mang the dewy weet,
  Wi' spreckled breast,
When upward-springing, blythe, to greet
  The purpling east.

« Le vent aigu et mordant du Nord souffla glacé sur ta naissance humble et prématurée; cependant, tu apparaissais gaîment, au milieu de la tempête, élevant à peine au-dessus de la terre qui te donna le jour, ta faible tige.

« Les fleurs coquettes que donnent nos jardins, fleurissent sous l'ombrage des bois, protégées par des murs ; mais toi, abritée au hasard sous l'herbe ou sous la pierre, tu ornes le champ aride et dépouillé, seule et inaperçue.

« Là, revêtue de ton petit manteau, ton sein de neige étendu au soleil, dans ton humble parure, tu

---

Cauld blew the bitter-biting north
Upon thy early, humble birth;
Yet cheerfully thou glinted forth
    Amid the storm,
Scarce rear'd above the parent earth
    Thy tender form.

The flaunting flow'rs our gardens yield,
High shelt'ring woods and wa's maun shield,
But thou beneath the random bield
    O'clod or stane,
Adorns the histie *stibble-field*,
    Unseen, alane.

There, in thy scanty mantle clad,
Thy snawy bosom sun-ward spread;
Thou lifts thy unassuming head
    In humble guise;

élèves ta tête modeste; mais hélas, le soc déchire ta couche, et tu tombes flétrie !

« Tel est le sort de la vierge sans art, douce fleurette des ombrages champêtres ! trahie par la candeur de l'amour, et par son innocente confiance, elle tombe comme toi, souillée, dans la poussière.

« Tel est le sort du simple barde, abandonné à son étoile sur l'Océan courroucé de la vie ! inhabile à consulter la prudence, il vogue à l'aventure, jusqu'à ce que les vents soufflent avec fureur, que les vagues s'élèvent et l'engloutissent !

« Tel est le sort du mérite souffrant qui long-temps

But now the *share* uptears thy bed,
   And low thou lies !

Such is the fate of artless Maid,
Sweet *flow'ret* of the rural shade !
By love's simplicity betray'd,
   And guileless trust,
Till she, like thee, all soil'd, is laid
   Low i' the dust.

Such is the fate of simple Bard,
On life's rough ocean luckless starr'd !
Unskilful he to note the card
   Of *prudent lore*,
Till billows rage, and gales blow hard,
   And whelm him o'er !

Such fate to *suffering-worth* is giv'n,

a lutté contre le besoin et la douleur, poussé par l'orgueil humain ou par la ruse, jusqu'aux confins de la misère, arraché à tous ses appuis, n'espérant plus que dans le ciel, épuisé, il disparaît!

« Toi-même qui pleures sur le sort de la marguerite, *son sort t'attend* dans peu de jours ; le soc tranchant de l'inflexible Ruine, dans son orgueil passe en plein sur ta fleur, jusqu'à ce que, écrasé sous le poids du sillon, tu meures! »

La poésie de Burns fit paraître insipide et boursoufflé tout ce qui l'avait précédée. Cowper, poète austère, libre et religieux, montra la nature de son côté noble et sévère, et compléta ce que Burns avait commencé. Après lui, il s'éleva une foule de poètes qui se distinguèrent par l'originalité de leurs conceptions. Mais lord Byron, Moore,

---

<pre>
    Who long with wants and woes has striv'n,
      By human guide or cunning driv'n
           To mis'ry's brink,
      Till wrench'd of v'ry stay but *Heav'n*,
              He, ruin'd, sink!

      Ev'n thou who mourn'st the Daisy's fate,
    That fate is thine—no distant date;
      Stern Ruin's *ploughshare* drives, elate,
              Full on thy bloom,
      Till crush'd beneath the furrow's weight,
              Shall be thy doom!
</pre>

Walter Scott parurent, et ils exercèrent tout-à-coup une influence magique. Leur poésie riche de sentimens, de pensées, d'images, de faits, vint satisfaire à tous les besoins de l'âme et de l'imagination.

Ils firent en beaux vers une peinture admirable du cœur humain, de ses joies, de ses douleurs; ils empruntèrent des couleurs à toute la nature. Nouveaux Prométhées, ils dérobèrent au ciel le feu sacré, et en animèrent leurs créations.

Ce fut alors qu'on publia ces poèmes pittoresques qui unissaient l'intérêt dramatique à la beauté de l'expression. Walter Scott commença, Byron vint ensuite, et se montra plus extraordinaire encore. Pour l'énergie, le mouvement, la force des idées, ses écrits ne peuvent être égalés.

Il est impossible de concevoir un langage plus approprié aux situations et aux images. Le conte sauvage et romantique de Mazeppa est un chef-d'œuvre en ce genre. Après avoir peint toutes les souffrances morales, le poète anglais a voulu faire entendre le cri de la douleur physique.

L'hetman des Cosaques de l'Ukraine, Mazeppa a suivi Charles XII à la bataille de Pultawa. Le monarque abandonné de la fortune fuit devant ses ennemis, il ne lui reste qu'une poignée de fidèles soldats. Il est nuit; Charles, étendu au pied d'un arbre, épuisé, souffrant de ses blessures, dompte encore ses angoisses, comme il dompta jadis les nations. De temps en temps il adresse aux chefs qui l'entourent des éloges sur leur valeur, sur leur adresse à combattre, à gouverner leurs coursiers agiles. Mazeppa excelle surtout dans cet art, mais il l'a appris à une cruelle école. Le roi le presse de lui raconter ses aventures, il y consent. Il était page du roi Jean-Casimir, de pacifique et joyeuse mémoire, et il avait vingt ans lorsqu'une belle aux yeux doux et brillans, l'aima et en fut aimée. Elle était femme d'un noble comte dont le courroux fut terrible.

« De par la mort? avec un *page*, un roi l'eût peut-être réconcilié à la chose, mais un page..... Je sentis sa colère mieux que je ne puis la peindre. »

Comment songer à se défendre, sans armes, dans un château éloigné de tout secours, et environné par de vils mercenaires. Mazeppa se crut mort. On amène un cheval tartare, né dans l'Ukraine. Ses membres semblent animés de la vitesse de la pensée. Il était sauvage comme le cerf

---

Sdeath! with a *page* — perchance a king
Had reconciled him to the thing;
But with a stripling of a page —
I felt — but cannot paint his rage.

des forêts, et indompté, car jamais le mors ou l'éperon n'avaient asservi son courage. Pris au piége de la veille, la crinière hérissée, hennissant, et luttant, mais en vain, écumant de colère et de crainte, le sauvage habitant des déserts doit servir de monture au jeune homme. On attache Mazeppa sur le dos du coursier, qui part comme un trait excité par les cris de la foule barbare.

C'est alors que commence une admirable description de cette fuite rapide à travers une contrée désolée. On est emporté avec le coursier fougueux. Les mots se pressent, les vers s'élancent avec impétuosité et comme d'un seul bond, on respire à peine. Cette poésie est si étonnante d'expression que rien ne la peut rendre, aussi n'en donné-je la traduction que pour faciliter l'intelligence du texte.

« Nous fuyions, mon coursier et moi, sur les ailes du vent; toutes les demeures des hommes s'effaçaient derrière nous. Nous passions comme les météores traversent les cieux. . . . .

« Ni ville, ni village n'apparaissaient sur notre

« Away, away, my steed and I,
« Upon the pinions of the wind,
« All human dwellings left behind;
« We sped like meteors through the sky,
« Town—village—none were on our track,

CHAPITRE HUITIÈME. 185

route, mais une plaine sauvage d'une immense étendue, bornée par une sombre forêt.

. . . .

« Le ciel était sombre, terne, grisâtre ; comme nous fendions l'air, la brise gémissait autour de moi : j'aurais pu lui répondre par un soupir ; mais nous fuyions avec une effrayante vitesse, et je ne pouvais soupirer ni prier, et des gouttes de sueur froide tombaient comme la pluie sur la crinière hérissée du coursier ; hennissant encore de rage et de crainte, il poursuivait sa course lointaine. Parfois, il me semblait qu'il allait ralentir sa vitesse ; mais non..... mon corps délicat et enchaîné n'était rien à son puissant courroux, et n'agissait sur

---

« But a wild plain of far extent,
« And bounded by a forest black.

. . . .

« The sky was dull, and dim, and gray,
« And a low breeze crept moaning by—
« I could have answer'd with a sigh—
« But fast we fled, away, away—
« And I could neither sigh nor pray;
« And my cold sweat-drops fell like rain
« Upon the courser's bristling mane;
« But, snorting still with rage and fear,
« He flew upon his far career
« At times I almost thought, indeed,
« He must have slacken'd in his speed;
« But no—my bound and slender frame
« Was nothing to his angry might,
« And merely like a spur became:

lui que comme un aiguillon. Chaque mouvement que je faisais pour dégager mes membres enflés augmentait sa fureur et son effroi. J'essayai ma voix..... : elle était faible et étouffée, cependant il bondit comme sous le fouet, et tressaillant à chaque accent, il s'élança comme au bruit soudain de la trompette. Mes liens étaient trempés de sang, etc. »

Ils traversent un bois :

« Nous passions comme le vent à travers le feuillage : laissant derrière nous les arbrisseaux, les arbres et les loups. La nuit, je les entendais sur nos traces. Leur troupe nous poursuivait de ce pas allongé qui lasse la haine persévérante du lévrier, et le feu du chasseur.

« Each motion which I made to free
« My swoln limbs from their agony,
« Increased his fury and affright :
« I tried my voice,—'twas faint and low,
« But yet he swerved as from a blow ;
« And, starting to each accent, sprang
« As from a sudden trumpet's clang :
« Meantime my cords were wet with gore.....
. . . .

« We rustled through the leaves like wind,
« Left shrubs, and trees, and wolves behind ;
« By night I heard them on the track,
« Their troop came hard upon our back,
« With their long gallop, which can tire
« The hound's deep hate, and hunter's fire :

CHAPITRE HUITIÈME. 187

En quelque lieu que nous fuyions ils nous suivaient, et ne nous laissaient point au lever du soleil : je les voyais, au point du jour, parcourir les détours sinueux des bois à travers lesquels nous venions de passer, et la nuit, j'entendais le bruit de leurs pieds rapides et furtifs. »

En vain Mazeppa espérait-il voir s'affaiblir les forces de son coursier : impétueux comme le torrent ou l'avalanche qui descend des montagnes, rien n'arrêtait son effrayante ardeur. Bientôt le jeune homme succomba de froid, de faim, de honte et de douleur.

« La terre se déroba sous moi, les cieux roulèrent à l'entour, je crus tomber, mais je me trompais; car j'étais toujours fortement attaché. Mon cœur faiblit, ma tête devint douloureuse, et se remplit de battemens pareils aux battemens du pouls, puis rien ne battit plus. Le ciel tournait comme une roue immense : je vis les

---

« Where'er we flew they follow'd on,
« Nor left us with the morning sun ;
« Behind I saw them, scarce a rood,
« At day-break winding through the wood,
« And through the night had heard their feet
« Their stealing, rustling step repeat.
. . . .
« The earth gave way, the skies roll'd round,
« I seem'd to sink upon the ground;
« But err'd, for I was fastly bound.
« My heart turn'd sick, my brain grew sore,
« And throbb'd awhile, then beat no more :

arbres vaciller comme autant d'hommes ivres : une lueur passagère frappa mes yeux, puis tout s'éteignit: celui qui meurt ne peut mourir plus que je ne mourus alors. Torturé par cette course hideuse, je sentais les ténèbres venir et passer. J'essayais de me sortir de cette transe ; mais je ne pouvais ranimer mes sens presque éteints. J'éprouvais la même sensation qu'un malheureux naufragé en pleine mer, qui s'attache à une planche, et que les vagues soulèvent et engloutissent tour-à-tour, en le poussant vers la plage déserte. Ma vie ondulante était comme ces lumières imaginaires qui passent devant nos yeux fermés dans l'ombre de minuit, quand la fièvre allume notre cerveau. »

« The skies spun like a mighty wheel;
« I saw the trees like drunkards reel,
« And a slight flash sprang o'er my eyes,
« Which saw no farther : he who dies
« Can die no more than then I died.
« O'ertortured by that ghastly ride,
« I felt the blackness come and go,
« And strove to wake ; but could not make
« My senses climb up from below :
« I felt as on a plank at sea,
« When all the waves that dash o'er thee,
« At the same time upheave and whelm,
« And hurl thee towards a desart realm.
« My undulating life was as
« The fancied lights that flitting pass
« Our shut eyes in deep midnight, when
« Fever begins upon the brain.

CHAPITRE HUITIÈME. 189

Tout-à-coup ses pensées lui reviennent. La vie ressaisit sa proie; son sang coule avec souffrance, des bruits étrangers retentissent à ses oreilles. Ses yeux se rouvrent quoique obscurcis et voilés. Ses sensations ne sont pas nettes. Il ne peut les définir. Cependant il croit sentir la fraîcheur des eaux, il croit entendre le bruit des vagues. Une lueur apparaît aussi dans le ciel parsemé d'étoiles. Ce n'est point un rêve. Le cheval sauvage fend l'onde immense.

« Le courant impétueux de la brillante et large rivière roule et s'étend au loin : nous sommes au milieu, luttant pour atteindre la rive silencieuse et inconnue. Les eaux ont interrompu mon affreuse agonie, et ont rendu à mes membres roidis une force passagère. Mon coursier oppose son large poitrail aux flots, et repousse les vagues, nous avançons! Nous atteignons enfin le

---

. . . .
« The bright broad river's gushing tide
« Sweeps, winding onward, far and wide,
« And we are half-way, struggling o'er
« To yon unknown and silent shore.
« The waters broke my hollow trance,
« And with a temporary strength
« My stiffen'd limbs were rebaptized.
« My courser's broad breast proudly braves,
« And dashes off the ascending waves,
« And onward we advance!
« We reach the slippery shore at length,

glissant rivage, port peu desiré; car en arrière tout était sombre et désolé, et au-delà était la nuit et la crainte. . . . .

« La peau luisante, l'eau dégouttant de sa crinière, les membres chancelans, le flanc enveloppé de fumée, le sauvage coursier gravit la pente rapide. Nous gagnons le sommet. Une plaine sans bornes s'étend à travers les ombres de la nuit, et en avant, de tous côtés. Semblable aux précipices que nous voyons en rêve, elle se déroule sans fin à ma vue. Çà et là, une tache blanchâtre, ou un petit point couvert d'une sombre verdure, s'éclairait en masse, à mesure que la lune

---

« A haven I but little prized,
« For all behind was dark and drear,
« And all before was night and fear.
. . . .
« With glossy skin, and dripping mane,
« And reeling limbs, and reeking flank,
« The wild steed's sinewy nerves still strain
« Up the repelling bank.
« We gain the top : a boundless plain
« Spreads through the shadow of the night,
« And onward, onward, onward, seems
« Like precipices in our dreams,
« To stretch beyond the sight;
« And here and there a speck of white,
« Or scatter'd spot of dusky green,
« In masses broke into the light,
« As rose the moon upon my right.
« But nought distinctly seen

CHAPITRE HUITIÈME.

s'élevait à ma droite. Mais rien, dans la vaste solitude, n'indiquait une chaumière. Aucune lumière ne brillait au loin comme une étoile hospitalière. »

Les forces du cheval sont aussi épuisées : chancelant, énervé, il écume de faiblesse. Un enfant l'eût guidé. Mais Mazeppa ne peut rompre ses liens.

« Le soleil se leva; les brouillards remontèrent vers les cieux, et laissèrent voir le monde solitaire qui s'étendait autour de nous. A quoi nous servait-il d'avoir traversé les plaines, les forêts, les rivières? les traces des hommes ou des animaux n'apparaissaient nulle part sur ce sol sauvage et fertile. Point de signe de passage..., point de travaux. L'air même était muet : ni le chant aigu de l'insecte, ni la voix de l'oiseau matinal ne

---

« In the dim waste, would indicate
« The omen of a cottage gate;
« No twinkling taper from afar
« Stood like an hospitable star;
. . . .

« Up rose the sun; the mists were curl'd
« Back from the solitary world
« Which lay around—behind—before :
« What booted it to traverse o'er
« Plain, forest, river? Man nor brute,
« Nor dint of hoof, nor print of foot,
« Lay in the wild luxuriant soil;
« No sign of travel—none of toil;
« The very air was mute;

troublait le repos des herbes et des buissons. Pantelant comme si son cœur allait se briser, le cheval fatigué fit encore plusieurs *werstes*, tombant, puis se relevant, et toujours nous étions, ou nous semblions être seuls. Enfin, au milieu de cette marche vacillante, il me sembla entendre un hennissement partir d'un petit bois de noirs sapins. Est-ce le vent qui agite ces branches? non! non! de la forêt sort une troupe au galop. Je la vois venir! Elle s'avance formant un nombreux escadron. J'essayai de crier, mes lèvres furent muettes. Les coursiers accourent dans tout l'orgueil de leur force. Mais où sont les rênes pour les guider? Mille chevaux, et pas un seul cavalier! Leurs queues sont flottantes,

---

« And not an insect's shrill small horn,
« Nor matin bird's new voice was borne
« From herb nor thicket. Many a werst,
« Panting as if his heart would burst,
« The weary brute still stagger'd on;
« And still we were—or seem'd—alone:
« At length, while reeling on our way,
« Methought I heard a courser neigh,
« From out yon tuft of blackening firs.
« Is it the wind whose branches stirs?
« No, no! from but the forest prance
« A trampling troop; I see them come!
« In one vast squadron they advance!
« I strove to cry—my lips were dumb.
« The steeds rush on in plunging pride;
« But where are they the reins to guide?
« A thousand horse—and none to ride!

CHAPITRE HUITIÈME.

leurs crinières volent, leurs larges naseaux que jamais le frein ne blessa aspirent l'air avec force. Jamais le mors n'ensanglanta leurs bouches, jamais le fer n'enserra leurs pieds; l'éperon ou le fouet n'ont jamais touché leurs flancs. Mille chevaux sauvages et libres comme les vagues qui se suivent sur la mer, s'avancent à notre rencontre, et la terre résonnait sous le bruit de leurs pas pressés. Cette vue redonna du nerf aux pieds de mon coursier. Un moment chancelant, il redevint agile. Un moment, il répondit par un faible hennissement, puis il tomba. Aux abois, les yeux vitrés, les membres fumans et immobiles, sa première et sa dernière course est achevée! La troupe s'avança:

« With flowing tail and flying mane,
« Wide nostrils—never stretch'd by pain,
« Mouths bloodless to the bit or rein,
« And feet that iron never shod,
« And flanks unscarr'd by spur or rod.
« A thousand horses, the wild, the free,
« Like waves that follow o'er the sea,
« Came thickly thundering on,
« As if our faint approach to meet;
« The sight re-nerved my courser's feet,
« A moment, staggering, feebly fleet,
« A moment, with a faint low neigh,
« He answer'd, and then fell;
« With gasps and glazing eyes he lay,
« And recking limbs immoveable,
« His first and last career is done!
« On came the troop—they saw him stoop,

elle le vit tomber; elle me vit lié sur son dos avec plus d'une sanglante courroie. Les sauvages coursiers s'arrêtent, ils tressaillent, ils aspirent l'air, galoppent un moment çà et là, s'approchent, se retirent, tournent à l'entour, puis reculent en arrière par un élan soudain. A leur tête était un noir et superbe coursier, qui semblait le patriarche de sa race; pas une tache blanche ne paraissait sur ses crins d'ébène. Ils hennissent... ils écument; ils s'éloignent, et fuient vers la forêt comme par instinct pour éviter l'œil de l'homme.

. . . .

« Le soleil se couchait, et j'étais toujours enchaîné

« They saw me strangely bound along
« His back with many a bloody thong :
« They stop—they start—they snuff the air ;
« Gallop a moment here and there,
« Approach, retire, wheel round and round,
« Then plunging back with sudden bound,
« Headed by one black mighty steed,
« Who seem'd the patriarch of his breed,
« Without a single speck or hair
« Of white upon his shaggy hide ;
« They snort—they foam—neigh—swerve aside,
« And backward to the forest fly,
« By instinct, from a human eye. —

. . . .

« The sun was sinking—still I lay
« Chain'd to the chill and stiffening steed,

CHAPITRE HUITIÈME. 195

à la froide carcasse : je croyais que notre poussière se mêlerait bientôt, et n'ayant plus l'espoir d'être affranchi, j'appelais la mort à mon aide. Je jetai un dernier regard vers les cieux ; entre moi et le soleil, je vis planer l'impatient corbeau, qui pouvait à peine attendre que tous deux fussent morts pour commencer son repas : il vola, et se posa, puis vola de nouveau, et chaque fois plus près qu'auparavant. Je voyais ses ailes passer et repasser au travers du crépuscule. Une fois, il descendit si près de moi, que j'aurais pu le frapper; mais je n'en avais plus la force. Enfin un léger mouvement de ma main, un peu de remuement dans le sable, le faible bruit que je tirai avec effort de mon go-

---

« I thought to mingle there our clay ;
« And my dim eyes of death had need.
« No hope arose of being freed :
« I cast my last looks up the sky,
« And there between me and the sun
« I saw the expecting raven fly,
« Who scarce would wait till both should die,
« Ere his repast begun ;
« He flew, and perch'd, then flew once more,
« And each time nearer than before;
« I saw his wing through twilight flit,
« And once so near me he alit
« I could have smote, but lack'd the strength ;
« But the slight motion of my hand,
« And feeble scratching of the sand,
« The exerted throat's faint struggling noise,
« Which scarcely could be call'd a voice,

sier épuisé, et qui pouvait à peine s'appeler une voix, tout cela réuni l'épouvanta. Je ne sais plus ce qui m'advint; ma dernière vision ressemblait à une belle étoile que fixaient au loin mes yeux appesantis et dont les rayons errans allaient et venaient. »

Mazeppa perd tout sentiment. Des soins empressés le rappellent à la vie, il se réveille dans la demeure d'un Cosaque. Du désert, il passe à un trône : ses libérateurs le choisissent pour chef. Il use de son pouvoir pour se venger de son cruel ennemi dont il incendie le château.

L'art de raconter, d'analyser des sensations, ne peut être poussé plus loin que dans tout ce récit. Il s'éloigne aussi du genre habituel des compositions de lord Byron, puisque au lieu d'être intérieures les souffrances y sont toutes en dehors. Ici le poète s'est sorti de lui-même pour décrire aux yeux une nature visible et animée, et il n'est resté au-dessous de personne. Il y a dans Mazeppa plus de puissance et autant de vie que dans les écrits de Walter-Scott.

« Together scared him off at length.—
« I know no more—my latest dream
« Is something of a lovely star
« Which fix'd my dull eyes from afar,
« And went and came with wandering beam. . . . .

CHAPITRE IX.

LES DEUX PREMIERS CHANTS DE CHILDE HAROLD. — VOYAGES DE LORD BYRON EN PORTUGAL, EN ESPAGNE, EN GRÈCE. — MORT DE SA MÈRE. — MARIAGE DE MISS CHAWORTH.

J'arrive au plus important des ouvrages de lord Byron, à celui où il s'est peint tout entier, et qui est à lui seul toute sa vie poétique. Il le commença jeune, le fit paraître par chants à d'assez longs intervalles, et le finit à Rome. Childe Harold était son poème favori ; il dit dans la dédicace du dernier chant à M. Hobhouse : « Ce poème est le plus fortement pensé de mes ouvrages, » et plus loin, « comme gage de mon respect pour ce qui est vénérable, de mon enthousiasme pour ce qui est glorieux, la composition de Childe Harold a été pour moi une source de jouissance, je ne m'en sépare qu'avec une sorte de regret, etc. »

Ce poème est du genre descriptif, mais non comme nous le comprenons en France. Ce n'est pas une revue de pays, de bois, de rochers. La peinture des lieux est insipide si l'âme ne s'y montre partout : ce qui frappait les yeux de lord Byron se reflétait pour ainsi dire en lui-même, et autour de ces images venaient se grouper les émotions, les pensées qu'elles faisaient naître dans un cœur froissé, mais encore de feu pour ce qui était noble et grand. Une sensibilité irritable et blessée donne parfois de l'âpreté à l'expression, mais jamais de méchanceté.

Il y a tout lieu de croire que lord Byron s'est dépeint lui-même dans son héros, et ses ennemis en ont pris occasion de lui reprocher les vices qu'il lui prête, mais peut-être a-t-il exagéré le tableau pour l'effet romantique ; du reste, il nie formellement dans sa préface qu'il se soit pris pour modèle ; « Harold, dit-il, est l'enfant de mon imagination. Quelques légères particularités, presque toutes locales, ont pu donner lieu à cette idée ; mais dans les points principaux, j'espère qu'il ne peut y avoir aucune ressemblance. »

Malgré ce désaveu tout le commencement du poème a un rapport trop immédiat avec lui pour ne pas croire qu'il ait peint certaines nuances du caractère de Childe Harold, d'après nature. On y retrouve cet amour du plaisir qui succède aux espérances trompées, cet enivrement coupable par lequel on cherche à s'étourdir sur le chagrin, ce vide d'une âme souffrante qui n'espère plus de bonheur; mais pas une faute n'est excusée. Le héros est une noble créature déchue, en proie à un mal plus grand que le malheur, au dégoût de la satiété. « Il a soupiré pour plusieurs femmes; mais il n'en a aimé qu'une seule, et celle-là tant aimée, ne pouvait, hélas, être à lui. » (*). Il va quitter sa terre natale. Il abandonne l'antique demeure de ses pères, « vaste et vénérable édifice, dôme monastique condamné à de vils usages, jadis l'antre de la superstition (**). Parfois dans des momens de délire et de gaîté, d'étranges angoisses sillonnaient comme la foudre le front de Childe Harold. On eût dit que le souvenir de quelque haine mortelle ou d'une passion trompée habitait dans son cœur, mais personne ne connaissait sa peine, et personne ne se souciait de la connaître, car il n'avait pas cette âme ouverte et candide

---

(*) « Had sighed to many, though he loved but one,
And that loved one, alas ! could ne'er be his (1). »

(**) « It was a vast and venerable pile ;
Monastic dome ! condemned to uses vile !
Where Superstition once had made her den (2). »

(1) Miss Maria Chaworth dont nous avons parlé plus haut.

(2) L'abbaye de Newstead qui avait effectivement appartenu longtemps aux moines

qui éprouve du soulagement à épancher sa douleur. Il ne cherchait point d'ami pour le conseiller, ou le plaindre, quelle que fût la souffrance à laquelle il ne pouvait commander (*) ». Il avait une mère, une sœur (1) qu'il aimait quoiqu'il s'éloignât d'elles sans les voir, non pas que son cœur fût d'airain, mais parce que de pareils adieux brisent l'âme au lieu de la guérir. Childe Harold quitta sans un soupir, sa patrie, son héritage, ses terres, « les belles aux yeux bleus et riants qui faisaient ses délices (**). » Le moment du départ est plein de beautés poétiques du premier ordre.

(*) « Yet oft-times in his maddest mirthful mood
Strange pangs would flash along Childe Harold's brow,
As if the memory of some deadly feud
Or disappointed passion lurked below:
But this none knew, nor haply cared to know;
For his was not that open, artless soul
That feels relief by bidding sorrow flow,
Nor sought he friend to counsel or condole,
Whate'er this grief mote be which he could not control. »

(**) « The laughing dames in whom he did delight,
Whose large blue eyes, etc. »

(1) Lord Byron avait eu deux sœurs d'un premier mariage de son père avec la marquise de Carmarthen, qu'il épousa après un scandaleux divorce; l'une d'elles mourut, je crois, fort jeune. Celle qui existe aujourd'hui, et que lord Byron semble désigner ici, est Mistress Augusta Leigh.

XII.

« Les voiles s'enflent, et les vents légers soufflent comme aises de l'emporter loin de sa terre natale. Les rochers blanchâtres s'effacent peu-à-peu, et se perdent bientôt dans l'écume qui les environne. Peut-être qu'alors il se repentit de son desir d'errer, mais dans son sein repose la pensée silencieuse, pas un murmure ne sortit de ses lèvres, tandis que ses compagnons assis à ses pieds, pleuraient, et mêlaient aux sifflemens de la brise insouciante, leurs lâches gémissemens. »

Pendant que le vaisseau vole avec ses ailes d'un blanc de neige, Childe-Harold saisit sa harpe; et enveloppé dans les ombres du soir, il chante son adieu à sa terre natale. Ce chant a une singulière expression de mélancolie, rendue plus frappante encore par la mesure des vers et le retour fréquent de certaines expressions. Les ennemis de lord

---

XII.

The sails were filled, and fair the light winds blew,
As glad to waft him from his native home;
And fast the white rocks faded from his view,
And soon were lost in circumambient foam :
And then, it may be, of his wish to roam
Repented he, but in his bosom slept
The silent thought, nor from his lips did come
One word of wail, whilst others sate and wept,
And to the reckless gales unmanly moaning kept.

Byron ont voulu y voir une déclaration de haine pour l'Angleterre, tandis qu'au contraire il respire le regret d'abandonner la patrie, en même temps que le besoin de s'éloigner des lieux où l'on a souffert.

Lord Byron visita le Portugal et l'Espagne dans un moment de crise, durant la guerre avec la France. Toute la péninsule offrait à cette époque un mélange de cruauté et de faiblesse, de liberté et d'esclavage, de fanatisme et de licence qui n'était pas propre à faire juger favorablement de l'espèce humaine. Au milieu des vallées les plus fertiles, sous les murs de la ville où résonnaient la guitare et les chants d'amour, se passaient des scènes d'horreur et de carnage. Lord Byron débarqua à Lisbonne; les sites pittoresques des environs l'y retinrent quelque temps; il faillit même y être assassiné : il fut arrêté à huit heures du soir, comme il se rendait au spectacle en voiture avec un de ses amis : heureusement qu'ils avaient des armes, dont la vue intimida les brigands.

Lord Byron, ou Childe-Harold, car dans le récit de ses voyages, il s'identifie tout-à-fait avec son héros, entra en Espagne par la plaine de l'Andalousie. On était à la veille de la bataille de Talavera : trois nations étaient en présence; la France, l'Espagne et l'Angleterre. Quoique la cause de la guerre fût noble, il s'y mêlait tant de factions, tant d'intrigues de parti, qu'elle n'eut pour le voyageur qu'un intérêt de circonstances : il la considéra sous un aspect général, et déplora surtout le sort des victimes tombées dans cette terrible lutte. Il quitta Séville pour Cadix, alors séjour des vices et de la corruption : c'est là qu'il assiste à un combat de taureaux, décrit avec une verve admirable.

« Il contemplait la foule, et ne s'y mêlait pas ; non qu'il la vît avec la haine d'un misanthrope : il eût voulu de grand cœur se joindre aux danses et aux chants ; mais qui pourrait sourire en succombant sous le poids de son sort..... ? »

Les vers adressés à Inez expriment avec force, ce désenchantement des biens de la vie. On s'étonne d'abord de trouver un sentiment si douloureux dans un cœur si jeune : mais qu'on se rappelle que lord Byron encore enfant, fût délaissé par son père; qu'il aima avec toute la passion d'une âme ardente, une jeune fille qui ne partagea point sa tendresse, et dont les circonstances le séparèrent; que ses premiers écrits, pleins de nobles sentimens et d'élan vers les grandes choses, furent tournés en ridicule ; que le changement subit de sa fortune lui dévoila beau-

---

Still he beheld, nor mingled with the throng;
But viewed them not with misanthropic hate:
Fain would he now have joined the dance, the song;
But who may smile that sinks beneath his fate?

coup de bassesses et de turpitudes : qu'on lui suppose, ce qu'il avait, une grande irritabilité, une sensibilité profonde, des passions violentes, et l'on concevra sa tristesse et son isolement. Il ne pouvait, comme le vulgaire, s'affliger à demi : tout en lui prenait un caractère de grandeur et de durée. Il aurait voulu bien penser des hommes, le sort en ordonna autrement, il ne lui offrit que des exemples affligeans d'intérêt, d'égoïsme. Le caractère le plus pur qu'il eût encore rencontré, c'était celui de Marie, de miss Chaworth, et dans tout ce qu'il lui adresse, il y a tant d'amour et de respect, qu'il semble la remercier de lui avoir fait connaître la vertu. Il la cherchait aussi avec ardeur dans les fastes de l'antiquité. La Grèce était déjà sa patrie adoptive. Dès son adolescence, son cœur se tournait avec amour vers ses grands hommes. Il les appelait à lui, il s'étonnait qu'ils eussent pu mourir:

II.

« Reine des jours antiques ! auguste Athènes, s'écrie-t-il, où sont tes hommes puissans, tes grandes âmes (*)? Ils ne sont plus......; mais ils brillent encore à travers les rêves du passé. Les premiers, dans la car-

---

II.

Ancient of days ! august Athena ! where,
Where are thy men of might? thy grand in soul?
Gone—glimmering through the dream of things that were;

(*) L'expression anglaise, bien plus belle et bien plus forte, signifie littéralement « les hommes de puissance, tes grands par l'âme. »

CHAPITRE NEUVIÈME.

rière qui menait à la gloire, ils remportèrent le prix et disparurent. »

Quelquefois il s'abandonne à des pensées amères et coupables, il flotte dans un océan d'incertitudes. L'espèce humaine lui fait peine et pitié; mais toute sa vie se ranime devant les ruines d'Athènes pillée par lord Elgin. Il s'indigne contre cette profanation.

XV.

« Belle Grèce ! glacé est le cœur qui peut te contempler sans éprouver ce qu'éprouvent les amans près de la poussière qu'ils ont aimée. Quel œil ne pleurerait en voyant tes murs mutilés, tes autels écroulés, emportés par les mains qui auraient dû protéger ces reliques qu'on ne te rendra plus. Maudite soit l'heure où, errant loin de leur île, ils vinrent en-

---

First in the race that led to Glory's goal,
They won, and passed away. . . .

XV.

Cold is the heart, fair Greece ! that looks on thee,
Nor feels as lovers o'er the dust they loved ;
Dull is the eye that will not weep to see
Thy walls defaced, thy mouldering shrines removed
By British hands, which it had best behoved
To guard those relics ne'er to be restored.
Curst be the hour when from their isle they roved,

sanglanter de nouveau ton malheureux sein, et emporter tes dieux frissonnans vers les climats abhorrés du Nord! »

Mais il revient à Childe Harold : il a quitté l'Espagne, il vogue vers la Grèce. La marche du vaisseau, l'intérieur, la discipline de l'équipage, tout est décrit avec une vérité pleine de vie. « Il est nuit, c'est l'heure des méditations, l'heure qui nous rappelle que nous avons aimé, quoique nous n'aimions plus (*); l'heure où l'âme oublie ses espérances et son orgueil, et plane, presque à son insu, sur les années passées. (**) »

Harold glissait sur les eaux silencieuses, tandis que l'île de Calypso apparaissait dans le lointain; et le redoutable mont de Leucade de tendre et triste mémoire. Enfin, les collines de la sauvage Albanie sortent peu-à-peu du brouillard. Ali-Pacha régnait sur la Grèce, qu'il ensanglantait de ses crimes. La liberté n'avait plus de refuge que dans les gorges inaccessibles des montagnes, où elle partageait l'antre des bêtes sauvages. Là s'assem-

---

And once again thy hapless bosom gored,
And snatched thy shrinking Gods to northern climes abhorred!

(*) 'Tis night, when meditation bids us feel
We once have loved though love is at end :
. . . .

(**) The soul forgets her schemes of hope and pride,
And flies unconscious o'er each backward year.

blaient les Klephtes farouches : là se perpétuait la race des hommes libres, gardiens du feu sacré. Mais hélas! ils étaient peu nombreux, et les villes et les plaines étaient peuplées d'esclaves. Lord Byron prit le silence de la douleur pour une lâche apathie : il ne vit pas que les Grecs attendaient ; il les crut endormis d'un sommeil de mort, et il pleura sur eux : cependant, animé d'une sorte de pressentiment, il s'efforça de les réveiller.

LXXIII.

« Belle Grèce! s'écrie-t-il, triste débris des antiques vertus! immortelle dans ta mort, et grande dans ta chute! qui conduira maintenant au combat tes enfans dispersés? qui détruira ton esclavage devenu une longue habitude! Ils ne sont plus ceux de tes fils, qui, dévoués, sans espoir, à une mort volontaire, attendirent dans le sombre et sépulchral défilé des Thermopyles. Oh! qui retrouvera cet antique courage? Qui

---

LXXIII.

Fair Greece! sad relic of departed worth!
Immortal, though no more; though fallen, great!
Who now shall lead thy scattered children forth,
And long accustomed bondage uncreate?
Not such thy sons who whilome did await,
The hopeless warriors of a willing doom,
In bleak Thermopylæ's sepulchral strait—

s'élancera des bords de l'Eurotas, pour te rappeler du tombeau? »

Partout se reproduit une profonde sympathie pour les maux de la Grèce; une vive indignation contre ses enfans avilis. Au milieu de leur misère ils s'abandonnent aux délices de la joie. Ils prennent part aux plaisirs de leurs maîtres.

LXXIX.

« Quelle ville est plus riche en amusemens que toi, ô Stamboul (*)! Jadis capitale de l'empire d'Orient, tu te réjouis, quoique des turbans profanent aujourd'hui le sanctuaire de Sainte-Sophie, et que la Grèce voie ses autels délaissés. (Hélas! ses douleurs viennent encore attrister mes chants!) Jadis ses bardes étaient gais, car la foule était libre; tous ressentaient la joie qu'ils sont forcés de feindre, et pourtant j'ai rarement vu un plus beau spectacle que celui qui charmait mes

---

Oh! who that gallant spirit shall resume,
Leap from Eurotas' banks, and call thee from the tomb?

LXXIX.

And whose more rife with merriment than thine
O Stamboul! once the empress of their reign?
Though turbans now pollute Sophia's shrine,
And Greece her very altars eyes in vain:
(Alas! her woes will still pervade my strain!)
Gay were her minstrels once, for free her throng,
All felt the common joy they now must feign,

(*) Constantinople.

yeux, ni entendu des accords plus doux que ceux qui faisaient tressaillir les échos du Bosphore.

LXXX.

« Le rivage retentit au bruit d'un tumulte joyeux. La musique varie, mais sans cesser de se faire entendre. La rame frappe la mer en cadence, et les eaux ondulantes font un agréable murmure. Du haut des cieux, la reine des marées sourit à la fête, et lorsqu'une brise passagère glisse sur les vagues, on dirait que s'élançant de son trône céleste, elle renvoie de l'onde des rayons plus brillans, jusqu'à ce que les vagues étincelantes éclairent les rivages qu'elles baignent.

Nor oft I've seen such sight, nor heard such song,
As wooed the eye and thrilled the Bosphorus along.

LXXX.

Loud was the lightsome tumult of the shore,
Oft Music changed, but never ceased her tone,
And timely echoed back the measured oar,
And rippling waters made a pleasant moan :
The Queen of tides on high consenting shone,
And when a transient breeze swept o'er the wave,
'Twas, as if darting from her heavenly throne,
A brighter glance her form reflected gave,
Till sparkling billows seemed to light the banks they lave.

LXXXI.

« Plus d'un léger caïque effleure l'écume : les filles de ces belles contrées dansent sur le rivage; ni la vierge, ni le jeune homme, ne pensent au repos ou à la retraite ; leurs yeux languissans échangent de doux et irrésistibles regards ; plus d'une main tressaillant de plaisir, presse une autre main qui la presse à son tour. O amour! premier amour du jeune âge! que le sage et le cynique médisent de toi à leur gré, les heures passées dans tes chaînes de fleurs, suffisent seules pour racheter tous les maux de la vie !

LXXXII.

« Mais, au milieu de la foule masquée, ne se cache-t-il point des cœurs qui palpitent d'une peine secrète,

---

LXXXI.

Glanced many a light caique along the foam,
Danced on the shore the daughters of the land,
No thought had man or maid of rest or home;
While many a languid eye and thrilling hand
Exchanged the look few bosoms may withstand,
Or gently prest, returned the pressure still :
O Love ! young Love ! bound in thy rosy band,
Let sage or cynic prattle as he will,
These hours, and only these, redeem life's years of ill !

LXXXII.

But, midst the throng in merry masquerade,
Lurk there no hearts that throb with secret pain,

à demi trahie, malgré leur déguisement. Pour eux les doux murmures de la mer semblent soupirer sur tout ce qu'ils pleurent en vain. Pour eux la joie de la foule étourdie est une source de pensées délirantes, et l'objet d'un profond mépris. Combien ils s'indignent des bruyans éclats du rire! Ah! qu'il leur tarde d'échanger leur robe de fête contre un linceul!

LXXXIII.

« C'est là ce que doit sentir le véritable fils de la Grèce ; si la Grèce peut encore se vanter de posséder un seul vrai patriote. Ses enfans dégénérés parlent de guerre, mais se réfugient dans la paix, dans la paix de l'esclave qui soupire après tout ce qu'il a perdu, et qui peut cependant aborder son tyran avec un doux

---

Even through the closest searment half betrayed?
To such the gentle murmurs of the main
Seem to re-echo all they mourn in vain;
To such the gladness of the gamesome crowd
Is source of wayward thought and stern disdain :
How do they loathe the laughter idly loud,
And long to change the robe of revel for the shroud!

LXXXIII.

This must he feel, the true-born son of Greece,
If Greece one true-born patriot still can boast:
Not such as prate of war, but skulk in peace,
The bondsman's peace, who sighs for all he lost,
Yet with smooth smile his tyrant can accost,

sourire, et manier, au lieu de glaive, une faux servile. Ah! Grèce, ceux qui te doivent le plus sont ceux qui t'aiment le moins ! tu leur as donné la naissance, leur sang, et ces sublimes annales d'héroïques aïeux, qui font la honte de ta race avilie!

LXXXIV.

« Quand l'austérité de Sparte renaîtra, quand Épaminondas et Thèbes se relèveront de nouveau, quand les enfans d'Athènes retrouveront des cœurs, quand les femmes grecques donneront naissance à des hommes, alors tu pourras sortir de tes cendres, ô Grèce! mais non jusque là..... »

Lord Byron voyait la Grèce, non telle qu'elle lui était apparue dans ses songes, brillante d'honneurs, de vertus, de grands hommes, mais flétrie, désolée, quoique encore belle. Ces nobles

---

And wield the slavish sickle, not the sword :
Ah ! Greece ! they love thee least who owe thee most;
Their birth, their blood, and that sublime record
Of hero sires, who shame thy now degenerate horde !

LXXXIV.

When riseth Lacedemon's hardihood,
When Thebes Epaminondas rears again,
When Athens' children are with hearts endued,
When Grecian mothers shall give birth to men,
Then may'st thou be restored; but not till then.
. . . .

ruines étaient en harmonie avec la tristesse de son âme. Il se sentait moins isolé, moins malheureux au milieu de si grandes infortunes. Quoiqu'il ne pressentît pas que les Grecs fussent si proches de leur délivrance, et qu'ils dussent l'entreprendre eux-mêmes, une foule de passages dans les notes de Childe Harold, font allusion à la possibilité de cette résurrection future.

D'Athènes, lord Byron se rendit par mer à Constantinople. En passant dans le détroit des Dardanelles, il essaya de traverser l'Hellespont à la nage, en commémoration de l'histoire de Léandre. Il partit d'Abydos, le 3 mai 1810, et atteignit Sestos au bout d'une heure cinq minutes. Le passage n'a guère qu'un mille de largeur; mais la rapidité du courant le rend long et dangereux. L'eau était extrêmement froide, et ce tour de force valut à lord Byron un accès de fièvre, pendant lequel il fit une pièce de vers, qui a été imprimée dans ses œuvres : il y plaisante gaîment sur son mal-aise et sur l'aventure qui l'a causé.

Les dernières stances du deuxième chant de Childe Harold, ont l'empreinte d'une douleur récente et profonde : ce ne sont plus des plaintes vagues, mais les accens d'un cœur qui vient d'être blessé par de nouveaux malheurs. Effectivement, lord Byron écrivit ces vers peu de temps après la mort de sa mère, arrivée en 1811. A-peu-près à la même époque, il apprit le mariage de miss Chaworth, ce qui acheva de détruire toutes ses espérances.

Plus loin lord Byron fait aussi allusion à la mort d'un ami qu'il perdit en Espagne, et dont il parle avec une profonde tendresse.(*)

XCVIII.

« De toutes les douleurs qui attendent la vieillesse quelle est la plus affreuse? Quelle angoisse imprime sur le front les rides les plus profondes? C'est de voir chaque objet aimé effacé des annales de la vie, de rester seul sur la terre comme je le suis maintenant? Je m'incline humblement devant le Dieu

---

What is the worst of woes that wait on age?
What stamps the wrinkle deeper on the brow?
To view each loved one blotted from life's page,
And be alone on earth, as I am now.
Before the Chastener humbly let me bow,

(*) L'honorable J. W., officier aux gardes, qui mourut de la fièvre à Coimbre. Je l'ai connu dix ans, la meilleure moitié de sa vie, et la plus heureuse partie de la mienne. Dans le court espace d'un mois, j'ai perdu celle qui m'avait donné l'existence et la plupart de ceux qui me la rendaient supportable. Je pourrais me faire une application rigoureuse de ces trois vers d'Young :

« Insatiate Archer! could not one suffice?
Thy shaft flew thrice, and thrice my peace was slain,
And thrice, ere thrice yon moon had filled her horn.

Insatiable archer (1), une seule victime ne pouvait-elle te suffire? Trois fois ta flèche a volé, et trois fois mon repos a été détruit : trois fois avant que la lumière eût rempli trois fois le croissant de la lune.

(*Note de lord Byron.*)

(1) Les Anglais arment la Mort d'une flèche et non d'une faulx.

qui châtie, lui offrant des cœurs divisés, des espérances détruites. Roulez, jours inutiles ! je ne vous compterai plus ! le temps m'a enlevé tout ce qui réjouissait mon âme : il a mêlé à mes plus jeunes ans tous les maux de la vieillesse. »

O'er hearts divided and o'er hopes destroyed:
Roll on, vain days ! full reckless may ye flow,
Since time hath reft whate'er my soul enjoyed,
And with the ills of Eld mine earlier years alloyed.

CHAPITRE X.

Vie poétique de lord Byron peinte par lui-même. — Bonaparte. — Une nuit d'orage sur le lac Léman. — Souvenir adressé a sa fille. — Malédiction prononcée contre ceux qui ont causé ses malheurs.

Il s'écoula un long espace de temps entre la publication du second chant de Childe Harold et celle du troisième. Pendant cet intervalle lord Byron fit paraître la plupart des poèmes dont nous avons déjà parlé. Il se hasarda aussi à revoir Marie, quoiqu'elle ne fût plus libre. Il consacra cette entrevue par des vers pleins de tendresse et de pureté. Ce ne fut qu'après sa séparation d'avec sa femme et son départ d'Angleterre, qu'il s'occupa de la fin de son poème; aussi a-t-elle un accent encore plus prononcé que le commencement. Le poète s'y montre sans cesse à découvert. Ses émotions ne lui viennent plus du dehors : elles s'échappent de son âme et obscurcissent tous les objets qui l'entourent. C'est le foyer d'un incendie qui répand au loin sa clarté lugubre. Quelquefois il s'efforce de sortir du cercle de ses souffrances,

CHAPITRE DIXIÈME.

mais il y retombe bientôt. Un mot, un rien, tout l'y ramène. Son génie ne lui obéit plus : il ne peut marcher que dans une seule route. Cette disposition fait du poème de Childe Harold d'admirables mémoires de lord Byron. Aussi, en apprenant la mort de ce grand homme, ai-je éprouvé le besoin de le retrouver dans ses œuvres. Ces accens si énergiques et si beaux me faisaient une sorte d'illusion. Je ne pouvais croire que cette voix qui retentissait jusqu'à mon âme fût à jamais silencieuse. J'ai marqué tous les passages qui m'ont le plus émue, et j'en cite ici quelques-uns parce qu'il me semble que le public partagera mes impressions, quoique hélas ! malgré mes efforts, je sois bien loin d'avoir rendu tout ce que ces vers ont de sublime. Que dire d'ailleurs sur lord Byron, qui puisse mieux donner l'idée de ses malheurs et de son caractère que ce qu'il dit lui-même au commencement du troisième chant de Childe Harold ? Écoutons-le parler :

I.

« Ressembles-tu à ta mère, ô mon bel enfant ! Ada ! la fille unique de mon cœur et de ma maison ! quand

---

I.

Is thy face like thy mother's, my fair child !
Ada ! sole daughter of my house and heart !

je vis pour la dernière fois tes yeux bleus, ils souriaient, nous nous quittâmes alors...., non, comme nous nous quittons maintenant, mais avec une espérance !.......
Je me réveille en tressaillant : les eaux s'enflent autour de moi, et les vents remplissent l'air de leurs voix. Je pars : j'ignore pour quelle contrée ; mais l'heure n'est plus où la vue des rivages d'Albion apparaissant dans le lointain, pouvait affliger ou réjouir mes yeux.

II.

« Encore une fois sur les eaux ! Encore une fois ! Et les vagues bondissent sous moi, comme un coursier qui reconnaît son maître ! Salut à leur mugissement ! En quelque lieu qu'elles me conduisent, je m'aban-

---

When last I saw thy young blue eyes they smiled,
And then we parted,—not as now we part,
But with a hope.—
    Awaking with a start,
The waters heave around me ; and on high
The winds lift up their voices : I depart,
Whither I know not ; but the hour's gone by,
When Albion's lessening shores could grieve or glad mine eye.

II.

Once more upon the waters ! yet once more !
And the waves bound beneath me as a steed
That knows his rider. Welcome, to their roar !
Swift be their guidance, wheresoe'er it lead !

donne à elles. Quand le mât à demi brisé tremblerait comme un roseau; quand les lambeaux de la voile déchirée seraient emportés par les vents, je poursuivrais encore ma course vagabonde : car je suis comme l'algue inutile détachée du rocher, et lancée sur l'écume de l'Océan, pour voguer à la merci des vagues houleuses, en tout lieu où règne le souffle de la tempête.

. . . .

VI.

« C'est pour créer, et pour vivre en créant d'une vie plus forte, que nous prêtons un corps à nos rêveries, puisant une nouvelle existence dans celle que nous donnons, comme je l'éprouve moi-même, maintenant. Que suis-je? Rien. Mais il n'en est pas ainsi de toi, âme de ma pensée! Avec toi, je traverse la terre; tu

---

Though the strain'd mast should quiver as a reed,
And the rent canvas fluttering strew the gale,
Still must I on; for I am as a weed,
Flung from the rock, on Ocean's foam, to sail
Where'er the surge may sweep, the tempest's breath prevail.

. . . .

VI.

'Tis to create, and in creating live
A being more intense, that we endow
With form our fancy, gaining as we give
The life we image, even as I do now.
What am I? Nothing; but not so art thou,

es invisible, mais contemplative. C'est ton esprit qui m'embrase : étroitement uni à toi, c'est par toi que je sens encore, quand toutes mes autres sensations sont éteintes.

VII.

« Cependant, il me faut penser avec moins d'égarement : *J'ai* pensé trop long-temps et trop lugubrement, jusqu'à ce que ma tête se soit perdue dans le chaos qu'elle avait créé, abîme dévorant de délire et de flamme. Inhabile dans ma jeunesse à dompter mon cœur, les sources de ma vie furent empoisonnées. Il est trop tard! Et pourtant je ne suis plus le même, quoiqu'il me reste encore assez de force pour supporter ce que le temps ne peut détruire, et pour me nourrir d'amertume sans accuser le sort.

Soul of my thought ! with whom I traverse earth,
Invisible but gazing, as I glow
Mix'd with thy spirit, blended with thy birth,
And feeling still with thee in my crush'd feelings' dearth.

VII.

Yet must I think less wildly : I *have* thought
Too long and darkly, till my brain became,
In its own eddy boiling and o'erwrought,
A whirling gulf of phantasy and flame :
And thus, untaught in youth my heart to tame,
My springs of life were poison'd. 'Tis too late !
Yet am I chang'd ; though still enough the same
In strength to bear what time can not abate,
And feed on bitter fruits without accusing Fate.

VIII.

« Mais c'est trop en parler.... Ce sont des ombres du Passé; il appose sur elles son sceau silencieux. Harold reparaît enfin après une longue absence. Lui qui voudrait ne plus rien sentir ; dont le sein est déchiré par des plaies qui ne tuent pas, mais qui sont incurables. Le temps qui change tout, avait altéré son âme et ses traits. Les années dérobent du feu à notre esprit, comme de la vigueur à nos membres, et la coupe enchantée de la vie ne pétille qu'au bord.

IX.

« Il but la sienne avec trop d'avidité, et il trouva au fond une lie d'absinthe : mais il la remplit de nou-

---

VIII.

Something too much of this : — but now 'tis past,
And the spell closes with its silent seal.
Long absent HAROLD re-appears at last ;
He of the breast which fain no more would feel,
Wrung with the wounds which kill not, but ne'er heal;
Yet Time, who changes all, had altered him
In soul and aspect as in age : years steal
Fire from the mind as vigour from the limb;
And life's enchanted cup but sparkles near the brim.

IX.

His had been quaff'd too quickly, and he found
The dregs were wormwood; but he fill'd again,

veau à une source plus pure, sur une terre sacrée, et il la crut intarissable? (*) » . . . .
. . . .

X.

« Gardé par sa froideur et plein d'une fausse sécurité, il s'était mêlé de nouveau avec les hommes. (**) Il croyait son âme fixée pour jamais, invulnérable à tous les traits du sort. S'il n'espérait plus de joie, il ne craignait du moins plus de douleur. Il croyait pouvoir vivre inaperçu au milieu de la multitude. »
. . . .

And from a purer fount, on holier ground,
And deem'd its spring perpetual; but in vain!
. . . .

X.

Secure in guarded coldness, he had mix'd
Again in fancied safety with his kind,
And deem'd his spirit now so firmly fix'd,
And sheath'd with an invulnerable mind,
That, if no joy, no sorrow lurk'd behind;
And he, as one, might midst the many stand
Unheeded. . . . .
. . . .

(*) Lord Byron semble faire ici allusion à son voyage en Grèce.
(**) Lors de son retour en Angleterre.

XI.

« Mais qui peut voir la rose épanouie sans chercher à la cueillir? Qui peut admirer l'éclat et la fraîcheur d'une belle joue et ne pas sentir que le cœur ne vieillit jamais tout entier? Qui peut contempler l'étoile de la gloire, brillante au milieu des nuages, sur un sommet escarpé, et ne pas tenter de gravir ce sommet! Harold, rentré dans le tourbillon, roula avec la foule étourdie, en guerre contre le temps, et cependant avec un plus noble but que dans la fleur de son jeune âge.

XII.

« Mais bientôt il se reconnut de tous les hommes le

XI.

But who can view the ripened rose, nor seek
To wear it? who can curiously behold
The smoothness and the sheen of beauty's cheek,
Nor feel the heart can never all grow old?
Who can contemplate Fame through clouds unfold
The star which rises o'er her steep, nor climb!
Harold, once more within the vortex, roll'd
On with the giddy circle, chasing Time,
Yet with a nobler aim than in his youth's fond prime.

XII.

But soon he knew himself the most unfit
Of men to herd with Man; with whom he held

moins propre à se mêler aux hommes, avec lesquels il n'avait presque rien de commun. »

. . . .

XIII.

« Aux lieux où s'élèvent les montagnes, il trouva des amis. Sa patrie était l'océan. Il aimait avec passion à errer dans un climat brûlant, sous un ciel d'azur; le désert, la forêt, la caverne, l'écume des brisans étaient ses compagnons; ils lui parlaient tous un langage plus pur et plus énergique que celui de sa terre natale. » . . . .

XIV.

« Comme les Chaldéens, il veillait pour observer les étoiles jusqu'à ce qu'il les eût peuplées d'êtres aussi

---

Little in common; . . . .
. . . .

XIII.

Where rose the mountains, there to him were friends;
Where roll'd the Ocean, thereon was his home;
Where a blue sky, and glowing clime, extends,
He had the passion and the power to roam;
The desert, forest, cavern, breaker's foam,
Were unto him companionship; they spake
A mutual language, clearer than the tome
Of his land's tongue. . . . .
. . . .

XIV.

Like the Chaldean, he could watch the stars,
Till he had peopled them with beings bright

brillans que leur propre lumière. Alors la terre, les petitesses qui y naissent, les faiblesses humaines étaient toutes oubliées. Si son âme eût pu soutenir cet essor, il eût été heureux; mais notre limon obscurcit son immortelle étincelle, lui enviant les clartés vers lesquelles elle aspire, dans son impatience de rompre les liens qui nous retiennent loin de ce ciel lointain.

XV.

« Dans les demeures des hommes, il devint un être inquiet, épuisé, sombre et à charge aux humains, tombé au milieu d'eux comme le faucon du désert auquel on a coupé les ailes, et qui n'avait d'autre patrie que l'air sans bornes. Alors revinrent ses accès de délire, et, semblable à l'oiseau emprisonné, qui

---

As their own beams; and earth, and earth-born jars,
And human frailties, were forgotten quite:
Could he have kept his spirit to that flight
He had been happy; but this clay will sink
Its spark immortal, envying it the light
To which it mounts, as if to break the link
That keeps us from you heaven which woos us to its brink.

XV.

But in Man's dwellings he became a thing
Restless and worn, and stern and wearisome,
Droop'd as a wild-born falcon with clipt wing,
To whom the boundless air alone were home:
Then came his fit again, which to o'ercome,

frappe de son bec et de son sein la grille de sa prison, jusqu'à ce que le sang teigne son plumage, l'âme captive de Harold se consumait en vains efforts pour dompter son ardeur inquiète. ». . . . . . .

Quelle richesse d'images et de pensées! Quoique toujours dominé par le même sentiment, lord Byron n'est jamais monotone. Sa douleur trouve sans cesse de nouveaux accens.

Harold foule aux pieds les cendres d'un empire. Il est debout sur la plaine engraissée de cadavres, la fatale plaine de Waterloo. Des ombres majestueuses sortent de terre, et se groupent autour d'un géant. Les nations se sont liguées contre lui, en vain il leur oppose son front d'airain et son bras jadis tout-puissant. Son règne est passé.

XXXVII.

« A-la-fois conquérant et captif de la terre, tu la fais encore trembler, et ton nom redouté, ne retentit

---

As eagerly the barr'd-up bird will beat
His breast and beak against his wiry dome
Till the blood tinge his plumage, so the heat
Of his impeded soul would through his bosom eat.

. . . .

XXXVII.

Conqueror and captive of the earth art thou!
She trembles at thee still, and thy wild name

CHAPITRE DIXIÈME. 227

jamais autant dans l'esprit des hommes, que maintenant où tu n'es rien que le jouet de la renommée." »

. . . .

XXXVIII.

« Être au-dessus ou au-dessous de l'homme, dans tes grandeurs ou dans ta chute, guerroyant avec les nations ou fuyant du champ de bataille; tantôt faisant ton marche-pied du cou des monarques, tantôt forcé de plier plus que le dernier de tes soldats. Tu pouvais écraser un empire, le régir, le fonder de nouveau, mais non gouverner la moindre de tes passions. Quoique profondément versé dans l'art de connaître les hommes, tu ne sus ni t'étudier toi-même, ni modérer ta soif de guerre, ni apprendre que le sort trop fortement tenté, abandonne l'astre le plus élevé.

Was ne'er more bruited in men's minds than now
That thou art nothing, save the jest of Fame.

. . . .

XXXVIII.

Oh, more or less than man—in high or low,
Battling with nations, flying from the field;
Now making monarchs' necks thy footstool, now
More than thy meanest soldier taught to yield;
An empire thou couldst crush, command, rebuild,
But govern not thy pettiest passion, nor,
However deeply in men's spirits skill'd,
Look through thine own, nor curb the lust of war,
Nor learn that tempted Fate will leave the loftiest star.

XXXIX.

« Et cependant ton âme a supporté le changement de la fortune avec cette philosophie innée qui ne s'enseigne pas. Qu'elle soit sagesse, froideur ou orgueil profond, elle a pour l'ennemi une amertume empoisonnée. Quand toutes les légions de la haine t'entouraient pour épier tes terreurs et te voir frémissant et rappetissé, tu as souri d'un œil ferme. Quand la fortune s'enfuit loin de son favori, loin de l'enfant gâté comblé de ses faveurs, il resta debout et inflexible sous le poids des malheurs amoncelés sur lui.

. . . .

XLI.

« Si, semblable à une tour sur un rocher à pic, tu

XXXIX.

Yet well thy soul hath brook'd the turning tide
With that untaught innate philosophy,
Which, be it wisdom, coldness, or deep pride,
Is gall and wormwood to an enemy.
When the whole host of hatred stood hard by,
To watch and mock thee shrinking, thou hast smiled
With a sedate and all-enduring eye;—
When Fortune fled her spoil'd and favourite child,
He stood unbowed beneath the ills upon him piled.

. . . .

XLI.

If, like a tower upon a headlong rock,
Thou hadst been made to stand or fall alone,
Such scorn of man had help'd to brave the shock;

avais été créé pour te soutenir seul, ou tomber seul aussi, ton dédain pour le genre humain eût pu t'aider à braver le choc; mais les pensées des hommes furent les marches de ton trône, leur admiration ton arme la plus forte. Tu avais choisi le rôle du fils de Philippe, et à moins de te dépouiller de la pourpre, tu ne pouvais, comme le farouche Diogène, te rire de l'humanité. Pour des cyniques couronnés, la terre est un antre trop vaste. (*)

XLII.

« Mais aux âmes actives le repos est un enfer. Ce fut *là* ta malédiction! Il est un feu, un mouvement de l'âme qui ne peut habiter dans ses étroites limites, mais qui aspire par de-là les bornes d'un desir modéré. Une fois allumée, cette flamme ne s'éteint plus,

---

But men's thoughts were the steps which paved thy throne,
Their admiration thy best weapon shone ;
The part of Philip's son was thine, not then
(Unless aside thy purple had been thrown)
Like stern Diogenes to mock at men;
For sceptred cynics earth were far too wide a den.

XLII.

But quiet to quick bosoms is a hell,
And *there* hath been thy bane; there is a fire
And motion of the soul which will not dwell
In its own narrow being, but aspire
Beyond the fitting medium of desire;

(*) Voyez les notes.

elle se nourrit de hautes aventures, et ne se lasse que du repos. C'est une fièvre qui s'attache à notre sang, fatale à celui qui l'éprouve, à tous ceux qui jamais l'éprouvèrent.

XLIII.

« Elle crée les insensés qui, par contagion, communiquent aux autres hommes leur délire, les conquérans et les rois, les fondateurs de secte et de système, auxquels on peut joindre encore les sophistes, les poètes, les hommes d'état, tous êtres remuans, qui agitent trop fortement les ressorts secrets de l'âme. »

. . . .

XLIV.

« Ils ne respirent qu'agitation : leur vie est un orage qui les soutient dans l'air, mais ils tombent en-

---

And, but once kindled, quenchless evermore,
Preys upon high adventure, nor can tire
Of aught but rest; a fever at the core,
Fatal to him who bears, to all who ever bore.

XLIII.

This makes the madmen who have made men mad
By their contagion; Conquerors and Kings,
Founders of sects and systems; to whom add
Sophists, Bards, Statesmen, all unquiet things,
Which stir too strongly the soul's secret springs.

. . . .

XLIV.

Their breath is agitation, and their life
A storm whereon they ride, to sink at last,

CHAPITRE DIXIÈME.

fin! Et pourtant ils sont tellement familiarisés avec les troubles et les tempêtes, que si leurs jours, survivant aux périls passés, se fondent en un doux crépuscule, ils se sentent accablés de tristesse, de langueur, et meurent ainsi : comme une flamme qui manque d'aliment se dévore elle-même par sa vacillation, ou comme un glaive qui se ronge dans l'oisiveté et se rouille sans gloire. ». . . . .

Au moment où ces vers furent écrits personne n'avait encore jugé Napoléon avec une complète indépendance. On le mesurait d'en bas comme on mesure des montagnes inaccessibles. Lord Byron le vit du haut des airs, et le dieu ne fut plus qu'un homme; grand par son génie, par son courage, par ses malheurs, mais tenant à l'humanité par ses passions et par ses fautes. Et quelle admirable prédiction dans la dernière stance publiée si long-temps avant la mort de Bonaparte!

Poursuivant le cours de ses voyages, Harold remonte les bords du Rhin, de rians paysages suc-

---

And yet so nurs'd and bigotted to strife,
That should their days, surviving perils past,
Melt to calm twilight, they feel overcast
With sorrow and supineness, and so die;
Even as a flame unfed, which runs to waste
With its own flickering, or a sword laid by
Which eats into itself, and rusts ingloriously.
. . . .

cèdent les uns aux autres. Le printemps arrive avec son gracieux cortège d'oiseaux et de fleurs. Les champs de bataille se couvrent de moissons, tout reverdit, jusqu'à l'âme flétrie du pélerin. Un éclair de joie anime parfois ses traits; il retrouve des souvenirs, des affections; les regards innocens de l'enfance heureuse et fraîche font rentrer le calme dans son cœur. Les hommes n'étaient plus l'objet de son dédain. Le tombeau d'un guerrier juste et vertueux le réconciliait avec l'espèce humaine:

LVI.

« Près de Coblentz s'élève une petite colline; une pyramide modeste couronne le sommet d'un tertre verdoyant; sous sa base reposent les cendres d'un héros, notre ennemi.... mais qu'importe. . . . .
. . . .

Honneur à Marceau! (*) à celui qui tomba pour la France!
. . . .

LVI.

By Coblentz, on a rise of gentle ground,
There is a small and simple pyramid,
Crowning the summit of the verdant mound;
Beneath its base are heroes' ashes hid,
Our enemy's. . . . .
. . . .

(*) Voyez les notes.

LVII.

« Sa carrière fut courte, belle et glorieuse. Deux armées le pleurèrent, ses amis et ses ennemis. Ah ! l'étranger lui doit bien une prière pour le brillant repos de son âme intrépide; car il fut le champion de la Liberté, un de ceux, en trop petit nombre, qui ne dépassèrent pas le pouvoir de châtier, qu'elle accorde à ses défenseurs. Il avait conservé la blancheur de son âme, et les hommes pleurèrent sur lui. » (*) . .
. . . .

Que de respect pour l'estime publique dans ces derniers mots! Plus loin lord Byron rend un hommage encore plus touchant à la mémoire de Julia Alpinula, jeune prêtresse qui mourut après avoir fait une vaine tentative pour sauver son père condamné à mort comme traître par Aulus Cœcina. (*)

LVII.

Brief, brave, and glorious was his young career,—
His mourners were two hosts, his friends and foes;
And fitly may the stranger lingering here
Pray for his gallant spirit's bright repose;
For he was Freedom's champion, one of those,
The few in number, who had not o'erstept
The charter to chastise which she bestows
On such as wield her weapons; he had kept
The whiteness of his soul, and thus men o'er him wept.
. . . .

(*) Voyez les notes.

LXVII.

« Ce sont là, dit-il, des actions qui ne passeront point; des noms qui ne peuvent mourir, quand même la terre oublierait ses empires et leur juste décadence, ceux qui donnent les fers et ceux qui les portent, leur mort et leur naissance. La haute, la sublime majesté de la vertu doit survivre, et survivra à ces vains changemens, et du haut de son immortalité brillera à la face du soleil, pure, impérissable, affranchie des choses d'ici-bas, comme brille la neige des Alpes. » . . .
. . . .

Aucun moraliste ne fit jamais une profession de foi plus noble, plus franche et plus entraînante. Le génie qui plane sur le monde s'abaisse devant le tombeau d'une pauvre jeune fille, et lui prodigue un encens que des rois envieraient. Les pages de Childe Harold sont remplies de ces sublimes élans.

LXVII.

But these are deeds which should not pass away,
And names that must not wither, though the earth
Forgets her empires with a just decay,
The enslavers and the enslaved, their death and birth;
The high, the mountain-majesty of worth
Should be, and shall, survivor of its woe,
And from its immortality look forth
In the sun's face, like yonder Alpine snow,
Imperishably pure beyond all things below.

. . . .

Le jugement de lord Byron sur Rousseau, qu'il nomme l'apôtre de l'affliction, est un des plus beaux passages du troisième chant, je comptais le donner ici en entier, mais j'aurais trop à citer. Je me hâte d'arriver à une admirable description d'une nuit passée sur le lac Léman.

LXXXV.

« Clair et limpide Léman! le contraste de ton lac paisible avec le vaste monde que j'ai habité m'avertit de quitter les eaux tumultueuses de la terre pour une source plus pure. Cette voile tranquille est une aile silencieuse qui m'enlève au désespoir. Jadis j'aimais le rugissement de l'Océan sillonné par la foudre, mais ton doux murmure résonne à mon oreille, comme la voix d'une sœur qui me reprocherait d'avoir tant aimé ces sauvages plaisirs. »

LXXXV.

Clear, placid Leman! thy contrasted lake,
With the wide world I dwelt in, is a thing
Which warns me, with its stillness, to forsake
Earth's troubled waters for a purer spring.
This quiet sail is as a noiseless wing
To waft me from distraction; once I loved
Torn Ocean's roar, but thy soft murmuring
Sounds sweet as if a sister's voice reproved,
That I with stern delights should e'er have been so moved.

LXXXVI.

« C'est le calme de la nuit : entre tes rives et les montagnes tout est enveloppé d'une ombre transparente, toutes les teintes se marient, tout se confond, et cependant tout se voit distinctement, excepté le sombre Jura dont les hauteurs couronnées semblent s'élever à pic. En se rapprochant du bord, on respire un parfum vivifiant envoyé du rivage par les fleurs fraîches écloses. Le bruit des gouttes d'eau qui tombent de la rame suspendue frappe l'oreille, et la voix de la cigale redit encore une fois son chant du soir.

LXXXVII.

« C'est le joyeux insecte, ami des plaisirs de la nuit, qui fait de la vie une enfance, et s'enivre de ses chants.

LXXXVI.

It is the hush of night, and all between
Thy margin and the mountains, dusk, yet clear,
Mellowed and mingling, yet distinctly seen,
Save darken'd Jura, whose capt heights appear
Precipitously steep; and drawing near,
There breathes a living fragrance from the shore,
Of flowers yet fresh with childhood; on the ear
Drops the light drip of the suspended oar,
Or chirps the grasshopper one good-night carol more;

LXXXVII.

He is an evening reveller, who makes
His life an infancy, and sings his fill;

Par intervalle, la voix d'un oiseau sort des buissons, puis tout se tait. Un murmure semble flotter sur la colline; mais c'est une illusion, car les étoiles versent en silence leurs pleurs d'amour qui pénètrent jusqu'au sein de la nature et lui portent l'essence de ses brillantes couleurs.

LXXXVIII.

« O vous, étoiles! qui êtes la poésie des cieux, si dans vos rayons brillans nous cherchons à lire le sort des hommes et des empires; si dans nos desirs de grandeur, nos destinées dépassent leurs limites mortelles et réclament alliance avec vous, il faut nous pardonner; car vous êtes si belles et si mystérieuses, et, malgré la

---

At intervals, some bird from out the brakes,
Starts into voice a moment, then is still.
There seems a floating whisper on the hill,
But that is fancy, for the starlight dews
All silently their tears of love instil,
Weeping themselves away, till they infuse
Deep into Nature's breast the spirit of her hues.

LXXXVIII.

Ye stars! which are the poetry of heaven!
If in your bright leaves we would read the fate
Of men and empires,—'tis to be forgiven,
That in our aspirations to be great,
Our destinies o'erleap their mortal state,
And claim a kindred with you; for ye are

distance, vous créez en nous tant d'amour et de respect, que nous vous avons prises pour symbole du destin, de la gloire, de la puissance, de la vie. »

LXXXIX.

Les cieux et la terre sont muets..... Ils ne dorment pas, mais ils respirent à peine, comme nous quand nos sensations sont trop vives ; ils sont silencieux, comme lorsque des pensées trop profondes nous absorbent. La terre et les cieux sont tranquilles. Depuis le nombreux cortége des étoiles, jusqu'au lac assoupi et aux montagnes qui bordent le rivage, tout est concentré en une vie intense. Pas un rayon, pas un souffle d'air, pas une feuille, qui n'ait sa part de l'existence, et le sentiment du Dieu qui crée et protège toutes choses ». . . . .
. . . .

A beauty and a mystery, and create
In us such love and reverence from afar,
That fortune, fame, power, life, have named themselves a star.

LXXXIX.

All heaven and earth are still—though not in sleep,
But breathless, as we grow when feeling most ;
And silent, as we stand in thoughts too deep :
All heaven and earth are still. From the high host
Of stars, to the lull'd lake and mountain-coast,
All is concentered in a life intense,
Where not a beam, nor air, nor leaf is lost,
But hath a part of being, and a sense
Of that which is of all creator and defence.

XCII.

« Les cieux sont changés! et quel changement! ô nuit, orage, ténèbres, vous êtes de sublimes merveilles, et vous ravissez dans votre force comme la lumière qui jaillit des yeux noirs d'une femme! au loin, le long des rocs retentissans, le tonnerre animé bondit de cime en cime. Ce n'est plus un seul nuage qui recèle la foudre, chaque montagne a trouvé une voix, et le Jura à travers son manteau de brouillard, répond aux joyeuses Alpes qui l'appellent à grands cris ! (*)

XCIII.

« Et il est nuit :.... glorieuse nuit! tu ne fus point envoyée pour le sommeil. Laisse-moi partager tes sau-

---

XCII.

The sky is changed!—and such a change! Oh night,
And storm, and darkness, ye are wondrous strong,
Yet lovely in your strength, as is the light
Of a dark eye in woman! Far along,
From peak to peak, the rattling crags among,
Leaps the live thunder! Not from one lone cloud,
But every mountain now hath found a tongue,
And Jura answers, through her misty shroud,
Back to the joyous Alps, who call to her aloud!

XCIII.

And this is in the night :—Most glorious night!
Thou wert not sent for slumber! let me be

(*) Voyez les notes.

vages et terribles délices ; que je m'unisse à la tempête et à toi ! Tout-à-coup le lac enflammé brille comme une mer phosphorique, et les larges gouttes de pluie tombent en dansant sur la terre. Tout est rentré dans l'ombre......... Mais les hautes collines ont tressailli de nouveau ; elles font entendre des accens de joie comme si elles fêtaient la naissance d'un tremblement de terre. »

Lord Byron peint les objets visibles avec le même bonheur d'expression que les sentimens les plus intimes et les plus difficiles à saisir. Jamais génie ne fut plus inventif pour prêter des mots à ce qui semble défier les paroles. Ces vers sont des révélations continuelles de ce qu'on a senti sans pouvoir l'exprimer. La langue anglaise, déjà si riche, ne lui suffit pas. Il l'agrandit encore. Souvent afin de donner plus de concision à sa pensée, il réunit deux mots et en fait une image. C'est ainsi que pour rendre les éclats du tonnerre au milieu des montagnes, il dit :

« The glee
Of the loud hills shakes with its *moutain-mirth*. »

A sharer in thy fierce and far delight,—
A portion of the tempest and of thee !
How the lit lake shines, a phosphoric sea,
And the big rain comes dancing to the earth !
And now again 'tis black,—and now, the glee
Of the loud hills shakes with its mountain-mirth,
As if they did rejoice o'er a young earthquake's birth.

CHAPITRE DIXIÈME.

Il est impossible de traduire littéralement cette phrase, et cependant rien ne donne mieux l'idée de cette espèce de sympathie poétique qui existe entre les montagnes et le ciel. Qui n'a vu aussi la pluie d'orage descendre en gouttes larges et pressées qui bondissent sur la terre comme animées de joie?

Et qu'on se garde bien de confondre ces expressions qui rendent si juste le sentiment du poète avec ces mots boursoufflés qui coûtent tant de peine et de travail à leurs auteurs et qui ne peignent rien. Lord Byron ne cherche pas; ses émotions sont si fortes et si vraies qu'elles se font jour, et trouvent un langage. Il en est pourtant que lui-même ne peut exprimer.

XCVII.

« Si je pouvais, dit-il, donner un corps à ce qu'il y a en moi de plus intime, si je pouvais en décharger mon sein, si je pouvais prêter une voix à mes pensées et enfermer en un seul mot, mon âme, mon cœur, mon esprit, mes passions, mes sentimens, dans leur force ou dans leur faiblesse; tout ce que j'aurais voulu

---

XCVII.

Could I embody and unbosom now
That which is most within me,—could I wreak
My thoughts upon expression, and thus throw
Soul, heart, mind, passions, feelings, strong or weak,

trouver, tout ce que je cherche, tout ce que je souffre, ce que je sais, ce que j'éprouve sans mourir, et quand ce mot serait la foudre, je le dirais; mais faute de ce seul mot, je vis et je meurs sans avoir été compris, avec une pensée qui ne peut trouver de voix, la renfermant en moi comme l'épée dans le fourreau. »

On croit avoir vu tous les replis de l'âme de lord Byron, et tout-à-coup il nous apprend qu'il nous cache encore de terribles secrets. La nature humaine est tellement bizarre, tellement inexplicable, qu'elle se dérobe sans cesse à nous : elle renferme des mystères dont l'intelligence nous échappe, et peut-être qu'un des plus grands charmes de cette étude est son vague et son obscurité.

La vue de Clarens réveille, dans l'âme d'Harold, une foule de sensations délicieuses. Cette terre d'amour s'embellit pour lui des souvenirs de Rousseau et de ses immortelles créations.

En finissant le troisième chant de son poème, lord Byron recommence à parler de lui-même.

All that I would have sought, and all I seek,
Bear, know, feel, and yet breathe—into *one* word,
And that one word were lightning, I would speak;
But as it is, I live and die unheard,
With a most voiceless thought, sheathing it as a sword.

CXIV.

« Je n'ai point aimé le monde, et le monde ne m'a point aimé. Mais séparons-nous en ennemis généreux; je veux croire, quoique je ne les aie pas trouvés, qu'il est des mots qui expriment des choses, des espérances qui ne trompent pas, des vertus qui sont indulgentes, et qui ne tendent pas des pièges à la faiblesse. Je voudrais croire aussi qu'il est des hommes qui pleurent sincèrement sur les douleurs des autres; qu'il en est un ou deux qui sont presque ce qu'ils semblent être; que la bonté n'est pas un nom, et le bonheur un rêve. »

Mais la pensée de ses douleurs le ramène à sa fille, qu'il ne devait plus revoir : il lui adresse des accens d'amour si tendres et si touchans, qu'on ne peut les lire sans une profonde émotion.

CXIV.

I have not loved the world, nor the world me,—
But let us part fair foes; I do believe,
Though I have found them not, that there may be
Words which are things,—hopes which will not deceive,
And virtues which are merciful, nor weave
Snares for the failing : I would also deem
O'er others' griefs that some sincerely grieve;
That two, or one, are almost what they seem,—
That goodness is no name, and happiness no dream.

CXV.

« Ma fille! c'est par ton nom que commença ce chant! Ma fille! que ton nom le termine aussi. Je ne te vois pas..... je ne t'entends pas..... mais personne ne peut être aussi absorbé en toi que je le suis. Tu es l'amie vers laquelle se projettera l'ombre de mes années : quand même tu ne reverrais plus mon visage, ma voix se mêlera à tes visions futures. Elle pénétrera dans ton cœur, quand le mien sera glacé : des souvenirs et des accens d'amour sortiront pour toi des cendres de ton père.

CXVI.

« Aider au développement de ton âme, épier l'aurore de tes petites joies..... Assis auprès de toi, te voir

---

CXV.

My daughter! with thy name this song begun—
My daughter! with thy name thus much shall end—
I see thee not.—I hear thee not,—but none
Can be so wrapt in thee; thou art the friend
To whom the shadows of far years extend :
Albeit my brow thou never should'st behold,
My voice shall with thy future visions blend,
And reach into thy heart,—when mine is cold,—
A token and a tone, even from thy father's mould.

CXVI.

To aid thy mind's developement,—to watch
Thy dawn of little joys,—to sit and see

presque grandir..... Voir ton intelligence saisir de nouvelles lueurs dans chaque objet, qui pour toi est une merveille! Te tenir doucement assise sur mon genou tranquille, imprimer sur ta joue le baiser d'un père, toutes ces joies, à ce qu'il semble, ne m'étaient pas réservées. Cependant, il était dans ma nature d'en jouir. Maintenant je ne sais ce qui est en moi, mais je crois y retrouver encore le besoin de ce bonheur.

CXVII.

« Ah! quand même la haine te serait enseignée comme un devoir, je sais que tu m'aimeras; quand même mon nom serait banni loin de toi, comme un talisman chargé de désolation..... comme un titre abjuré..... *Quand même la tombe* se fermerait entre

---

Almost thy very growth,—to view thee catch
Knowledge of objects,—wonders yet to thee!
To hold thee lightly on a gentle knee,
And print on thy soft cheek a parent's kiss,—
This, it should seem, was not reserv'd for me;
Yet this was in my nature :—as it is,
I know not what is there, yet something like to this.

CVXII.

Yet, though dull hate as duty should be taught,
I know that thou wilt love me ; though my name
Should be shut from thee, as a spell still fraught
With desolation,—and a broken claim :
Though the grave closed between us,—'twere the same,

nous, il en serait toujours de même, je sais que tu m'aimeras. Quand même on voudrait exprimer *mon* sang de tes veines, ce serait en vain; tu m'aimerais encore, tu tiendrais à ce sang plus qu'à la vie.

CXVIII.

« Enfant de mon amour, quoique né dans la douleur, et nourri au milieu de convulsions. Tels furent les élémens de ton père, tels sont aussi les tiens. Ils t'entourent encore; mais ton feu sera plus doux, ton espérance bien plus noble. Repose en paix dans ton berceau ! Des plaines de la mer et des montagnes où je respire, je voudrais t'envoyer autant de bénédictions que je pense quelquefois, en soupirant, que tu m'en réservais !

I know that thou wilt love me; though to drain
My blood from out thy being, were an aim,
And an attainment,—all would be in vain,—
Still thou would'st love me, still that more than life retain.

CXVIII.

The child of love,—though born in bitterness,
And nurtured in convulsion. Of thy sire
These were the elements,—and thine no less.
As yet such are around thee,—but thy fire
Shall be more tempered, and thy hope far higher.
Sweet be thy cradled slumbers! O'er the sea,
And from the mountains where I now respire,
Fain would I waft such blessing upon thee,
As, with a sigh, I deem thou might'st have been to me!

Quelle bizarre et douloureuse destinée! L'homme le plus riche d'affection, était déshérité des biens que tous possèdent. Il n'avait plus de femme, plus d'enfant, et cette privation était plus affreuse que si la mort la lui eût imposée : car les objets de sa tendresse vivaient pour d'autres que pour lui, et leur souvenir rouvrait ses plaies au lieu de les guérir. Il n'avait plus de patrie ; il était méconnu dans la sienne, et cependant il l'aimait malgré son injustice.

VIII.

« Je suis né où les hommes s'enorgueillissent de naître, et non sans cause, dit-il; et quoique j'abandonne l'île sacrée peuplée de sages et d'hommes libres pour me chercher une demeure par de-là les mers lointaines,

IX.

« Peut-être ne l'en aimé-je pas moins : et si je laisse mes cendres dans une terre qui n'est pas la mienne,

---

VIII.

Yet was I born where men are proud to be,
Not without cause; and should I leave behind
The inviolate island of the sage and free,
And seek me out a home by a remoter sea,

IX.

Perhaps I loved it well : and should I lay
My ashes in a soil which is not mine,

mon âme réclamera ma patrie, pourvu que l'esprit dégagé du corps puisse se choisir un sanctuaire. Je chéris l'espérance d'être nommé par ma postérité dans la langue de ma terre natale : si ces desirs sont trop confians et aspirent trop haut; si, comme mon bonheur passé ma gloire doit grandir rapidement pour se flétrir plus vite,

X.

« Si le froid oubli efface mon nom du temple où les morts sont honorés par les nations..... qu'il en soit ainsi!.... Que les lauriers couronnent un front plus glorieux ! Que mon épitaphe soit celle du Spartiate : « Sparte a plusieurs fils plus vertueux que lui. » Je ne cherche point de sympathie ; je n'en ai pas besoin.

My spirit shall resume it—if we may
Unbodied choose a sanctuary. I twine
My hopes of being remembered in my line
With my land's language : if too fond and far
These aspirations in their scope incline,—
If my fame should be, as my fortunes are,
Of hasty growth and blight, and dull oblivion bar

X.

My name from out the temple where the dead
Are honoured by the nations—let it be—
And light the laurels on a loftier head!
And be the Spartan's epitaph on me—
« Sparta hath many a worthier son than he. »
Meantime I seek no sympathies, nor need;
The thorns which I have reaped are of the tree

Les épines que j'ai cueillies sont nées de l'arbre que j'ai planté..... Elles m'ont déchiré..... et je saigne..... J'aurais dû savoir quel fruit sortirait d'une telle semence. »

Lord Byron revient sans cesse sur l'idée morale développée dans Manfred, que nos fautes viennent de nous seuls, et que nous devons en accepter les douloureuses conséquences; aussi se plaint-il moins du sort que de lui-même. Quelle fut la nature des égaremens pour lesquels il subit un châtiment si cruel ? C'est ce qu'on ignore. Ses remords semblent dater de sa jeunesse; mais rien jusqu'à présent ne peut en faire deviner la cause. Il parle toujours de lui-même comme d'un homme sous le poids d'une condamnation; mais en se soumettant à son sort, il se révolte contre ceux qui furent les instrumens de son supplice. Son appel aux furies dans les ruines du temple de Némésis, à Rome, se lie trop à son histoire pour n'être pas cité ici :

CXXX.

« O temps! toi qui embellis les morts, qui ornes les ruines, qui consoles et qui seul guéris les plaies sai-

---

I planted,—they have torn me,—and I bleed :
I should have known what fruit would spring from such a seed.
CXXX.
Oh Time ! the beautifier of the dead,
Adorner of the ruin , comforter

gnantes du cœur! Temps, qui redresses les erreurs de nos jugemens. Pierre de touche de la vérité, de l'amour.... seul philosophe ; car tous les autres sont des sophistes, j'en appelle à ta justice qui jamais ne s'endort, quoiqu'elle diffère..... Temps vengeur! j'élève vers toi mes mains, mes yeux, mon cœur, je ne te demande qu'une grâce :

CXXXI.

« Au milieu de ces débris où tu t'es élevé un autel et un temple sublimes dans leur désolation, parmi tes plus imposantes offrandes, reçois la mienne, la ruine des années, en petit nombre, mais fécondes en douleurs. Si jamais tu m'as vu superbe dans la prospérité, ne m'écoute pas ; mais si j'ai supporté le bien avec

---

And only healer when the heart hath bled—
Time! the corrector where our judgments err,
The test of truth, love,—sole philosopher,
For all beside are sophists, from thy thrift,
Which never loses though it doth defer—
Time, the avenger! unto thee I lift
My hands, and eyes, and heart, and crave of thee a gift :

CXXXI.

Amidst this wreck, where thou hast made a shrine
And temple more divinely desolate,
Among thy mightier offerings here are mine,
Ruins of years—though few, yet full of fate :
If thou hast ever seen me too elate,

calme, réservant mon orgueil contre la haine qui ne peut m'accabler, fais que je n'aie point en vain porté ce fer dans mon cœur.......... Ne gémiront-ils pas aussi?

CXXXII.

« Et toi, qui n'abandonnas jamais la balance des injustices des hommes, puissante Némésis! ici, où les anciens te rendirent long-temps hommage..... Toi, qui appelas les furies de l'abîme, et qui leur ordonnas d'envelopper Oreste et de le poursuivre de leurs longs hurlemens, pour son meurtre contre nature, juste pourtant, si le coup eût été porté par une main moins chère : ici, dans ton antique royaume, je t'évoque de la poussière! Entends le cri de mon cœur! Eveille-toi! tu le dois, il le faut!

Hear me not; but if calmly I have borne
Good, and reserved my pride against the hate
Which shall not whelm me, let me not have worn
This iron in my soul in vain—shall *they* not mourn?

CXXXII.

And thou, who never yet of human wrong
Lost the unbalanced scale, great Nemesis!
Here, where the ancient paid thee homage long—
Thou, who did'st call the Furies from the abyss,
And round Orestes bade them howl and hiss
For that unnatural retribution—just,
Had it but been from hands less near—in this
Thy former realm, I call thee from the dust!
Dost thou not hear my heart?—Awake! thou shalt, and must.

CXXXIII.

« Ce n'est pas que les fautes de mes ancêtres, ou les miennes n'aient pu attirer sur moi la blessure qui me déchire intérieurement; et si elle m'eût été faite par d'autres armes et dans une cause plus juste, j'aurais laissé couler mon sang. Mais maintenant la terre ne le boira pas..... C'est à toi que je le dévoue..... C'est à toi que je confie la vengeance qui doit venir enfin, et que *je* n'ai pas cherchée pour l'amour..... Qu'importe..... *je dors*, mais toi, tu veilleras.

CXXXIV.

« Et si ma voix éclate enfin, ce n'est pas que je frémisse devant la souffrance. Qu'il parle celui qui a con-

---

CXXXIII.

It is not that I may not have incurr'd
For my ancestral faults or mine the wound
I bleed withal, and, had it been conferr'd
With a just weapon, it had flowed unbound;
But now my blood shall not sink in the ground;
To thee I do devote it—*thou* shalt take
The vengeance, which shall yet be sought and found,
Which if *I* have not taken for the sake—
But let that pass—I sleep, but thou shalt yet awake.

CXXXIV.

And if my voice break forth, 'tis not that now
I shrink from what is suffered : let him speak

templé l'altération de mes traits : qui a vu mon âme sortir épuisée d'affreuses convulsions ; mais ces pages seront mes annales ; mes paroles ne s'évanouiront pas dans l'air, quand même je ne serais plus que cendres : une heure viendra où ces vers, pleins et prophétiques, s'accompliront : elle amassera sur des têtes humaines la montagne de ma malédiction.

CXXXV.

« Cette malédiction sera le pardon... N'ai-je pas... entends-moi, ô terre, ô ma mère !.... Cieux, soyez-en témoins !... N'ai-je pas eu à lutter contre mon sort ?... N'ai-je pas pardonné ? N'ai-je pas eu ma tête brûlante de délire, mon cœur brisé, mes espérances détruites, mon nom frappé de flétrissure ; la vie de

---

Who hath beheld decline upon my brow,
Or seen my mind's convulsion leave it weak;
But in this page a record will I seek.
Not in the air shall these my words disperse,
Though I be ashes; a far hour shall wreak
The deep prophetic fulness of this verse,
And pile on human heads the mountain of my curse!

CXXXV.

That curse shall be Forgiveness.—Have I not—
Hear me, my mother Earth! behold it, Heaven!—
Have I not had to wrestle with my lot ?
Have I not suffered things to be forgiven ?
Have I not had my brain seared, my heart riven,

ma vie ne m'a-t-elle pas été enlevée ? Et, si j'ai pu échapper au dernier excès du désespoir, c'est que je ne suis pas tout-à-fait du même limon que l'âme de ceux qui ont causé ma ruine.

CXXXVI.

« Depuis les plus grandes offenses, jusqu'aux plus basses perfidies, n'ai-je pas vu ce que peuvent les humains. Depuis les rugissemens de la calomnie écumante, jusqu'aux chuchottemens étouffés du lâche vulgaire, et au venin plus subtil encore de la foule rampante; aux regards de ces gens à deux visages, dont l'œil significatif sait mentir en silence, qui, à l'aide d'un geste, d'un soupir, sans prononcer une parole, distribuent aux oisifs leur muette médisance.

Hopes sapp'd, name blighted, Life's life lied away?
And only not to desperation driven,
Because not altogether of such clay
As rots into the souls of those whom I survey.

CXXXVI.

From mighty wrongs to petty perfidy
Have I not seen what human things could do?
From the loud roar of foaming calumny
To the small whisper of the as paltry few,
And subtler venom of the reptile crew,
The Janus glance of whose significant eye,
Learning to lie with silence, would *seem* true,
And without utterance, save the shrug or sigh,
Deal round to happy fools its speechless obloquy.

CXXXVII.

« Mais j'ai vécu, et je n'ai point vécu en vain : mon âme peut perdre sa force, mon sang son ardeur, et mon corps peut périr en domptant la douleur ; mais je porte au-dedans de moi ce que ne peuvent lasser ni le temps ni les tortures, ce qui me survivra quand je rendrai le dernier soupir. Quelque chose de surnaturel dont ils ne se doutent pas, et qui, semblable au souvenir des sons d'une lyre devenue silencieuse, pénétrera dans leurs âmes amollies, et réveillera dans leurs cœurs, maintenant d'airain, les derniers remords de l'amour. »

Il y a de cruelles souffrances renfermées dans ces vers. Quelle profonde et terrible énergie ! Comme la douleur s'échappe à flots brûlans et pressés de cette âme qu'elle consume ! Qu'il connaissait bien l'amertume du repentir celui qui légua son pardon pour malédiction à ses persécuteurs !

CXXXVII.

But I have lived, and have not lived in vain :
My mind may lose its force, my blood its fire,
And my frame perish even in conquering pain,
But there is that within me which shall tire
Torture and Time, and breathe when I expire;
Something unearthly, which they deem not of,
Like the remembered tone of a mute lyre,
Shall on their softened spirits sink, and move
In hearts all rocky now the late remorse of love.

Mais revenons à Childe Harold. Il parcourt l'Italie : il a visité la belle Venise, à laquelle il ne reste plus rien de son antique splendeur, et Ferrare, la patrie du Tasse, où il languit dans les fers d'un orgueilleux despote, Alfonso d'Est, dont le nom serait consumé par l'oubli et enfoui avec sa vile poussière, sans l'infâme lien qui l'attache au sort du poète.

Rome apparaît enfin au pélerin, dans toute la pompe de sa désolation.

LXXVIII.

« O Rome, ô ma patrie! s'écrie-t-il ; cité de l'âme! Les cœurs orphelins doivent se tourner vers toi, mère désolée d'empires écroulés, et renfermer dans leur sein leurs puériles douleurs. Que sont nos maux et nos souffrances ? Venez : voyez le cyprès, écoutez le hibou, et frayez-vous un sentier sur les marches des trônes brisés, sur les débris des temples, ô vous, dont les angoisses sont les malheurs d'un jour!... un

---

LXXVIII.

Oh Rome! my country! city of the soul!
The orphans of the heart must turn to thee,
Lone mother of dead empires! and controul
In their shut breasts their petty misery.
What are our woes and sufferance ? Come and see
The cypress, hear the owl, and plod your way
O'er steps of broken thrones and temples, Ye !

monde est à vos pieds, aussi fragile que votre poussière.

LXXIX.

« La Niobé des nations est devant vous, sans enfant, sans couronne : elle n'a plus de voix pour conter ses douleurs. Ses mains flétries portent une urne vide dont la poussière sacrée est dispersée depuis long-temps : la tombe des Scipions ne contient plus de cendres : les sépulcres même ont perdu leurs hôtes héroïques. Antique fleuve du Tibre, tu coules encore à travers ce désert de marbre ! Soulève tes flots jaunâtres, et cache Rome et sa détresse ! »

Lord Byron écrivait le quatrième chant de Childe Harold, lorsque la princesse Charlotte mourut. Elle était l'espoir de l'Angleterre : elle an-

---

Whose agonies are evils of a day—
A world is at our feet as fragile as our clay.

79.

The Niobe of nations ! there she stands,
Childless and crownless, in her voiceless woe;
An empty urn within her withered hands,
Whose holy dust was scatter'd long ago;
The Scipios' tomb contains no ashes now;
The very sepulchres lie tenantless
Of their heroic dwellers : dost thou flow,
Old Tiber ! through a marble wilderness ?
Rise, with thy yellow waves, and mantle her distress ?

nonçait un caractère franc et généreux, une âme élevée, un cœur aimant, et une volonté forte. Née sur un trône, elle aimait et comprenait la liberté; non ce fougueux délire qui fait les révolutions, mais cette liberté sage et bien ordonnée qui affermit les trônes, et assure le bonheur des peuples. Cette mort causa une affliction générale et sentie. Lord Byron la pleura en vers sublimes.

CLXVIII.

« Illustre rejeton des chefs et des monarques, où es-tu? espoir chéri de tant de nations, la mort t'a-t-elle donc frappé?. . . . .

CLXIX.

« Le cœur de la Liberté, appesanti par le chagrin, oubliera ses nombreuses douleurs pour gémir sur une seule; car elle avait offert au ciel ses vœux pour toi, et sur ta tête brillait son iris. . . . .

168.

Scion of chiefs and monarchs, where art thou?
Fond hope of many nations, art thou dead?
. . . .

169.

And Freedom's heart, grown heavy, cease to hoard
Her many griefs for One; for she had pour'd
Her orisons for thee, and o'er thy head
Beheld her Iris..—. . . . .

. . . .

CLXX.

« Le drap de ton linceul fut ton vêtement de noce; ton fruit nuptial n'est que cendres. La vierge aux blonds cheveux, la fille des îles est couchée dans la poussière! Elle était l'idole des peuples! Avec quelle joie nous lui confions tout l'avenir! et quoiqu'il dût ne luire que sur nos ossemens, nous chérissions la pensée que nos enfans obéiraient à son enfant, et nous la bénissions elle et les siens. . . . .

CLXXI.

« Malheur à nous, non à elle; car elle dort en paix: le souffle changeant et vain de la faveur populaire, les conseils perfides, les faux oracles, qui, depuis la naissance

---

170.

Of sackcloth was thy wedding garment made;
Thy bridal's fruit is ashes : in the dust
The fair-haired Daughter of the Isles is laid,
The love of millions! How we did entrust
Futurity to her! and, though it must
Darken above our bones, yet fondly deem'd
Our children should obey her child, and bless'd
Her and her hoped-for seed. . . . . . .
. . . .

171.

Woe unto us, not her; for she sleeps well:
The fickle reek of popular breath, the tongue
Of hollow counsel, the false oracle,

de la monarchie, ont retenti comme un glas aux oreilles des princes, jusqu'à ce que les nations trop aiguillonnées se soient armées dans le délire; l'étrange sort qui abat les plus puissans monarques, et qui jette dans la balance opposée à leur aveugle toute-puissance, un poids qui écrase tôt ou tard.... (*)

CLXXII.

« Tels eussent pu être ses destins; mais non, nos cœurs le dénient. Et si jeune et si belle, bonne sans effort, grande sans ennemi; épouse et mère il n'y a qu'un moment, et maintenant *là!*... » . . . . .

Il y a bien loin des nobles expressions de lord Byron aux serviles gémissemens de ceux qui pleurent dans les princes leur ambition déçue! Les larmes du poète tombent pour la princesse, pour la carrière glorieuse qui l'attendait, pour le peuple

---

Which from the birth of monarchy hath rung
Its knell in princely ears, till the o'erstung
Nations have arm'd in madness, the strange fate
Which tumbles mightiest sovereigns, and hath flung
Against their blind omnipotence a weight
Within the opposing scale, which crushes soon or late;—

172.

These might have been her destiny; but no,
Our hearts deny it: and so young, so fair,
Good without effort, great without a foe;
But now a bride and mother—and now *there!*
. . . .

(*) Voyez les notes.

qu'elle aimait. Comme cette douleur, dépouillée de tout égoïsme, est profonde! Combien elle agrandit celle qui l'inspira! Les louanges données par le génie sont les seules desirables; mais il ne les accorde qu'aux grandes âmes et aux belles actions.

A mesure qu'on avance dans ce poème, et surtout en approchant de la fin, on sent que le temps a passé sur la douleur de lord Byron. Elle n'est pas moins forte, mais elle n'est pas aussi menaçante, aussi amère. Son âme, qu'il veut croire éteinte, rajeunit presque à son insu. Il retombe dans des rêves d'un bonheur vague et mystérieux.

CLXXVIII.

« Il est un plaisir dans les bois où pas un sentier n'est frayé, il est un ravissement sur le rivage solitaire, il est des amis aux lieux où l'on est le plus seul, sur les bords de la mer profonde, où les vagues font entendre leur murmure harmonieux. Je n'aime pas moins l'homme, mais j'aime plus la nature à la

---

178.

There is a pleasure in the pathless woods,
There is a rapture on the lonely shore,
There is society, where none intrudes,
By the deep Sea, and music in its roar:
I love not Man the less, but Nature more,
From these our interviews, in which I steal

suite de ces entrevues, dans lesquelles je me dérobe à tout ce que je puis être, à tout ce que j'ai été, pour me mêler avec l'univers, et sentir ce que je ne puis jamais exprimer, ni taire entièrement. »

Le pélerin touche au terme de son voyage. Avant de déposer ses sandales et son bourdon, il s'arrête aux bords de l'Océan qu'il décrit avec une pompe et une grandeur admirables. Mais ses chants ont cessé, le charme de son rêve est rompu, les visions qui lui apparaissaient s'évanouissent. L'ardeur qui habitait dans son âme est presque éteinte. Il est au but: il a fait sa dernière course.

Il ne faut pas chercher dans le poëme de Childe Harold un plan et des incidens. Il est évident que lord Byron n'a voulu en faire qu'une suite de méditations animées par ses souvenirs et par la description des lieux qu'il avait visités. Il se laisse aller à de continuelles rêveries. C'est le travail de la pensée qui passe d'un sujet à un autre sans pouvoir définir ce qui l'y a conduit. Il est peu de personnes qui n'aient éprouvé cette sensation. Au bout de cinq minutes de réflexion, on se trouve si loin du point d'où l'on est parti, qu'il est souvent impossible de se rendre compte de tout ce qui

---

From all I may be, or have been before,
To mingle with the Universe, and feel
What I can ne'er express, yet cannot all conceal

s'est offert à l'esprit en si peu de temps; Childe Harold a cette espèce de vague, et cela plaît, surtout aux gens accoutumés à rêver, et à ceux qui aiment à étudier la marche de l'esprit. Tout décousu que paraît d'abord ce poème, il ne l'est pas dès qu'on l'envisage ainsi. Une image amène une autre image, une idée une autre idée; tout se lie, excepté dans deux ou trois morceaux où le poète a brusquement changé le cours de ses réflexions; encore découvrirait-on la cause de cette interruption dans les stances qui la précèdent. Je ne crois pas me tromper en mettant au nombre des qualités de cet ouvrage ce manque de plan qu'on a regardé comme un défaut; la preuve qu'au lieu de nuire à l'intérêt, il l'augmente, c'est qu'on ne peut s'arrêter en lisant Childe Harold. Un récit de faits ou d'aventures s'interromprait plus facilement. La pensée rêveuse s'attache à celle du poète, s'identifie à elle, s'attendrit ou s'exalte suivant ce qu'elle exprime : et ce ne sont point des rêveries oiseuses, c'est la marche d'une âme forte et puissante qui embrasse tout ce qui est beau, qui s'élance vers tout ce qui est grand, en même temps qu'elle flétrit tout ce qui est ignoble; elle nous enlève tout-à-fait à nous-mêmes, elle nous fait comprendre la véritable gloire, elle réveille l'amour de la vertu.

Il est vrai qu'en montrant tous ces biens, lord Byron peint son héros comme incapable d'en jouir;

mais cela se rattache à l'idée morale de son poème; idée qu'il a développée ainsi dans une seconde préface. « En mettant Childe Harold en scène, je n'ai voulu que démontrer que la corruption précoce de l'esprit et de la morale nous conduit à la satiété des plaisirs passés et nous empêche de goûter les plaisirs nouveaux; et que ce qui est même plus capable d'exciter l'esprit de l'homme (toutefois après l'ambition, le plus puissant des moteurs), le spectacle des beautés de la nature et les voyages, ont perdu leur effet sur un âme ainsi pervertie ou égarée. » Quoique s'identifiant parfois à son héros, le poète ne partage pas cette disposition passive, car il parle de la vertu, de la liberté, du dévoûment à une noble cause, avec une admiration profondément sentie.

Les notes de Childe Harold sont aussi du plus haut intérêt. Elles contiennent une foule de détails curieux et de renseignemens sur les pays que lord Byron a parcouru. Le style en est très simple, concis et quelquefois acerbe, selon le sentiment qui les a dictées.

CHAPITRE XI.

SÉJOUR DE LORD BYRON A MILAN ET A VENISE. — TRAITS DE GÉNÉROSITÉ. — LE RÊVE.

En quittant la Suisse, lord Byron visita le nord de l'Italie, et s'arrêta à Milan, où se trouvaient alors plusieurs littérateurs italiens. Il habitait cette ville en 1816. Il allait souvent au spectacle, et faisait de longues promenades à cheval. Les personnes qui l'ont vu à cette époque, disent qu'il était sombre et mélancolique ; cependant il s'animait en parlant de ses sujets de conversation favoris, la littérature et la politique. Il discutait toujours avec douceur et simplicité, attaquant plutôt les abus que les hommes (*). Il exprimait, avec une grande clarté, ses idées larges et profondes. Lord Byron, si froissé par les individus, sympathisait avec les masses. Il s'intéressait à elles, et se passionnait quelquefois jusqu'aux larmes, sur les malheurs de l'humanité. Certains mots avaient le pouvoir d'éveiller en lui le plus vif en-

(*) Un homme de beaucoup d'esprit, qui a connu lord Byron à Milan, a bien voulu me donner des détails très intéressans et très curieux sur son caractère et sa conversation. (*Voyez la note* 34.)

thousiasme. Un trait de vertu ou de courage lui causait une émotion profonde, pourvu qu'il fût convaincu qu'il n'y entrait aucun desir de briller ou de faire effet. Ses impressions étaient très mobiles, et il obéissait toujours à l'impulsion du moment qui le portait souvent au bien. Jamais il ne vit un être souffrant sans chercher à le soulager. Connaissant la pauvreté d'un artiste dont le mérite était ignoré, il lui fit passer secrètement jusqu'à deux cents livres sterling à-la-fois ; et quand il croyait cette somme épuisée, il la renouvelait, en prenant toutes les précautions possibles pour n'être pas découvert : ce ne fut qu'à force de recherches et de persévérance que le protégé apprit quel était son bienfaiteur.

Lord Byron n'était ni avare, ni prodigue, comme on s'est plu à le dire : il veillait à ses intérêts, ne souffrait point qu'on le trompât, et se faisait rendre un compte exact de ses revenus, parce qu'il trouvait absurde et immoral de laisser un champ libre aux fripons ; mais, dès qu'il s'offrait une occasion de dépenser noblement, il sacrifiait des sommes considérables, dans un but utile.

Il mettait aussi une grâce extrême dans sa manière d'obliger. On sait qu'une jeune personne de beaucoup de talent se trouvant dans une situation très malheureuse, se présenta chez lui à Londres, pour le prier de souscrire à un volume de poésies qu'elle allait publier. Lord Byron n'était pas marié alors ; et, comme s'il eût deviné ce que cette démarche pouvait avoir de pénible et d'embarrassant pour celle qui la faisait, il mit tous ses soins à lui rendre du calme. Il lui parla de choses indifférentes, mais avec tant d'abandon et d'amabilité, qu'elle oublia le motif de sa visite. Tout en causant avec elle, lord Byron écrivit quelques mots sur un morceau de papier, et le lui mit dans la main, en disant que c'était sa souscription à l'ouvrage. Il ajouta : « Nous sommes tous deux jeunes, le monde est un impitoyable censeur ; et, si mon nom était en tête de la liste des souscripteurs, je craindrais que cela ne vous fît plus de tort que de bien. » La jeune personne prit congé de lui, et dans la rue elle ouvrit le papier qu'il lui avait remis : c'était une traite de cinquante guinées sur son banquier.

A peu près vers le même temps, il remarqua, en sortant de chez lui, un jeune homme d'un aspect singulier, qui paraissait étranger, et qui tenait à la main un manuscrit roulé. C'était un jeune provincial qui, ayant été querellé par son père, pour une petite somme d'argent qu'il avait dépensée, était venu à Londres, et s'y trouvait sans amis et sans ressource. Il avait fait un mauvais petit poème dont aucun libraire ne voulait se charger ; cependant, il y en avait un qui consentait à l'imprimer moyennant dix livres sterling, et qui s'engageait à partager les bénéfices avec l'auteur. Lord Byron aborda le jeune homme, et fut bientôt au fait de son histoire. Il l'amena chez lui : « Vous dites donc que vous avez eu une querelle avec votre père ? — Oui, répliqua l'étranger, en baissant la tête. — Et avec dix livres sterling vous pourriez avoir la chance de faire imprimer votre poème et de partager les bénéfices ? — Oui, dit le jeune homme, en se redressant. — Combien vous faudrait-il d'argent pour vous réconcilier avec votre père ? — Dix livres sterling aussi. — Eh bien ! reprit lord Byron : les voilà ; donnez-les à votre père, et qu'il publie le poème, si cela lui plaît ; et en voici cinq autres pour vous aider à retourner plus vite chez vous. »

En se promenant dans la campagne, aux environs de Rome et de Milan, il visita plusieurs fois les demeures des paysans. Lorsqu'il y trouvait des malades, il les faisait transporter dans une maison plus propre et dans un meilleur air, leur envoyait son médecin, et allait les voir. Il dota aussi un grand nombre de jeunes filles ; enfin, il répandit partout une foule de bienfaits, dont il n'a jamais parlé dans ses ouvrages, ni dans sa conversation, et qui étaient ignorés de ses plus intimes amis.

De Milan il se rendit à Venise : il y voyait peu ou point d'Anglais. La musique était pour lui une grande jouissance. Les sons d'une belle voix le faisaient rester des heures entières immobile et

CHAPITRE ONZIÈME.

comme plongé en extase. Sa physionomie prenait alors une expression rêveuse et tendre. Il vécut d'abord fort retiré, entièrement livré à l'étude des langues orientales. Le père Aucher, moine du couvent de San Lazaro, lui donnait des leçons d'arménien et de grec moderne. De tout temps ce genre d'occupation lui a plu. Il aimait à étudier le génie de chaque peuple, dans le langage qui lui est propre, et à observer les mœurs d'une nation en se mettant en rapport avec elle. Lord Byron ne peignait rien qu'il ne l'eût vu ou senti : il donnait ses impressions telles qu'il les avait reçues.

Après avoir travaillé cinq ou six heures, il allait se promener à cheval au Lido (*) : ce genre d'exercice était nécessaire à sa santé ; c'était pour lui un besoin et un délassement. Il avait choisi pour demeure une vieille abbaye, entourée de grands arbres, dont l'aspect est sombre et mélancolique. On a voulu voir dans tout cela un besoin de faire effet et d'attirer l'attention publique ; mais lord Byron n'avait point de telles petitesses : il obéissait à ses goûts, qui étaient poétiques et peu compris de la foule. Plus il était naturel, plus on le jugeait affecté. Il aimait à se promener le soir en gondole ; il disait que l'aspect de Venise ressemblait à un rêve, et son histoire à un roman.

La misère de cette ville, jadis si puissante, at-

(*) Petite île près de Venise.

tristait son âme ; les souvenirs de son ancienne grandeur accompagnaient lord Byron au milieu de ses ruines. « On peut dire de Venise, suivant l'expression de l'Écriture, qu'elle meurt tous les jours. Sa décadence est si générale et si apparente, qu'elle est pénible même pour un étranger qui ne peut s'accoutumer à la vue de toute une nation expirant sous ses yeux »; et plus loin, il ajoute : « La vivacité, l'affabilité et l'heureuse indifférence que donne le seul tempérament, et à laquelle aspire vainement la philosophie, n'ont point été ravies aux Vénitiens, malgré leurs malheurs. » En effet, ce peuple, sous l'empire des sensations plus que de la pensée, a conservé un amour désordonné du plaisir. Son ancien système de gouvernement, aussi odieux que celui de l'inquisition, employa la corruption des mœurs pour affermir sa puissance : la prétendue liberté de Venise n'était qu'une illusion. Riche, dépravée sous le joug de l'aristocratie la plus orgueilleuse, la république ne se soutenait que par l'atrocité de ses actes, et par le mystère odieux dont elle les enveloppait. De tout le passé, il ne reste à Venise que ses vices. Le séjour prolongé de lord Byron, dans cette ville, exerça sur son génie et sur son caractère une influence bien prononcée, et qui se développa plus tard dans ses œuvres. Cependant, il maudit le torrent qui l'entraînait ; il lutta même contre lui.

Il fit une excursion à Rome, pendant laquelle il termina le poème de Childe Harold. Bientôt après, je crois, il écrivit le *Rêve*. C'était un adieu au passé : il y traçait toute son histoire ; son adolescence, son amour pour miss Chaworth, son mariage, et enfin ses malheurs et son isolement. Cette esquisse poétique, révélation de tous ses sentimens, est d'un trop haut intérêt pour ne pas trouver place ici. Elle forme aussi comme une ligne de démarcation entre son ancienne existence et la nouvelle ; entre ses premiers ouvrages, et ceux qui ont été composés ensuite sous l'empire du ciel d'Italie et des mœurs italiennes.

LE RÊVE.

I.

« Notre vie est double ; le sommeil a aussi son monde, qui forme la limite de ce qu'on a nommé à tort la Mort et l'Existence. Le sommeil a son monde, et c'est un vaste royaume peuplé de tristes et bizarres réalités.

THE DREAM.

1.

Our life is two-fold ; Sleep hath its own world,
A boundary between the things misnamed
Death and existence : Sleep hath its own world,
And a wide realm of wild reality,

Les rêves, dans leurs développemens, ont de la vie : ils commandent à nos larmes, à nos tourmens, quelquefois à nos joies. Ils laissent un poids sur notre âme après le réveil, ou ils allègent nos pénibles travaux pendant le jour : ils divisent notre être ; ils font partie de nous et de notre temps ; ils nous apparaissent comme les hérauts de l'éternité ; ils passent comme des esprits du passé ; ils annoncent l'avenir comme les sibylles des anciens ; ils ont tout pouvoir ; ils dispensent, à leur gré, le plaisir ou la peine ; ils nous font ce que nous ne sommes pas ; ils font de nous ce qu'ils veulent, et nous tremblons de la vision qui n'est déjà plus : des ombres évanouies nous épouvantent. Sont-ce bien des ombres ? Le passé est-il autre chose qu'une ombre ? Que sont donc ces fantômes ? des

---

And dreams in their developement have breath,
And tears, and tortures, and the touch of joy;
They leave a weight upon our waking thoughts,
They take a weight from off our waking toils,
They do divide our being; they become
A portion of ourselves as of our time,
And look like heralds of eternity;
They pass like spirits of the past,—they speak
Like sibyls of the future; they have power—
The tyranny of pleasure and of pain;
They make us what we were not—what they will,
And shake us with the vision that's gone by,
The dread of vanish'd shadows—Are they so?
Is not the past all shadow? What are they?

créations de l'âme. L'âme peut donner un corps aux images, créer des mondes et les peupler d'êtres plus brillans que ceux qui ont jamais existé : elle peut animer de son souffle des formes qui survivront à tout ce qui est mortel. Je voudrais me retracer une vision que j'eus, peut-être dans mon sommeil ; car une pensée, une seule pensée peut, en rêve, embrasser des années, et concentrer une longue vie en une heure.

II.

« Je vis deux êtres, dans toute la fraîcheur de la jeunesse, debout sur le sommet d'une verte colline, dont la pente était douce, et qui semblait être le cap d'une longue chaine de montagnes. Mais il n'y avait point de mer pour baigner sa base : au lieu de flots

---

Creations of the mind?—The mind can make
Substance, and people planets of its own
With beings brighter than have been, and give
A breath to forms which can outlive all flesh.
I would recall a vision which I dream'd
Perchance in sleep—for in itself a thought,
A slumbering thought, is capable of years,
And curdles a long life into one hour.

2.

I saw two beings in the hues of youth
Standing upon a hill, a gentle hill,
Green and of mild declivity, the last
As 'twere the cape of a long ridge of such,
Save that there was no sea to lave its base,

s'étendaient à ses pieds un paysage mobile, des bois et des blés ondoyans. Les demeures des hommes étaient éparses çà et là, et la fumée s'élevait en tournoyant au-dessus des toîts rustiques. La colline était couronnée d'un diadême d'arbres disposés en cercle, non par le caprice de la nature, mais par celui de l'homme. Là, étaient une vierge et un jeune homme. La jeune fille contemplait tout ce qui se déployait devant elle, aussi pur, aussi beau qu'elle-même; mais le jeune homme ne regardait qu'elle; et tous deux étaient brillans de jeunesse, et l'un d'eux était d'une rare beauté.

Tous deux étaient jeunes, et cependant leur âge n'était pas le même. Comme la lune argentée, qui s'élève et s'agrandit au bord de l'horizon, la jeune fille touchait à la moitié de son printemps. Le jeune

---

But a most living landscape, and the wave
Of woods and cornfields, and the abodes of men
Scattered at intervals, and wreathing smoke
Arising from such rustic roofs;—the hill
Was crown'd with a peculiar diadem
Of trees, in circular array, so fix'd,
Not by the sport of nature, but of man:
These two, a maiden and a youth, were there
Gazing—the one on all that was beneath
Fair as herself—but the boy gazed on her;
And both were young, and one was beautiful:
And both were young—yet not alike in youth.
As the sweet moon on the horizon's verge,
The maid was on the eve of womanhood;

homme avait vu moins d'étés, mais son cœur avait de beaucoup devancé ses années; à ses yeux, il n'y avait sur la terre qu'une figure adorée : et elle brillait alors devant lui. Il l'avait contemplée jusqu'à ce qu'il ne lui fût plus possible de l'effacer de son souvenir. Il ne respirait, ne vivait qu'en elle. Elle était sa voix : il ne lui parlait pas; mais il tremblait d'émotion à chacune de ses paroles. Elle était sa vue; car ses yeux suivaient les siens, et ne voyaient que par eux, qui coloraient pour lui tous les objets : et il avait cessé de vivre en lui-même; elle était sa vie tout entière, l'océan où allaient se perdre les flots de ses pensées, où tout venait s'engloutir. Le son de sa voix, l'impression de sa main, glaçaient son sang, ou le faisaient couler avec impétuosité; de vives rougeurs pa-

---

The boy had fewer summers, but his heart
Had far outgrown his years, and to his eye
There was but one beloved face on earth,
And that was shining on him; he had look'd
Upon it till it could not pass away;
He had no breath, no being, but in her's;
She was his voice; he did not speak to her,
But trembled on her words; she was his sight,
For his eye follow'd her's and saw with her's,
Which coloured all his objects :—he had ceased
To live within himself; she was his life,
The ocean to the river of his thoughts,
Which terminated all : upon a tone,
A touch of her's, his blood would ebb and flow,
And his cheek change tempestuously—his heart

raissaient et disparaissaient sur ses joues, comme l'éclair dans un jour d'orage, sans que son cœur connût la cause de son angoisse. Mais elle ne partageait pas ces vives sensations : ses soupirs n'étaient pas pour lui ; il était pour elle un frère, et rien de plus ; c'était beaucoup, car il n'existait personne qui eût le droit de porter ce nom, excepté lui à qui elle l'avait donné en souvenir de leur amitié enfantine : elle était le seul et dernier rejeton d'une race honorée pendant des siècles. — C'était un nom qui lui plaisait, et que pourtant il n'aimait pas. — Et pourquoi ? Le temps lui révéla une triste réponse, quand elle en aima un autre que lui. Dès à présent elle en aimait un autre ; et debout, sur le sommet de cette colline, elle regardait au loin si le coursier de son amant secondait son impatience, et volait.

Unknowing of its cause of agony.
But she in these fond feelings had no share :
Her sighs were not for him ; to her he was
Even as a brother—but no more ; 'twas much,
For brotherless she was, save in the name
Her infant friendship had bestowed on him ;
Herself the solitary scion left
Of a time-honoured race.—It was a name
Which pleased him, and yet pleased him not—and why ?
Time taught him a deep answer—when she loved
Another ; even *now* she loved another,
And on the summit of that hill she stood
Looking afar if yet her lover's steed
Kept pace with her expectancy, and flew.

III.

« Un changement survint dans l'esprit de mon rêve. Je vis un ancien édifice : devant ses murs était un coursier caparaçonné ; et debout, dans un antique oratoire, le jeune homme dont j'ai parlé, seul, pâle, et marchant avec agitation en long et en travers. Tout-à-coup, il s'assit, saisit une plume, et traça des mots que je ne pus deviner ; puis il courba la tête, se cacha la figure dans ses mains, et trembla, comme agité par une convulsion ; puis il se leva, et de ses dents et de ses mains frémissantes, il déchira ce qu'il avait écrit, mais sans verser de larmes. Il se calma ; son front reprit une apparence de sérénité ; comme il semblait réfléchir, la dame de son amour entra : elle

---

3.

A change came o'er the spirit of my dream.
There was an ancient mansion, and before
Its walls there was a steed caparisoned :
Within an antique Oratory stood
The boy of whom I spake ;—he was alone,
And pale, and pacing to and fro; anon
He sate him down, and seized a pen, and traced
Words which I could not guess of : then he lean'd
His bow'd head on his hands, and shook as 'twere
With a convulsion—then arose again,
And with his teeth and quivering hands did tear
What he had written, but he shed no tears,
And he did calm himself, and fix his brow
Into a kind of quiet; as he paused,

était calme et souriante, et pourtant elle savait qu'elle était aimée par lui ; elle savait, car cette science s'apprend vite, que le cœur du jeune homme était obscurci par son ombre, et elle vit qu'il était malheureux ; mais elle ne vit pas tout. Il se leva, prit sa main et la serra doucement dans les siennes qui étaient glacées. Un moment sur son visage apparut une foule de pensées inexprimables, et elles s'effacèrent aussi rapidement qu'elles étaient nées. Il laissa tomber la main qu'il tenait, et se retira à pas lents, mais non comme s'il lui eût dit adieu ; car il se séparèrent tous deux avec un sourire. Il passa sous la porte massive de cette antique demeure, et montant sur son coursier, il s'éloigna, et ne franchit plus jamais ce seuil usé par les ans.

The Lady of his love re-entered there :
She was serene and smiling then, and yet
She knew she was by him beloved,—she knew,
For quickly comes such knowledge, that his heart
Was darken'd with her shadow, and she saw
That he was wretched, but she saw not all.
He rose, and with a cold and gentle grasp
He took her hand; a moment o'er his face
A tablet of unutterable thoughts
Was traced, and then it faded, as it came;
He dropped the hand he held, and with slow steps
Retired, but not as bidding her adieu,
For they did part with mutual smiles; he pass'd
From out the massy gate of that old hall,
And mounting on his steed he went his way;
And ne'er repassed that hoary threshold more.

IV.

« Un changement s'opéra dans l'esprit de mon rêve. Le jouvenceau était devenu homme. Il s'était fait une patrie dans les déserts des climats embrasés, et son âme aspirait les rayons de leur soleil ardent : il était environné de sombres et étranges aspects; il n'était plus lui-même ce qu'il avait été ; sur la mer et sur le rivage, il errait étranger. Une foule d'images se pressaient autour de moi comme des vagues, mais il faisait partie de toutes ; et, dans la dernière, il se reposait de l'ardeur étouffante du midi, couché parmi des colonnes tombées, à l'ombre de murs en ruines qui avaient survécu aux noms de ceux qui les avaient élevés. Il dormait : des chameaux paissaient à ses côtés, et

---

4.

A change came o'er the spirit of my dream.
The boy was sprung to manhood : in the wilds
Of fiery climes he made himself a home,
And his soul drank their sunbeams; he was girt
With strange and dusky aspects; he was not
Himself like what he had been ; on the sea
And on the shore he was a wanderer ;
There was a mass of many images
Crowded like waves upon me, but he was
A part of all; and in the last he lay
Reposing from the noon-tide sultriness,
Couched among fallen columns, in the shade
Of ruin'd walls that had survived the names
Of those who rear'd them; by his sleeping side

quelques beaux coursiers agiles étaient attachés auprès d'une fontaine. Un homme vêtu de robes flottantes veillait seul, tandis que plusieurs gens de sa tribu sommeillaient à l'entour ; et, au-dessus d'eux, s'étendait un ciel d'azur, si étincelant, si clair, et d'une beauté si pure qu'on n'y voyait que Dieu.

V.

« Un changement survint dans l'esprit de mon rêve. La dame de son amour était unie à un être qui ne l'aimait ni autant, ni mieux qu'il ne l'avait aimée. Elle habitait dans sa demeure, à mille lieues de la sienne : dans sa demeure natale : elle y était entourée de jeunes enfans, de fils et de filles de la Beauté. — Mais voyez ! Sur sa figure est la teinte sombre du chagrin, l'ombre fixe d'une lutte intérieure, et, dans son œil,

---

Stood camels grazing, and some goodly steeds
Were fasten'd near a fountain ; and a man
Clad in a flowing garb did watch the while,
While many of his tribe slumber'd around :
And they were canopied by the blue sky,
So cloudless, clear, and purely beautiful,
That God alone was to be seen in Heaven.

5.

A change came o'er the spirit of my dream.
The Lady of his love was wed with One
Who did not love her better ;— in her home,
A thousand leagues from his,— her native home,
She dwelt, begirt with growing infancy,
Daughters and sons of Beauty,— but behold !

une langueur inquiète; comme si sa paupière était chargée de larmes qui ne s'épanchent pas. Quelle pouvait être sa douleur? — Elle avait tout ce qu'elle aimait; et celui qui l'avait tant chérie n'était pas là pour troubler par de coupables espérances, par de mauvais desirs, ou par une affliction mal réprimée, ses pensées pures et vertueuses. Quelle pouvait donc être sa peine?—Elle ne l'avait point aimé : elle ne lui avait point donné de cause de se croire aimé d'elle. Il ne pouvait faire partie de ce qui dévorait son âme, une vision du passé.

VI.

« Un changement survint dans l'esprit de mon rêve. L'exilé était de retour. Je le vis debout devant un

---

Upon her face there was the tint of grief,
The settled shadow of an inward strife,
And an unquiet drooping of the eye,
As if its lid were charged with unshed tears.
What could her grief be?—she had all she loved,
And he who had so loved her was not there
To trouble with bad hopes, or evil wish,
Or ill-repress'd affliction, her pure thoughts.
What could her grief be?—she had loved him not,
Nor given him cause to deem himself beloved,
Nor could he be a part of that which prey'd
Upon her mind—a spectre of the past.

6.

A change came o'er the spirit of my dream.—
The wanderer was return'd:—I saw him stand

autel, avec une jeune fiancée dont le visage était beau; mais ce n'était point celui qui avait brillé comme une étoile sur son adolescence. Pendant qu'il était devant l'autel, son front reprit le même aspect, et il trembla de la même convulsion qui ébranla son sein dans la solitude de l'antique oratoire; alors, comme à cette même heure, un moment sur ses traits se peignirent une foule de pensées inexprimables; puis elles s'évanouirent aussi rapidement, et il demeura calme et tranquille. Il prononça les vœux solennels; mais il n'entendait pas ses propres paroles, tout chancelait autour de lui : il ne voyait plus ce qui était, ni ce qui aurait dû être : il ne voyait plus rien que l'antique demeure, la salle qu'il avait jadis ha-

---

Before an altar—with a gentle bride;
Her face was fair, but was not that which made
The starlight of his boyhood;—as he stood
Even at the altar, o'er his brow there came
The selfsame aspect, and the quivering shock
That in the antique oratory shook
His bosom in its solitude; and then—
As in that hour—a moment o'er his face
The tablet of unutterable thoughts
Was traced,—and then it faded as it came,
And he stood calm and quiet, and he spoke
The fitting vows, but heard not his own words,
And all things reel'd around him; he could see
Not that which was, nor that which should have been—
But the old mansion, and the accustom'd hall,

bitée, les chambres si connues, et le lieu, le jour, l'heure, les rayons du soleil et l'ombre; tout ce qui s'associait à ce lieu, à cette heure, à celle qui était sa destinée : tout revint à-la-fois, et se pressa entre lui et la lumière. Qu'avaient à faire là tous ces souvenirs dans un pareil moment?

VII.

« Un changement survint dans l'esprit de mon rêve. La dame de son amour! Oh! elle était changée, comme par une maladie de l'âme ; son esprit avait erré hors de ses limites, et ses yeux n'avaient plus leur éclat : son regard n'appartenait plus à la terre : elle était devenue la reine d'un royaume fantastique ; ses pensées étaient une réunion d'idées incohérentes ;

And the remembered chambers, and the place,
The day, the hour, the sunshine, and the shade,
All things pertaining to that place and hour,
And her who was his destiny, came back
And thrust themselves between him and the light :
What business had they there at such a time?

7.

A change came o'er the spirit of my dream.
The lady of his love;—Oh! she was changed
As by the sickness of the soul; her mind
Had wandered from its dwelling, and her eyes
They had not their own lustre, but the look
Which is not of the earth; she was become
The queen of a fantastic realm; her thoughts

et ses yeux étaient familiarisés avec des formes impalpables, inaperçues de tous. (*). Le monde appelle cela de l'égarement ; mais les sages ont une folie bien plus enracinée : le regard pénétrant de la mélancolie est un don redoutable. Qu'est-ce autre chose que la révélation de la vérité, qui dissipe l'illusion des distances, et rapproche la vie dans toute sa nudité, faisant paraître trop réelle la froide réalité.

VIII.

« Un changement survint dans l'esprit de mon rêve. Le voyageur errant était seul comme avant : les êtres

---

Were combinations of disjointed things ;
And forms impalpable and unperceived
Of others' sight, familiar were to her's.
And this the world calls phrenzy; but the wise
Have a far deeper madness, and the glance
Of melancholy is a fearful gift ;
What is it but the telescope of truth ?
Which strips the distance of its phantasies,
And brings life near in utter nakedness,
Making the cold reality too real!

8.

A change came o'er the spirit of my dream.—
The wanderer was alone as heretofore,
The beings which surrounded him were gone,

(*) A l'époque où lord Byron composa ceci, miss Ch** avait effectivement perdu l'usage de la raison, qu'elle a recouvré depuis.

CHAPITRE ONZIÈME. 285

qui l'avaient entouré n'existaient plus, ou étaient en guerre avec lui. Il était en butte à l'opprobre et à la désolation, entouré de haine et de troubles : la douleur se mêlait à tout; semblable au monarque de Pont, des anciens jours, il se nourrit de poisons, jusqu'à ce qu'ils n'eussent plus de puissance, et qu'ils fussent devenus pour lui une sorte d'aliment. Il vivait de ce qui aurait donné la mort aux autres hommes : il s'était fait ami des montagnes; il n'avait d'entretien qu'avec les étoiles et le vivant Esprit de l'Univers; et ils lui enseignèrent l'art magique de leurs mystères; le livre ténébreux de la nuit s'ouvrit pour lui; et des voix sorties du sombre abîme lui révélèrent une merveille et un secret.

Or were at war with him; he was a mark
For blight and desolation, compass'd round
With Hatred and Contention; Pain was mix'd
In all which was served up to him, until
Like to the Pontic monarch of old days,
He fed on poisons, and they had no power,
But were a kind of nutriment; he lived
Through that which had been death to many men,
And made him friends of mountains : with the stars
And the quick Spirit of the Universe
He held his dialogues; and they did teach
To him the magic art of their mysteries;
To him the book of Night was opened wide,
And voices from the deep abyss reveal'd
A marvel and a secret—Be it so!

IX.

« Mon rêve était fini. Il ne survint plus aucun autre changement. Il est étrange que le sort de ces deux êtres me fût ainsi tracé comme une réalité. L'un finissant par la folie ; tous deux par la douleur. »

9.

My dream was past; it had no further change.
It was of a strange order, that the doom
Of these two creatures should be thus traced out
Almost like a reality—the one
To end in madness—both in misery.

CHAPITRE XII.

INFLUENCE DES MŒURS DE VENISE SUR LE GÉNIE DE LORD BYRON. — BEPPO. — DE LA PLAISANTERIE ANGLAISE, COMPARÉE A LA NÔTRE.—DE LA SATIRE CHEZ LES ANGLAIS. — LES DEUX PREMIERS CHANTS DE DON JUAN. — DISPUTE LITTÉRAIRE SUR POPE. — DÉCLARATION DE LORD BYRON EN FAVEUR DE LA LITTÉRATURE CLASSIQUE.

Venise est la patrie de la mollesse et de l'oisiveté : la chaleur du climat, le vent, appelé *sirocco*, qui règne tout l'été, abattent et affaiblissent. On tombe dans l'apathie. Ces palais majestueux dont les habitans, déchus de leur grandeur passée, ne sont plus que les ombres des anciens nobles Vénitiens ; les gondoles qui glissent mystérieusement sur les canaux ; cette population qui se meut sans bruit : tout réduit l'existence à un demi sommeil. La contagion des mauvaises habitudes, des mauvaises mœurs, de l'indolence et de la volupté, y est insensible et rapide. L'air qu'on respire est empoisonné ; les exemples qui se multiplient sous les yeux sont corrupteurs. Tout invite au plaisir : tout assiège l'âme. Il n'y a d'activité que dans les passions. Pressé de toutes parts par cette pernicieuse influence, lord Byron ne put s'y soustraire : il s'opéra en lui un changement très remarquable. Il avait vu la vie de son côté sévère et désolant ; tout-à-coup, elle lui apparut sous un autre aspect. Ce n'était pas qu'il trouvât la vertu plus commune, les hommes plus estimables; mais il sembla se reprocher d'avoir pris au sérieux ce qui n'était que ridicule : il se mit à étudier le côté plaisant des caractères et des événemens ; et il trouva partout des sujets d'ironie. Il conçut alors le projet d'écrire Don Juan, et débuta dans le genre burlesque, par *Beppo*, critique très spirituelle des mœurs vénitiennes. Cependant il ne faudrait pas juger cette production d'après le goût français.

La plaisanterie anglaise diffère essentiellement de la nôtre : tout-à-fait bouffonne, ou satirique avec amertume, elle atteint rarement un juste milieu. C'est surtout dans le comique d'une nation qu'on retrouve l'influence de la société, et cette influence est infiniment moins grande en Angleterre qu'en France. Aussi l'esprit anglais est-il moins fin, moins aiguisé, moins pénétrant que le nôtre : sa plaisanterie est lourde, ou acérée comme un poignard. Les Anglais ont cependant un genre de gaîté à eux qu'ils nomment *humour*, et dont nous n'aurons jamais qu'une idée fort incomplète, parce qu'elle consiste dans des observations piquantes rendues avec une sorte de verve, et un bonheur d'expressions qu'on ne pourrait reproduire en français. Il en est de même du charmant esprit de Lafontaine, de Molière, de l'ironie piquante de Piron : les mots les plus spirituels de ce dernier deviennent nuls et insignifians dès qu'on essaie de les traduire. J'en ai quelquefois vu cités en anglais dont tout le sel s'était évaporé : on n'y retrouvait rien, absolument rien. Cela se conçoit facilement des jeux de mots, des calembourgs, des équivoques ; mais on a peine à comprendre que les idées ne puissent se rendre dans toutes les langues ; l'expérience prouve le contraire.

Les sources du comique sont si variées, l'effet en est si incertain, si fugitif, qu'il est impossible de les définir d'une manière précise. Je crois pourtant qu'on peut distinguer dans la haute comédie deux genres de gaîté, celle de l'esprit et celle du génie : Regnard avait l'une, Molière possédait l'autre au suprême degré. La première naît d'une observation fine des ridicules de la vanité, ou de la société du jour exprimée avec une spirituelle ironie, et par un tour neuf et plaisant. Le dialogue est vif, semé de mots heureux : l'observateur est toujours en scène. Il peint ce qu'il a vu en y mettant son empreinte satirique. La seconde, fondée sur une connaissance approfondie du cœur humain, traduit la nature avec naïveté. Après avoir préparé les voies à ses personnages, l'auteur semble les livrer à eux-mêmes et disparaître entièrement. Tout ce qu'ils disent alors est nécessaire à l'action, et comme la suite naturelle de ce qui a précédé. Les phrases sont simples, les mots sont ordinaires, mais si bien amenés, si fort en harmonie avec la situation, qu'ils produisent beaucoup plus d'effet que les saillies les plus vives : tout se passe de même que dans la vie réelle, peut-être un peu plus fortement accentué, et le spectateur tire les conclusions des faits qu'on lui présente.

Les Anglais, plus souvent en présence d'eux-mêmes que les Français, étudient plus le *dedans* que le dehors; aussi n'ont-ils point d'adresse pour mettre leurs personnages en scène. Ils les analysent comme un instrument dont on expliquerait le mécanisme, au lieu d'en faire entendre les sons. Cette anatomie est mortelle à la gaîté : elle ne peut point produire des êtres vrais et vivans. Ils sont, en général, peu sensibles aux charmes de la haute comédie. Ils préfèrent la plaisanterie forte, et quelquefois grossière, de leurs *farces*, car c'est le nom qu'ils donnent à la plupart de leurs petites pièces populaires, à l'esprit fin et brillant de Shéridan dans l'*École du Scandale*.

Cependant Shakespeare, à force d'observer la nature, y a puisé d'admirables inspirations. Le caractère de Falstaff, le plus spirituel et le plus gai des bons vivans, est un chef-d'œuvre. Celui de Béatrice, dans *Much ado about nothing*, a une verve de jeunesse, de folie et de malice, à laquelle nous n'avons rien de comparable. La gaîté amère et triste du fou du roi Léar est une autre conception sublime. Quant aux ignobles bouffonneries que nous reprochons en France à Shakespeare, on sait que la plupart étaient introduites dans ses pièces par des acteurs qui se hasardaient à improviser en style des halles : quand le public, dont le goût était encore peu formé, applaudissait à ces parades, on les conservait. Les commentateurs ont essayé de les reconnaître et de les désigner par quelques guillemets, dans plusieurs éditions; mais il est bien difficile d'assigner d'une manière précise, leur commencement et leur fin, parce que Shakespeare qui était à-la-fois acteur et poète, ayant doublement besoin de la faveur du parterre, cherchait à se la concilier par les plaisanteries alors à la mode. Du reste, ce que j'ai dit du comique des Anglais ne peut s'appliquer à ce grand homme qui, dans ses belles productions n'écrit pas pour l'Angleterre, mais pour le monde entier : son génie n'a point l'empreinte ou le vernis de son siècle quoique ses expressions l'aient quelquefois.

Parmi les romans anglais qui prétendent à la gaîté, il faut citer d'abord *Tom Jones*, critique de mœurs vraie, faite avec beaucoup d'observation et de finesse, et dont l'intrigue est un chef-d'œuvre d'unité. Certains écrits de Smollet me semblent se rapprocher un peu de ceux de Pigault-Lebrun, pour la licence du langage et le burlesque des situations. Les aventures de Roderick Random sont imitées de Gilblas; mais il s'en faut qu'elles approchent du modèle. L'esprit ne s'y montre pas à chaque mot, à chaque ligne, comme dans l'amère satyre des vicieux, des fripons et des dupes. En accordant au talent de Le Sage une admiration bien méritée, j'avoue qu'au lieu de m'égayer, son livre m'afflige. Je ne puis me résoudre à voir la nature humaine sous un aspect si méprisable. Je me fatigue de cette longue galerie de personnages ridicules ou corrompus. Au reste, j'ai ouï dire, et je le crois, que les femmes étaient fort mauvais juges du mérite de Gilblas. Il faut avoir étudié la vie sous toutes ses faces, il faut avoir vécu dans toutes les sociétés, pour sentir l'affligeante vérité de ces tableaux.

Dans un pays libre comme l'Angleterre, le satyrique a une fonction plus noble que celle de peindre les ridicules, il s'attaque aux vices des puissans du jour, et lance ses épigrammes aussi haut et aussi loin qu'elles peuvent aller. Il est souvent l'organe de tout un peuple; aussi sa plaisanterie a-t-elle quelque chose de fort et de menaçant qui ne permet pas un rire bien sincère. On entend gronder sourdement l'opinion publique derrière les vers du poète ; et cela prête, même au burlesque, une sorte de grandeur et de solennité. Plusieurs ouvrages de Moore, et quelques passages de Don Juan, sont, dans ce genre, des modèles de hardiesse et d'esprit.

Ce fut à Venise que lord Byron composa les deux premiers chants de ce poème. A cette époque, il allait beaucoup plus dans le monde : sa conduite se ressentait du changement arrivé dans ses inspirations. Il recherchait la société, quoiqu'en gardant toujours la prétention de la fuir. Il se montra dans quelques assemblées et même aux bals. Sa réputation d'homme de génie, le mystère dont il aimait à s'envelopper, et qui était un aiguillon de plus pour la curiosité, lui valurent de brillans succès. La molle Italie, son peuple sensitif, triomphèrent un moment de sa misanthropie : il sembla prendre le plaisir pour idole ; il s'ennuya d'être seul au milieu de la foule; et il rentra de nouveau dans le tourbillon qu'il avait fui ; mais il n'y trouva pas le bonheur. La gaîté de Don Juan résonne creux : ce n'est point le rire de la joie, mais de l'étourdissement. Jusque-là, lord Byron avait regardé le monde avec amertume et dédain. Il avait vu dans l'homme un roi détrôné, une étoile tombante qui tient encore au ciel par une traînée lumineuse ; mais dans un pays effacé, au milieu de ruines immenses, il oublia la dignité humaine. Importuné d'une joie qu'il ne partageait pas, il voulut rire aussi, et sa noble physionomie se contracta du rire sardonique de Voltaire ; mais il souffre encore plus dans sa gaîté que dans sa tristesse. On sent qu'il voudrait se persuader que la sagesse est de jouir de tout avec insouciance, et qu'il ne peut y parvenir. Son âme, qu'il essaie d'étouffer, revient de toutes parts. Il y a une profonde amertume, et quelquefois des larmes, au fond de cette continuelle ironie. On serait tenté de croire qu'il veut obliger les hommes à se relever à force de mépris. Il tourne autour d'un caractère ou d'une situation, comme pour en saisir tous les aspects petits et ridicules : il vous les montre, et lorsque vous le croyez occupé à en rire avec vous, un cri de souffrance lui échappe (*).

Cette gaîté, qui cache un abîme de douleur, fait un mal affreux. Les saillies de Don Juan ressemblent à des fleurs dont on aurait entouré une couronne d'épines : on devine que le front qui la porte en est ensanglanté.

Souvent aussi, comme dans Childe Harold, le

(*) La joie de lord Byron me rappelle le chant rimé et bizarre d'une vieille mendiante, qui parcourait les rues de Paris, il y a deux ou trois ans, en demandant :
> Des verres cassés,
> Et des écus rognés.

La marquise de ******* la voyant entrer dans la cour de son hôtel, lui dit d'un ton demi-niais, demi-goguenard, « Qui vous a donc appris cette belle chanson, la femme ? » — « La misère ! »

Ce mot m'a toujours paru sublime par son accent et sa vérité.

poète s'abandonne à des divagations, et sort de son sujet pour revenir à lui; c'est alors qu'on peut juger de l'état réel de son âme.

CCXIII.

« Je n'ai que trente ans, et mes cheveux sont gris. (Je n'imagine pas ce qu'ils seront à quarante. L'autre jour je pensais à prendre perruque.) Mon cœur n'est pas beaucoup plus jeune. En un mot, j'ai prodigué tout mon été dans le beau mois de mai, et je ne me sens plus le courage de retourner en arrière; j'ai dépensé ma vie, intérêt et principal, et je ne crois plus comme autrefois, que mon âme soit invincible.

CCXIV.

« Non, plus jamais, jamais en moi ne renaîtra la fraîcheur du cœur. Bienfaisante rosée! qui puise dans tout ce que nous voyons d'aimable, des émotions

---

213.

But now at thirty years my hair is gray—
    (I wonder what it will be like at forty?
I thought of a peruke the other day)
    My heart is not much greener; and, in short, I
Have squander'd my whole summer while 'twas May,
    And feel no more the spirit to retort; I
Have spent my life, both interest and principal,
And deem not, what I deem'd, my soul invincible.

214.

No more—no more—Oh! never more on me
    The freshness of the heart can fall like dew,

douces et nouvelles. Trésor de notre sein semblable à celui de l'abeille, penses-tu que le miel croît avec ces objets? Hélas! non, il n'est pas en eux. La puissance seule de l'âme peut doubler jusqu'aux parfums d'une fleur.

CCXVII.

. . . .

« Aujourd'hui, je dis comme la Tête de bronze du moine Bacon : « *Le temps est, le temps fut, le temps n'est plus.* » La jeunesse brillante est un trésor que j'ai dépensé de bonne heure. Les passions ont usé mon cœur, et les rimes ont usé ma tête.

CCXXIII.

« A quoi vient aboutir la gloire? A couvrir une certaine quantité de papier dont le sort est incertain.

Which out of all the lovely things we see
    Extracts emotions beautiful and new,
Hived in our bosoms like the bag o' the bee :
    Think'st thou the honey with those objects grew?
Alas! 'twas not in them, but in thy power
To double even the sweetness of a flower.

217.

. . . .

Now, like Friar Bacon's brazen head, I've spoken,
    « Time is, Time was, Time's past, » a chymic treasure
Is glittering youth, which I have spent betimes—
My heart in passion, and my head on rhymes.

218.

What is the end of fame? 'tis but to fill
    A certain portion of uncertain paper :

CHAPITRE DOUZIÈME.

Quelques-uns comparent ce travail à la fatigue de gravir une colline dont le sommet, comme celui de toutes les montagnes, se perd dans la vapeur. C'est pour cela que les hommes écrivent, parlent, prêchent, que les héros tuent, et que les poètes allument ce qu'ils nomment « leur lampe de minuit : » pour avoir, quand l'original sera réduit en poussière, un nom, un méchant portrait et un buste encore pire.

CCXIX.

« Que sont les espérances de l'homme? Chéops, roi de la vieille Égypte, éleva la première et la plus haute pyramide, pensant que c'était justement ce qu'il fallait pour conserver sa mémoire toute entière et cacher sa momie; mais quelque curieux fouillant dans la

---

Some liken it to climbing up a hill,
    Whose summit, like all hills, is lost in vapour;
For this men write, speak, preach, and heroes kill,
    And bards burn what they call their « midnight taper, »
To have, when the original is dust,
A name, a wretched picture, and worse bust.

219.

What are the hopes of man? old Egypt's King
    Cheops erected the first pyramid
And largest, thinking it was just the thing
    To keep his memory whole, and mummy hid;
But somebody or other rummaging,

poussière, brisa le dessus du cercueil. N'espérons ni vous ni moi, survivre dans un monument, puisqu'il ne reste pas une pincée des cendres de Chéops. »

On a comparé Don Juan aux romans philosophiques de Voltaire, mais le sentiment qui a dicté ces ouvrages est bien loin d'être le même. C'est avec une joie maligne et presque infernale que Voltaire passe en revue les misères de la nature humaine. Il en éprouve une sorte de contentement; il en fait un marche-pied pour s'élever; on croirait voir un méchant démon, se réjouissant au milieu des ruines, et narguant les dieux du temple qu'il a détruit. Il se sépare avec soin de la masse qu'il tourne en ridicule, et quand il veut s'appitoyer sur les erreurs et les maux dont il a ri, il n'est qu'un philanthrope hypocrite. On reconnaît dans ses déclamations le même homme qui se mettait au lit le jour de la Saint-Barthélemy et qui avait régulièrement un accès de fièvre en commémoration de cette funeste époque. Tout son esprit ne put le préserver d'un charlatanisme aussi ridicule.

Lord Byron, au contraire, au lieu d'affecter la sensibilité, affiche une coupable insouciance,

---

Burglariously broke his coffin's lid :
Let not a monument give you or me hopes
Since not a pinch of dust remains of Cheops.

mais à chaque instant il trahit une douleur qu'il s'efforce de cacher. Il sympathise comme malgré lui avec ceux dont il veut se moquer. Il a beau avoir recours à des images odieuses, à des plaisanteries indécentes, dès qu'il peint la souffrance morale, on voit qu'il l'a sentie. Son style redevient sombre et sévère comme dans la catastrophe du naufrage, au commencement du second chant.

XLIX.

« C'était pendant le crépuscule, car le jour s'était écoulé sans soleil au-dessus du vaste abîme des flots. Les ténèbres de la nuit, semblables à un voile qui nous cache la figure courroucée d'un ennemi qui nous hait, dérobaient la vue du ciel aux malheureux naufragés. Le front pâle, et le désespoir dans les yeux, ils contemplaient la mer sombre et déserte. Depuis douze jours ils étaient familiarisés avec la terreur, mais aujourd'hui c'est la mort qui s'offre à eux.

49.

Twas twilight, for the sunless day went down
   Over the waste of waters; like a veil,
Which, if withdrawn, would but disclose the frown
   Of one who hates us, so the night was shown,
And grimly darkled o'er their faces pale,
   And hopeless eyes, which o'er the deep alone
Gazed dim and desolate; twelve days had Fear
Been their familiar, and now Death was here.

L.

« Ils avaient essayé de construire un radeau, faible espérance dans une mer si orageuse. C'était une machine si grossière et si imparfaite qu'ils en eussent ri eux-mêmes, si dans de pareils momens il pouvait exister un autre rire que celui des forcenés que la boisson enivre, et qui se livrent à une joie effrayante et sauvage, demi-épileptique et demi-convulsive. Un miracle seul eût pu les sauver.

LI.

« A huit heures et demie, les mâts, les vergues, les poulaillers, les planches, enfin tout ce qui pouvait offrir une chance de salut aux malheureux ma-

---

50.

Some trial had been making at a raft,
   With little hope in such a rolling sea,
A sort of thing at which one would have laugh'd,
   If any laughter at such times could be,
Unless with people who too much have quaff'd,
   And have a kind of wild and horrid glee,
Half epileptical, and half hysterical :—
Their preservation would have been a miracle.

51.

At half-past eight o'clock, booms, hencoops, spars,
   And all things, for a chance, had been cast loose,
That still could keep afloat the struggling tars,

CHAPITRE DOUZIÈME. 301

telots et leur aider à se soutenir sur les vagues, fut jeté au large, car ils luttaient encore malgré l'inutilité de leurs efforts. Quelques étoiles brillaient au ciel et répandaient une faible clarté. Les bateaux s'éloignèrent, surchargés de monde. Le vaisseau pencha sur le côté, fit comme un faux-bond, et donnant de l'avant, s'engloutit enfin.

LII.

« Alors s'éleva de la mer jusqu'aux cieux le cri terrible du dernier adieu. Les hommes timides poussèrent des gémissemens, ceux qui étaient plus braves demeurèrent immobiles; quelques-uns sautèrent dans les vagues avec un hurlement épouvantable, comme pour aller au-devant de la mort. La mer s'entr'ouvrit semblable à un gouffre infernal, et le vaisseau entraîna

---

For yet they strove, although of no great use :
There was no light in heaven but a few stars,
   The boats put off o'ercrowded with their crews;
She gave a heel, and then a lurch to port,
And, going down head foremost—sunk, in short.

52.

Then rose from sea to sky the wild farewell,
   Then shriek'd the timid, and stood still the brave,
Then some leap'd overboard with dreadful yell,
   As eager to anticipate their grave;
And the sea yawn'd around her like a hell,

après lui la vague tourbillonnante. Tel on voit le vaincu s'attacher à son ennemi, et s'efforcer de l'étrangler avant de mourir.

LIII.

« D'abord il s'éleva un cri universel plus bruyant que le choc des vagues, semblable au coup de la foudre qui tombe. Puis tout fut silencieux. On n'entendit plus que les sifflemens du vent et le mugissement de l'impitoyable Océan. Par intervalle un mouvement convulsif agitait la surface de la mer, et il en sortait un cri solitaire, un cri à demi-étouffé par l'eau, annonçant la dernière agonie de quelque robuste nageur (*). »

And down she suck'd with her the whirling wave,
   Like one who grapples with his enemy,
And strives to strangle him before he die.

53.

And first one universal shriek there rush'd,
   Louder than the loud Ocean, like a crash
Of echoing thunder; and then all was hush'd,
   Save the wild wind and the remorseless dash
Of billows; but at intervals there gush'd,
   Accompanied with a convulsive splash,
A solitary shriek, the bubbling cry
   Of some strong swimmer in his agony.

(*) Ce tableau d'une effrayante vérité est puisé en partie dans le récit des Aventures du grand-père de lord Byron, l'honorable John Byron, qui entra dans la marine comme *midshipman*, ou aspirant, en 1737 ou 1738, et qui fut fait amiral en 1775. Sa carrière fut remplie de dangers; il fit plusieurs fois naufrage.

Malheureusement ce qui suit n'est pas du même style. Le poète s'efforce de plaisanter sur le sort de Don Juan et de ses compagnons réduits à se nourrir de chair humaine et à s'entre-dévorer. Ce mélange de férocité et de licence fait horreur, et on jetterait le livre avec dégoût, sans l'épisode des deux pères qui a l'accent d'un profond désespoir.

LXXXVII.

« Parmi cette troupe blême et hideuse étaient deux pères qui chacun avaient un fils. L'un était plus robuste et en apparence plus capable de supporter la fatigue, mais il mourut bientôt. Et lorsqu'il eut expiré, son plus proche camarade avertit son père, qui le regarda et dit : « Que la volonté du ciel soit faite! Je n'y puis rien! » Il vit jeter le cadavre dans l'abîme sans verser une larme et sans pousser un gémissement.

***

87.

There were two fathers in this ghastly crew,
   And with them their two sons; of whom the one
Was more robust and hardy to the view,
   But he died early; and when he was gone,
His nearest messmate told his sire, who threw
   One glance on him, and said, « Heaven's will be done
« I can do nothing, » and he saw him thrown
   Into the deep without a tear or groan.

LXXXVIII.

« L'autre père avait un fils plus faible et plus jeune. Son teint était doux et uni, ses formes délicates. L'adolescent résista long-temps. Son courage patient et résigné retarda son sort; il parlait peu, et souriait de moment en moment, comme pour alléger le poids qu'il voyait s'amasser sur le cœur de son père accablé par la pensée mortelle qu'il fallait se quitter.

LXXXIX.

« Son père se courba sur lui, il ne détacha plus ses yeux de son visage; il essuyait l'écume qui souillait ses lèvres décolorées, et le regardait toujours fixement. Et lorsque la pluie tant desirée vint enfin, les yeux

---

88.

The other father had a weaklier child,
    Of a soft cheek, and aspect delicate;
But the boy bore up long, and with a mild
    And patient spirit held aloof his fate;
Little he said, and now and then he smiled,
    As if to win a part from off the weight
He saw increasing on his father's heart,
With the deep deadly thought, that they must part.

89.

And o'er him bent his sire, and never raised
    His eyes from off his face, but wiped the foam
From his pale lips, and ever on him gazed,
    And when the wish'd-for shower at length was come,

du jeune homme déjà vitreux et à demi-voilés, brillèrent un moment; son regard parut errer. Le père exprima quelques gouttes de pluie dans la bouche de son fils mourant : mais en vain!

XC.

« Le jeune homme expira. Le père soutenait le cadavre, il le regarda long-temps, et lorsqu'enfin la mort ne lui laissa plus de doutes, lorsque ce fardeau glacé pesa sur son cœur, lorsqu'il n'y eut plus ni espérance, ni souffle, il continua encore à le veiller, avec anxiété, jusqu'à ce que le corps fût emporté au loin par la vague tumultueuse : alors lui-même tomba muet et frissonnant, et il ne donna plus d'autre signe de vie que le tressaillement convulsif de ses membres. »

And the boy's eyes, which the dull film half glazed,
   Brighten'd, and for a moment seem'd to roam,
He squeezed from out a rag some drops of rain
Into his dying child's mouth—but in vain.

90.

The boy expired—the father held the clay,
   And look'd upon it long, and when at last
Death left no doubt, and the dead burthen lay
   Stiff on his heart, and pulse and hope were past,
He watch'd it wistfully, until away
   'Twas borne by the rude wave wherein 'twas cast;
Then he himself sunk down all dumb and shivering,
And gave no sign of life, save his limbs quivering.

Les deux premiers chants de Don Juan furent publiés en Angleterre sans nom d'auteur. Ils y excitèrent une grande indignation. On accusa lord Byron d'avoir fait dans dona Inez le portrait d'une personne de sa famille dont il avait eu à se plaindre. Les gens qui se récriaient sur la ressemblance étaient peut-être plus mal intentionnés que le poète. Cependant on ne saurait nier le rapport qui existe entre certains passages du poème, et certaines circonstances de la vie de lord Byron.

XXIII.

« Don Jose et sa femme se querellèrent. *Pourquoi?* C'est ce qu'on ne put deviner, quoique plus de mille personnes essayèrent d'en découvrir la cause. Sûrement ce n'était ni leur affaire, ni la mienne. Je déteste le vice ignoble de la curiosité, mais s'il y a quelque chose où je brille, c'est à arranger toutes les affaires de mes amis, n'ayant pour ma part aucun souci domestique.

. . . .

23.

Don Jose and his lady quarrell'd—*why*,
   Not any of the many could divine,
Though several thousand people chose to try,
   'Twas surely no concern of theirs nor mine;
I loathe that low vice curiosity,
   But if there's any thing in which I shine
'Tis in arranging all my friends' affairs,
Not having, of my own, domestic cares.

. . . .

XXVI.

« Don Jose et dona Inez menèrent pendant quelque temps un assez triste genre de vie, souhaitant non le divorce, mais la mort l'un de l'autre; ils vivaient d'une manière respectable comme mari et femme; leur conduite était celle de gens très *comme il faut*. Aucun signe ne trahissait au-dehors les querelles de leur intérieur. Mais enfin le feu étouffé éclata et mit toute l'affaire hors de doute.

XXVII.

« Car Inez assembla quelques apothicaires et quelques médecins pour leur prouver que son cher époux avait le cerveau fêlé; mais comme il eut quelques in-

---

26.

Don Jose and the Donna Inez led
   For some time an unhappy sort of life,
Wishing each other, not divorced, but dead;
   They lived respectably as man and wife,
Their conduct was exceedingly well-bred,
   And gave no outward signs of inward strife,
Until at length the smother'd fire broke out,
   And put the business past all kind of doubt.

27.

For Inez call'd some druggists and physicians,
   And tried to prove her loving lord was *mad;*
But as he had some lucid intermissions,

tervalles lucides, elle se décida ensuite à dire qu'il n'était que méchant, et cependant, quand on lui demanda ses preuves, on ne put obtenir d'elle aucune explication, sinon que son devoir envers Dieu et son prochain lui faisait une loi de se conduire ainsi, ce qui parut très bizarre.

XXVIII.

« Elle tenait un journal, où les fautes de son mari étaient inscrites, elle ouvrit certaines malles remplies de livres et de lettres, qu'on pouvait citer au besoin. D'ailleurs tout Séville était dans le complot, etc. »

. . . .

Une raison pour croire que ces vers étaient dictés par la vengeance, c'est que lord Byron n'ignora point la sensation qu'ils avaient produite, et que

---

She next decided he was only *bad*;
Yet when they ask'd her for her depositions,
No sort of explanation could be had,
Save that her duty towards man and God
Required this conduct—which seem'd very odd.

28.

She kept a journal, where his faults were noted,
And open'd certain trunks of books and letters,
All which might, if occasion served, be quoted;
And then she had all Seville for abettors,

. . . .

dans les chants qu'il fit paraître plus tard, il ne démentit pas le sens qu'on y avait attaché. Quoi qu'il en soit, il est triste de voir ce grand homme s'abandonner à d'odieuses personnalités, surtout après le premier délire de la passion et de la colère. Malgré l'extraordinaire magie de poésie, la variété de sensations et d'images, le charme des descriptions qu'on trouve dans Don Juan, j'avoue que ce poème me semble une éclipse du génie de lord Byron. J'entends par génie cette voix de l'âme qui ne nous parle que de hauts et grands intérêts, qui ne saurait descendre à rien de bas, qui ne s'allie qu'à une grande force morale, et qui est l'interprète de tout ce qu'il y a en nous de divin. Dans les premiers écrits de lord Byron, elle n'est pas toujours pure, elle se mêle trop souvent aux cris des passions; mais elle est presque muette dans Don Juan, ou du moins elle ne se fait entendre que de loin en loin, et encore affaiblie par des railleries amères.

Peu de temps après la publication de cet ouvrage, lord Byron prit partie dans une dispute littéraire occasionnée par une édition des œuvres de Pope, dont le révérend M. Bowles, ecclésiastique protestant, s'était fait éditeur. Il l'avait augmentée de réflexions critiques, et d'une biographie dans laquelle il accusait Pope d'immoralité, et donnait au public des détails jusqu'alors inconnus sur ses lettres à Martha Blount, et sur sa vie privée. Il posait ensuite comme principes invariables de poésie, que « toutes les images tirées de ce qui est beau ou sublime dans tous les ouvrages de la nature, sont plus belles et plus sublimes que les images tirées de l'*art*, et qu'en conséquence elles sont en elles-mêmes plus poétiques. » Jugeant la poésie de Pope, d'après cet axiôme, M. Bowles prononce qu'elle tient plus de l'art que de la nature. Cette décision, qui se rattachait aux différences qu'on veut établir entre le classique et le romantique, trouva un adversaire dans Campbell, auteur des Plaisirs de l'Espérance, dont le style pur, noble et châtié, appartient à l'école de Pope. Dans une défense de ce poète qui précède *les specimens de la poésie anglaise*, il entreprit de réfuter la doctrine de M. Bowles. Il donna pour exemple de la supériorité de l'art sur la nature, l'image d'un vaisseau prêt à être lancé à la mer. Son antagoniste répondit qu'un vaisseau n'aurait rien du tout de poétique sans la puissance active et imposante des vents et des vagues. Au milieu de la chaleur de la dispute, le nom de lord Byron fut cité comme autorité. Il s'était déjà élevé avec fureur contre l'édition de Pope, dans les Bardes anglais et les critiques écossais. (*)

Le ton dogmatique et positif de M. Bowles, dans sa controverse avec M. Campbell, plus encore, je crois, que ses principes, impatienta lord Byron,

---

(*) Voyez les notes.

et, le 7 février 1821, il adressa de Ravenne, où il était alors, une longue lettre à M. Murray, en l'autorisant à la faire imprimer. Elle est fort curieuse. Il y défend Pope avec beaucoup de chaleur et soutient qu'il ne faut juger un homme que par *l'ensemble de sa vie*, et non par *quelques faits isolés* qu'envenime encore la médisance, toujours acharnée contre le talent. Il attaque avec force la prétendue moralité de la nation anglaise (*). « Le fait est, dit-il, que de nos jours le grand « *primum mobile* » de l'Angleterre est un jargon hypocrite qu'on applique à la politique, à la poésie, à la religion, à la morale, mais qui est toujours le même multiplié sous toutes les formes. C'est la mode, et tant qu'elle durera elle sera suivie par ceux qui ne peuvent exister qu'en prenant le ton du jour. Je dis *jargon*, parce que c'est une chose toute de mots sans la plus légère influence sur les actions humaines : les Anglais n'étant ni plus sages, ni meilleurs, mais beaucoup plus pauvres et plus divisés entre eux, depuis le règne de ce décorum verbal. »

Il passe à l'examen de la doctrine littéraire de M. Bowles, et s'emparant de l'image de Campbell, il affirme que le poétique d'un vaisseau ne dépend

---

(*) « The truth is that in these days the grand *primum mobile*, of England is *cant*; cant political, cant poetical, cant religious, cant moral; but always cant multiplied through all the varieties of life. (1)

(1) Johnson définissait le mot *cant* « une prétention à la bonté, exprimée par des doléances, en langage affecté et de convention. »

point des vagues; qu'au contraire un vaisseau de ligne prête sa poésie aux eaux, et augmente celle qu'elles peuvent avoir. « Je ne nie pas, dit-il, que les vents et les vagues, et par dessus tout, le soleil, ne soient extrêmement poétiques, nous le savons à nos dépens par la foule de descriptions qu'on en a données en vers; mais si les vagues ne portaient sur leur sein que de l'écume, si les vents ne poussaient vers le rivage que des algues marines, si le soleil ne brillait ni sur des pyramides, ni sur des flottes, ni sur des forteresses, ses rayons seraient-ils également poétiques? Je ne le crois pas: la poésie est au moins réciproque. » Par suite du même système, lord Byron blâme une observation immédiate de la nature dans le peintre et dans le poète, et cependant combien l'imitation vraie ne nous ravit-elle pas? Mais il faut y sentir l'âme du poète ou du peintre. Il faut voir les objets à travers les sensations qu'ils ont éveillées : elles ne doivent pas se raconter, mais circuler partout, animer tout comme par enchantement. Une copie froide et servile serait insupportable en peinture comme en poésie. Il y a aussi un choix à faire dans tout ce qui s'offre à l'observation; mais ce choix fait, pourquoi ne pas chercher à reproduire avec vérité ce qui a plu? A force d'idéaliser la nature on lui ôte sa grâce et sa liberté.

Lord Byron veut que la présence de l'homme,

ou des arts qu'il a créés, ajoute à la poésie des merveilles du monde. Je crois cette association nécessaire pour éveiller plus d'intérêt; mais assurément rien ne peut égaler les beautés poétiques d'un orage, des montagnes, de l'océan. Le poète est ici en opposition avec ses propres écrits. Quoi de plus poétique, par exemple, que la description de l'orage sur le lac Léman dans Childe Harold? Elle ne le cède pas à celle-ci que lord Byron donne à l'appui de ses argumens.

« Je me regarde, dit-il, comme ayant le droit de parler de choses maritimes, du moins à des poètes. Peut-être qu'à l'exception de Walter Scott, de Moore et de Southey, qui ont tous voyagé, j'ai fait plus de milles *à la nage* que n'en ont jamais fait sur un vaisseau tous les poètes anglais vivans. J'ai passé des mois entiers à bord; et pendant tout le temps que j'ai habité en pays étrangers, à peine ai-je perdu de vue l'océan pendant vingt jours. De plus j'ai été élevé depuis deux ans jusqu'à neuf sur le bord de la mer. Je me rappelle qu'en 1810, étant à bord d'une frégate anglaise qui avait jeté l'ancre à quelque distance du cap Sigée, il s'éleva au coucher du soleil un coup de vent si violent que nous crûmes que le cable se romprait, et que le vaisseau abandonnerait le lieu de son mouillage. M. Hobhouse, moi et quelques officiers, nous avions remonté le détroit des Dardanelles jusqu'à Abydos, et nous venions d'arriver à temps. Le spectacle d'une tempête dans l'Archipel est aussi poétique que possible, les lames étant courtes, rapides et dangereuses, et la navigation difficile et coupée par les îles et par les courans. Le cap Sigée, les *tumuli* de la Troade, Lemnos, Ténédos, ajoutaient leurs associations à la solennité du moment. Mais ce qui me parut alors plus *poétique* que tout le reste, c'était une quantité (il y en avait environ deux cents) d'embarcations grecques et turques, qui, chassées de leurs ancrages peu sûrs, manœuvraient contre le vent, les unes se dirigeant vers Ténédos, d'autres vers les îles plus éloignées, d'autres vers le large, et quelques-unes peut-être vers l'éternité. La vue de ces petits navires luttant contre le vent, sillonnant l'écume au milieu du crépuscule, tantôt paraissant, tantôt disparaissant entre les vagues dans l'ombre de la nuit, et dont les voiles, d'un *blanc* de neige (*), effleuraient l'eau avec autant de vitesse, mais moins de sécurité, que les mouettes qui planaient au-dessus; leur évidente détresse, leurs groupes successifs, la distance qui les faisait apparaître comme autant de petites taches blanches et mobiles, leur *petitesse*, comparée à la puissance du gigantesque élément contre lequel ils se débattaient, et qui faisait craquer la charpente de notre robuste frégate : leur aspect et leurs manœuvres, tout me frappa comme beaucoup plus poétique que n'auraient pu l'être sans eux une vaste mer en fureur et les vents mugissans. »

(*) Les voiles du Levant ne sont pas de grosses toiles, mais de coton blanc.

Tout ce récit est admirable, mais ne pourrait-on pas retourner l'argument de lord Byron? N'est-ce pas le danger? Ne sont-ce pas les vents et les vagues qui prêtaient tant de poésie aux vaisseaux? Il me semble qu'un objet d'art ne nous émeut et ne nous charme qu'autant que nous y associons l'idée de ses rapports avec la nature, ou avec la pensée de l'homme. Ainsi les débris d'un naufrage ont de la poésie, parce qu'ils nous rappellent les vagues, la tempête et les dangers qui nous menacent. Un vaisseau sur le chantier peut encore nous intéresser parce que nous songeons aux passagers qu'il transportera au bout du monde, aux pays qu'il visitera, aux orages qui l'attendent. Mais pour avoir toute sa poésie, pour compléter en quelque sorte nos sensations, il faut qu'il soit sur la mer, qu'il marche les voiles déployées, ses banderolles flottantes, fendant l'onde avec sa proue, et laissant derrière lui une traînée d'écume. Un ballon n'est poétique que pour l'imagination tant qu'on le voit à terre, mais s'il s'élève jusque dans les nuages, s'il passe au-dessus de nous emporté par le vent, alors il devient pittoresque et poétique pour nos yeux. Il faut être penseur pour être ému par un objet d'art isolé de l'élément ou des lieux auxquels on le destine, mais une fois rendu à sa destination, sa poésie frappe l'homme le plus simple comme celui qui réfléchit. L'océan, les cieux, les rochers, éveillent de profondes émotions, sans qu'on ait besoin d'y rien associer. L'abus de la poésie descriptive conduit à l'ennui : mais certes la description d'une forêt du nouveau monde dans toute son immensité, toute sa solitude, m'intéressera plus, aura pour moi plus de charme que la description d'une belle ville, et je crois que la masse doit sentir ainsi. Il faut avoir l'esprit cultivé pour jouir de la poésie des arts ; la poésie de la nature parle à tous également. Elle est bien plus généralement comprise, et c'est déjà un immense avantage.

Après s'être déclaré en faveur des images empruntées aux objets d'art, lord Byron soutient la poésie morale et de raisonnement. Sa profession de foi sur ce point est trop singulière et trop remarquable pour n'être pas citée ici.

« A mon avis, la plus haute de toutes les poésies, comme le plus noble de tous les sujets terrestres, doit être la vérité morale. La religion ne fait pas partie de mon sujet : elle est trop au-dessus des facultés humaines. Milton et le Dante ont seuls pu en parler dignement, encore le génie du Dante n'a-t-il tracé que la peinture des passions humaines, quoique dans des circonstances surnaturelles. Qui fit de Socrate, le plus grand des hommes? Sa vérité morale. Qui prouva la divinité de Jésus-Christ presque autant que ses miracles? Les préceptes de sa morale. »

. . . .

CHAPITRE DOUZIÈME.

Vient ensuite la terrible diatribe de lord Byron contre l'école romantique.

« Les efforts de la *populace poétique* d'aujourd'hui, pour obtenir un ostracisme contre Pope, s'expliquent aussi aisément que la sentence de l'Athénien contre Aristide : ils sont las de l'entendre toujours appeler « le Juste. » C'est aussi pour leur existence qu'ils combattent; car si Pope garde son rang, ils tomberont. Ils ont élevé une mosquée auprès d'un temple grec de la plus belle architecture; et, plus barbare que les peuples auxquels j'emprunte cette figure, ils ne se sont pas contentés de leur grotesque édifice, ils ont encore voulu détruire le glorieux monument si beau et si pur qui existait avant eux, et qui les menaçait, ainsi que leurs ouvrages, d'une honte éternelle. On me dira que j'ai figuré (et que je figure peut-être encore) au nombre de ces écrivains : il est vrai, et j'en rougis. J'ai été un des constructeurs de cette nouvelle tour de Babel, origine de la confusion des langues; mais jamais, du moins, je n'ai fait partie des envieux destructeurs du temple classique élevé par notre prédécesseur. J'ai aimé, j'ai honoré la réputation et le nom de cet homme illustre; j'ai préféré sa gloire à ma vaine renommée, et aux frivoles applaudissemens de la foule des « écoles » et des prétendus poètes qui croient l'égaler, où même le surpasser. Plutôt que sa couronne perdît un seul fleuron, il vaudrait mieux que tout ce que ces hommes ont jamais écrit, ainsi que moi, fût employé à « envelopper les poivres et les épices, ou à tapisser les cellules de Bedlam et de Soho. (*)

« Beaucoup de gens croiront à la sincérité de ce vœu ; beaucoup d'autres n'y croiront pas. Vous savez, Monsieur, si je dis vrai, et si je n'ai pas toujours exprimé la même opinion dans mes lettres particulières et dans ce que je destine à l'impression. Je regarde ce siècle comme celui du déclin de la poésie anglaise : ni les égards dus aux autres, ni les sentimens d'égoïsme que je puis éprouver, ne m'empêcheront de voir et de proclamer cette vérité. Il ne peut y avoir de symptôme plus frappant de la corruption du goût que cette continuelle dépréciation de Pope. »

En écartant la question du talent de Pope, cette dispute me semble aussi oiseuse que la précédente. Ce sont les mêmes querelles de mots qui faisaient en France, dans le siècle dernier, les *Gluckistes* et les *Piccinistes*. Car ici encore la vérité est dans un juste milieu. On peut dire beaucoup de choses en faveur de la poésie didactique, ou composée de préceptes moraux, mais ce qu'il y a de certain c'est qu'elle sera peu ou point lue. Vouloir séparer la morale de la vie et des actions humaines, c'est montrer une belle personne morte. Il y a une foule d'évènemens et de caractères qui renferment une morale d'autant plus frappante

(*) Maisons de fous.

que les nuances en sont plus délicates. Un poème qui se compose d'observations justes, de caractères bien vrais, de descriptions intéressantes, d'événemens vraisemblables, et motivés comme dans la vie réelle, ne saurait manquer, je crois, d'être moral. Tandis que des préceptes dont la bonté et l'utilité ne sont pas prouvés par des faits, se réduisent à une bonne théorie qu'on admire, mais qu'on pratique rarement.

NOTES DU PREMIER VOLUME.

Note 1re, page 5.

Un parallèle entre Napoléon et Byron peut sembler d'abord ridicule.

Je ne suis cependant pas la seule personne qui ait eu l'idée de rapprocher ces deux grands hommes. Des amis de lord Byron s'accordent à trouver plusieurs points de comparaison entre lui et Bonaparte. Une lettre, que j'ai reçue dernièrement, après l'impression de ce volume, est encore venue motiver mon opinion par des faits. (*Voyez la note* 34.)

Note 2, page 12.

Georges Gordon Noël Byron, né le 22 janvier, etc.

C'est par erreur que j'ai donné à lord Byron le surnom de Noël : il ne le prit qu'à son mariage avec miss Milbank; on assure même que la négociation faillit être rompue par sa répugnance à le porter. Sir Ralph Milbank Noël, n'ayant qu'une fille unique, voulait que le nom ne s'éteignît pas, et passât à ses petits-enfans.

Note 3, page 13.

Miss Chaworth, petite-fille d'un lord de ce nom tué par l'oncle de lord Byron, à la suite d'une querelle.

William, cinquième lord du nom de Byron, succéda au

titre de son père, en 1736 : il entra de bonne heure dans la marine, et exerça plus tard une influence assez considérable à la cour. Il fut nommé grand-veneur (*) en 1763 ; mais, ayant les passions les plus fougueuses, il fut envoyé à la tour de Londres, en 1765, comme accusé d'avoir tué M. Chaworth, son parent et son ami, dans un duel qui eut lieu à la taverne de l'Étoile et de la Jarretière, dans Pall-Mall. La dispute qui amena cette catastrophe commença et finit dans la même pièce, lord Byron ayant insisté pour se battre de suite à l'épée. Comme il était le plus adroit, il fit une blessure mortelle à son adversaire, qui vécut cependant assez pour mettre ordre à ses affaires, et pour donner à l'officier civil chargé de l'enquête, des renseignemens qui firent rendre contre lord Byron un *verdict* de meurtre volontaire. Le procès, qui excita beaucoup de curiosité dans le public, fut jugé à Westminster-Hall, par les pairs d'Angleterre. Il dura deux jours, et finit par une sentence unanime d'homicide, prononcée à une majorité de deux cent cinquante membres de la haute-chambre. Ayant été amené pour entendre son jugement, l'accusé réclama son privilége comme pair, et, en conséquence, il fut acquitté (**). Après cette affaire, lord Byron fut délaissé par ses connaissances et par ses amis. Il se retira dans sa terre, où il était détesté de ses fermiers, et où il exerçait sa tyrannie par des vexations et des querelles continuelles avec ses voisins. Il vivait détaché de sa famille ; il s'était brouillé avec son fils, qui l'avait offensé par un mariage contraire à ses desirs. Tous ses enfans moururent avant lui, et, comme il savait que sa fortune, son titre et Newstead-Abbey passeraient après lui à son petit-neveu, non-seulement il laissait

(*) Master of the stag-hounds.

(**) J'emprunte ce fait à un auteur anglais, qui ne le fait suivre d'aucun commentaire. J'ai cependant peine à croire qu'il existe dans la législation anglaise une loi qui exempte les pairs du royaume d'un jugement pour un cas de meurtre.

tomber le château en ruines ; mais il se plaisait à hâter les progrès de la destruction. Quand lord Byron succéda à son grand oncle, il n'avait que dix ans. Ce fut trois ou quatre ans après, qu'il visita avec son tuteur l'antique manoir dont il était devenu seigneur. Il a rendu l'impression de tristesse que lui fit éprouver l'aspect désolé de ce lieu, par une pièce de vers, dont voici la première stance :

I.

« Les vents déchaînés gémissent à travers tes créneaux, Newstead, antique demeure de mes aïeux ; tu tombes en ruines. Dans ton jardin, jadis riant, la ciguë et les ronces ont étouffé les roses qui fleurissaient le long de tes sentiers. (*) »

Note 4, page 22.

Il supportait impatiemment les railleries sur son infirmité.

Quand la mère de lord Byron s'aperçut que le fils qu'elle avait mis au monde était boiteux, elle en ressentit un très vif chagrin ; mais il paraît que cette infirmité existait depuis longtemps dans la famille ; plusieurs ancêtres du poète ont été boiteux de la même manière que lui. Il attacha toujours de l'importance à dissimuler ce défaut : il portait pour cela des pantalons fort longs, et taillés d'une manière particulière. Quand ses camarades d'école voulaient le faire entrer en

---

1.

Thro' thy battlements, Newstead, the hollow winds whistle;
   Thou, the hall of my fathers, art gone to decay ;
In thy once smiling garden, the hemlock and thistle
   Have chok'd up the rose, which late bloom'd in the way.

(*) Voyez la suite dans les *Heures d'oisiveté*. (*Hours of idleness.*)

fureur, ils l'appelaient *pied fourchu*(*); cette injure le mettait hors de lui.

Une chose bizarre et assez remarquable, c'est que Walter Scott a un pied exactement pareil à celui de lord Byron.

Note 5, page 33.

Il y vivait presque toujours seul, n'ayant pour compagnon qu'un chien de Terre-Neuve, etc.

Il en eut deux pendant long-temps, qui l'accompagnaient dans toutes ses promenades. Un de ses amusemens favoris était de monter dans un bateau avec ses chiens, et de ramer jusqu'à ce qu'il eût atteint le milieu du lac. Alors il abandonnait les rames et se laissait tomber dans l'eau. Ces fidèles animaux sautaient aussitôt après lui, le saisissaient par le collet de son habit, chacun d'un côté, et le ramenaient à terre. Comme il était très habile nageur, cet exercice était pour lui sans aucun danger, et il se plaisait à le renouveler très souvent. Il employait une partie de son temps à la chasse : il aimait beaucoup les chevaux. Quand il était fatigué de l'existence monotone qu'il menait à Newstead, il venait en poste à Londres passer huit ou dix jours, et quelquefois moins. Il voyait alors mauvaise compagnie. On eût dit qu'il ne recherchait le monde que par accès, et pour retrouver la solitude avec plus de plaisir.

Note 6, page 44.

Oh! que je puisse errer sur la mer comme le patriarche de l'Océan.

Ce premier des voyages est du petit nombre de ceux que les Musulmans se piquent de bien connaître. (*Note de lord Byron.*)

(*) Cloven foot.

Note 7, page 48.

Ces accords formaient parfois le nom de Zuléika.

« Et des voix aériennes qui prononcent le nom des hommes (1) ».

Il n'est pas nécessaire d'aller jusqu'en Orient pour trouver des personnes imbues de la croyance que les âmes des morts prennent la forme d'oiseaux : l'histoire du revenant de lord Littleton, la persuasion où était la duchesse de Kendal, que Georges I⁽ᵉʳ⁾ était venu se poser sur sa fenêtre, sous la forme d'un corbeau (*Voyez les Réminiscences d'Oxford*), et plusieurs autres exemples du même genre rapprochent beaucoup cette superstition de nous. Le fait le plus singulier de tous est le caprice d'une dame de Worcester, qui, s'étant imaginé que sa fille existait métamorphosée en oiseau chantant, avait meublé, à la lettre, son banc dans la cathédrale, de cages remplies d'oiseaux de la même espèce ; comme elle était riche et bienfaitrice de l'église qu'elle embellissait par ses dons, on ne s'opposa point à son innocente folie. — Cette anecdote est racontée dans les lettres d'Oxford. (*Note de lord Byron.*)

Note 8, page 54.

Ses sensations les plus profondes se peignaient sur son visage, etc.

Je crois que le lecteur sera bien aise de trouver ici l'impression que produisit lord Byron sur un Anglais, qui le vit à cette époque. Voici comment il en parle.

« La première fois que je vis lord Byron, c'était à la Chambre des Pairs, peu de temps après la publication des

---

(*) « And airy tongues that *syllable* men's names. »

MILTON.

deux premiers chants de Childe-Harold. Il était debout du côté de l'opposition, et fit un discours au sujet de la liberté du culte catholique. Il élevait peu la voix : je ne l'entendais que par momens, et je jugeais que ce qu'il disait était spirituel et sardonique, plutôt par la gaîté involontaire des auditeurs, que par ce qui arrivait jusqu'à moi. Il ne me parut pas fortement constitué : sa taille était élégante ; ses traits nobles et bien formés, quoique délicats. Il avait une singulière conformation d'oreille. La partie inférieure, au lieu d'être détachée et pendante, s'unissait à la joue, et ne ressemblait à aucune autre oreille, que j'aie jamais vue, excepté celle du duc de Wellington. Son buste, par le sculpteur danois Thorvaldson, est mesquin et ignoble ; le portrait de Phillips est le plus noble, et de beaucoup le plus ressemblant. »

La lithographie qui est à la tête de ce premier volume a été faite d'après le portrait dont il est question ici. On assure que c'est le seul pour lequel lord Byron ait posé.

Note 9, page 62.

L'innocence de Mistress Mardyn fut regardée comme prouvée.

Cette cause de séparation entre lord Byron et sa femme a été révoquée en doute par un journal, depuis peu ; cependant, la majorité s'accorde à la regarder comme vraie. Elle est, du moins, très probable, et tout-à-fait dans le caractère des personnages qui y figurent. Un ami de lord Byron me disait qu'à quelques détails près, il était convaincu que la chose avait dû se passer ainsi. On n'a, du reste, aucun autre renseignement positif sur cette querelle, lord Byron ayant toujours été fort réservé, même dans l'intimité, sur ce qui concernait lui et les siens. Soit la fatigue d'avoir été si long-temps en butte à la curiosité du public, soit l'ennui de revenir sur des circonstances affligeantes, il évitait de parler de tout ce qui avait trait à cette époque de sa vie; et, si on lui adressait des questions indiscrètes, il les repoussait avec hauteur et dédain. J'ai ouï affirmer qu'il avait écrit un grand nombre de lettres et même d'épîtres en vers, adressées à sa femme, et renfermant la justification de sa conduite; mais, n'ayant là-dessus aucune certitude, je ne fais que répéter ce que l'on m'a dit.

Note 10, page 75.

Vers de lady Byron.

Dans le temps où ces vers furent écrits, lady Byron vivait fort retirée chez son père, et consacrait une partie de son temps à des pratiques religieuses. Les deux compositions que le hasard m'a procurées, ont une teinte très prononcée de puritanisme. Quoiqu'elle accuse son mari, elle ne dit pas de quelle nature étaient ses torts; mais il est probable qu'elle n'eut pas toujours la même réserve, à en juger du moins par les bruits odieux qui se répandirent sur lord Byron, et qui tous étaient motivés par l'intérêt qu'on portait à sa femme. Il n'y eut point de bassesse dont on ne le crût capable, ni de vices qu'on ne lui attribuât. Ce genre de vengeance est très commun en Angleterre, où les caquets et le commérage des hautes classes font de la calomnie une arme toute puissante.

Note 11, page 85.

Le prisonnier de Chillon.

Je crois que le lecteur retrouvera ici avec plaisir le sonnet sur Chillon, qui sert d'introduction au poème, et auquel se rattache un intérêt historique.

SONNET SUR CHILLON.

Eternelle idole des âmes généreuses, divine Liberté! tu apparais plus brillante au fond des cachots ; là, tu te réfugies dans le cœur de l'homme comme dans ton sanctuaire : dans ce cœur qui ne reconnaît d'autre lien que ton amour; et lorsque tes fils sont enchaînés, lorsque, privés de la clarté du soleil, ils n'ont pour demeure qu'une voûte humide et sombre, leur martyre fait encore triompher la patrie, et la gloire de la liberté se répand dans tout l'univers, portée par le souffle des vents. Chillon, ta prison est un lieu sacré, son pavé même est un autel. Bonnivard l'a foulé aux pieds, et ses pas ont laissé, sur ces froides pierres, une empreinte aussi profonde que si c'eût été un gazon flexible! Puissent ces traces ne s'effacer jamais! Elles en appellent à Dieu de la tyrannie des hommes.

François de Bonnivard, fils de Louis de Bonnivard, originaire de Seyssel et seigneur de Lunes, naquit en 1496 : il fit ses études à Turin. En 1510, Jean-Aimé de Bonnivard, son oncle, lui résigna le prieuré de Saint-Victor, qui aboutissait

---

SONNET ON CHILLON.

Eternal spirit of the chainless mind!
   Brightest in dungeons, Liberty! thou art,
   For there thy habitation is the heart—
The heart which love of thee alone can bind;
And when thy sons to fetters are consigned—
   To fetters, and the damp vault's dayless gloom,
   Their country conquers with their martyrdom,
And freedom's fame finds wings on every wind.
Chillon! thy prison is a holy place
   And thy sad floor an altar—for 'twas trod,
Until his very steps have left a trace
Worn, as if thy cold pavement were a sod,
By Bonnivard!—May none those marks efface!
   For they appeal from tyranny to God.

aux murs de Genève, et qui formait un bénéfice considérable.

Ce grand homme (Bonnivard mérite ce titre par la force de son âme, la droiture de son cœur, la noblesse de ses intentions, la sagesse de ses conseils, le courage de ses démarches, l'étendue de ses connaissances et la vivacité de son esprit), ce grand homme, qui excitera l'admiration de tous ceux qu'une vertu héroïque peut encore émouvoir, éveillera toujours la plus vive reconnaissance dans les cœurs des Genevois qui aiment Genève. Bonnivard en fut toujours un des plus fermes appuis. Pour assurer la liberté de notre république, il ne craignit pas de perdre souvent la sienne : il oublia son repos, il méprisa ses richesses, il ne négligea rien pour affermir le bonheur d'une patrie qu'il honora de son choix. Dès ce moment, il la chérit comme le plus zélé de ses concitoyens. Il la servit avec l'intrépidité d'un héros, et il écrivit son histoire avec la naïveté d'un philosophe et la chaleur d'un patriote.

Il dit, dans le commencement de son histoire de Genève, que, *dès qu'il eut commencé de lire l'histoire des nations, il se sentit entraîné par son goût pour les républiques, dont il épousa toujours les intérêts:* c'est ce goût pour la liberté qui lui fit sans doute adopter Genève pour sa patrie.

Bonnivard, encore jeune, s'annonça hautement comme le défenseur de Genève contre le duc de Savoye et l'évêque.

En 1519, Bonnivard devint le martyr de sa patrie. Le duc de Savoie étant entré dans Genève avec cinq cents hommes, Bonnivard craignit le ressentiment du duc : pour en éviter les suites, il voulut se retirer à Fribourg ; mais il fut trahi par deux hommes qui l'accompagnaient, et conduit, par ordre du prince, à Grolée, où il resta prisonnier pendant deux ans. Bonnivard était malheureux dans ses voyages ; comme ses malheurs n'avaient point ralenti son zèle pour Genève, il était toujours un ennemi redoutable pour ceux qui la menaçaient, et, par conséquent, il devait être exposé à leurs coups. Il fut rencontré, en 1530, sur le Jura, par des voleurs, qui le dépouillèrent, et qui le mirent encore entre les mains du duc de Savoie. Ce prince le fit enfermer dans le château de Chillon, où il resta, sans être interrogé, jusqu'en 1536 : il fut alors délivré par les Bernois, qui s'emparèrent du pays de Vaud.

Bonnivard, en sortant de sa captivité, eut le plaisir de trouver Genève libre et réformée. La république s'empressa de lui témoigner sa reconnaissance, et de le dédommager des maux qu'il avait soufferts : elle le reçut bourgeois de la ville, au mois de juin 1536 ; elle lui donna la maison habitée autrefois par le vicaire-général, et elle lui assigna une pension de deux cents écus d'or tant qu'il séjournerait à Genève. Il fut admis dans le conseil des Deux cents en 1537.

Bonnivard continua d'être utile. Après avoir travaillé à rendre Genève libre, il réussit à la rendre tolérante. Bonnivard engagea le Conseil à accorder aux ecclésiastiques et aux paysans un temps suffisant pour examiner les propositions qu'on leur faisait : il réussit par sa douceur. On prêche toujours le christianisme avec succès, quand on le prêche avec charité.

Bonnivard fut savant : ses manuscrits, qui sont dans la bibliothèque publique, prouvent qu'il avait bien lu les auteurs classiques latins, et qu'il avait approfondi la théologie et l'histoire. Ce grand homme aimait les sciences, et il croyait qu'elles pouvaient faire la gloire de Genève : aussi il ne négligea rien pour les fixer dans cette ville naissante. En 1551, il donna sa bibliothèque au public : elle fut le commencement de notre bibliothèque publique, et ses livres sont, en partie, les rares et belles éditions du quinzième siècle qu'on voit dans notre collection. Enfin, pendant la même année, ce bon patriote institua la république son héritière, à condition qu'elle emploierait ses biens à entretenir le collège dont on projetait la fondation.

Il paraît que Bonnivard mourut en 1570; mais on ne peut l'assurer, parce qu'il y a une lacune dans le nécrologe depuis le mois de juillet 1570 jusqu'en 1571. (*Note de lord Byron.*)

Note 12, page 86.

Mes cheveux n'ont pas blanchi en une seule nuit, comme ceux des hommes surpris par une crainte soudaine.

Lodovico Sforza et plusieurs autres.—On assure que la même chose arriva à Marie-Antoinette, femme de Louis XVI, quoique dans un espace moins court. Le chagrin produit, dit-on, un effet semblable. C'est à cette dernière cause, et non à la crainte, que le changement de couleur des cheveux de la reine doit être attribué. (*Note de lord Byron.*)

Note 13, page 93.

A mille pieds au-dessous des créneaux blanchâtres, etc.

Le château de Chillon est situé entre Clarens et Villeneuve. Cette dernière ville est placée à l'une des extrémités du lac de Genève. A gauche sont les issues du Rhône; vis-à-vis sont les hauteurs de La Meillerie et la chaîne des Alpes, au-dessus de Boveret et de Saint-Gingo.

Derrière et plus bas s'élève une colline d'où s'échappe un torrent. Le lac baigne les murs du château : on lui a trouvé, en le sondant, une profondeur de huit cents pieds (mesure française). Dans l'intérieur, est une suite de cachots où furent renfermés les premiers réformateurs et plus tard les prisonniers d'Etat. Une des voûtes est traversée par une solive noircie de vétusté, qui servait autrefois, nous dit-on, à exécuter les condamnés. Il y a, dans le souterrain de Chillon, sept, ou plutôt huit pilliers, l'un d'eux étant enfoncé dans la muraille; dans quelques-uns sont des anneaux pour fixer les chaînes, et attacher les prisonniers enchaînés. Les pas de Bonnivard ont laissé des traces dans le sol : il fut enfermé là pendant plusieurs années.

C'est près de ce château que Rousseau a placé la catastrophe de son Héloïse : Julie s'élance dans le lac, au secours de son enfant, et la maladie produite par l'effroi et la fraîcheur des eaux, est la cause de sa mort.

Le château de Chillon est vaste. On le voit de loin sur les bords du lac : ses murailles sont blanches. (*Note de lord Byron.*)

Note 14, page 108.

Vis-à-vis de moi il y avait une petite île.

Entre Villeneuve et l'entrée du Rhône dans le lac, non loin de Chillon, est une très petite île, la seule que j'aie pu découvrir dans mes voyages sur le lac et autour de ses rives. Elle contient quelques arbres (je ne crois pas qu'il y en ait plus de trois). Sa petitesse et son isolement lui donnent un aspect tout particulier.

Quand je composai ce poème, je ne connaissais pas l'histoire de Bonnivard dans tous ses détails, ou j'aurais entrepris d'ennoblir mon sujet, en essayant de célébrer sa constance et ses vertus. On trouve quelques circonstances de sa vie dans une note annexée au *sonnet sur Chillon*: je la dois à l'obligeance d'un citoyen de Genève ; de cette république qui s'enorgueillit encore aujourd'hui de la mémoire d'un homme digne des plus beaux siècles de la liberté. (*Note de lord Byron.*)

Note 15, page 182.

L'hetman des Cosaques de l'Ukraine, etc.

« Celui qui remplissait alors cette place, était un gentilhomme polonais, nommé Mazeppa, né dans le palatinat de Podolie ; il avait été page de Jean Casimir, et avait pris à la cour quelque teinture des belles-lettres.

« Une intrigue qu'il eut dans sa jeunesse avec la femme d'un gentilhomme polonais ayant été découverte, le mari le fit lier tout nu sur un cheval farouche, et le laissa aller dans cet état. Le cheval, qui était du pays de l'Ukraine, y retourna, et y porta Mazeppa demi-mort de fatigue et de faim. Quelques paysans le secoururent : il resta long-temps parmi eux, et se signala dans plusieurs courses contre les Tartares. La supériorité de ses lumières lui donna une grande considération parmi les Cosaques. Sa réputation s'augmentant de jour en jour, obligea le czar à le faire prince de l'Ukraine. »

Voltaire, *Histoire de Charles XII*, page 151.

« Le roi fuyant et poursuivi eut son cheval tué sous lui ; le colonel Gieta, blessé et perdant tout son sang, lui donna le sien. Ainsi on remit deux fois à cheval, dans sa fuite, ce conquérant qui n'avait pu y monter pendant la bataille. »

Voltaire, *Histoire de Charles XII*, page 166.

Le roi alla par un autre chemin avec quelques cavaliers ; le carrosse où il était se rompit dans sa marche ; on le remit à cheval. Pour comble de disgrâce, il s'égara pendant la nuit, dans un bois. Là, son courage ne pouvant plus suppléer à ses forces épuisées ; les douleurs de sa blessure devenues plus insupportables par la fatigue, son cheval étant tombé de lassitude, il se coucha quelques heures au pied d'un arbre, en danger d'être surpris à tout moment par les vainqueurs qui le cherchaient de tous côtés. »

Voltaire, *Histoire de Charles XII*, page 167.

Note 16, page 202.

Lord Byron débarqua à Lisbonne; les sites pittoresques des environs l'y retinrent quelque temps.

Il fit plusieurs excursions à Coimbre, l'université du Portugal ; à Mafra, lieu habité par la feue reine, après la perte de sa raison; il visita aussi le château que fit élever dans un endroit retiré et sur le flanc d'une montagne, l'anglais M. William Beckford, qui l'abandonna ensuite.

Note 17, page 203.

Il quitta Séville pour Cadix, etc.

Après avoir passé quelques jours dans cette dernière ville, il s'embarqua pour la Grèce avec son ami M. Hobhouse.

Note 18, page 203.

Le changement subit de sa fortune, etc.

Ce changement lui causa peu de joie : il eut de bonne heure le pressentiment que sa destinée ne serait pas heureuse dans le monde; ce qu'il en avait vu l'avait dégoûté d'y vivre. On trouve dans ses Heures d'oisiveté une pièce de vers fort belle qui porte l'empreinte de ce sentiment. La voici : c'est la première fois qu'elle paraît traduite en français.

STANCES.

I.

« Que ne suis-je encore un enfant insouciant, habitant dans les cavernes de mes chères montagnes, errant à travers la bruyère

---

STANZAS.

1.

I would I were a careless child,
  Still dwelling in my highland cave,

sombre et déserte, ou bondissant sur la cime des vagues d'azur. La pompe fatigante de l'orgueil saxon ne s'accorde point avec l'âme née libre, qui aime les flancs escarpés des collines, qui cherche les rochers où les flots se déroulent.

II.

« Fortune! reprends ces terres cultivées; reprends ce nom superbe! Je hais l'approche des mains serviles; je hais les esclaves qui rampent autour de moi. Place-moi au milieu des rochers que j'aime, qui répètent les rugissemens sauvages de l'Océan. Je ne te demande qu'une grâce : c'est de parcourir encore les lieux qu'a connus ma jeunesse.

III.

« Mes années sont peu nombreuses, et cependant je sens que je ne suis point créé pour le monde. Ah ! pourquoi des ombres téné-

---

Or roaming through the dusky wild,
   Or bounding o'er the dark blue wave;
The cumbrous pomp of Saxon pride,
   Accords not with the freeborn soul,
Which loves the mountain's craggy side,
   And seeks the rocks where billows roll.

2.

Fortune! take back these cultur'd lands,
   Take back this name of splendid sound!
I hate the touch of servile hands,
   I hate the slaves that cringe around:
Place me along the rocks I love,
   Which sound to Ocean's wildest roar,
I ask but this—again to rove
   Through scenes my youth hath known before.

3.

Few are my years, and, yet, I feel
   The world was ne'er design'd for me;

breuses cachent-elles l'heure où l'homme doit cesser d'être? Une fois, j'entrevis un rêve éblouissant, une vision céleste de bonheur. O vérité! pourquoi ton rayon haïssable m'éveilla-t-il pour me rendre à la terre.

IV.

« J'aimai ; mais ceux que j'aimai ne sont plus. J'eus des amis, ils ont aussi passé. Quelle profonde tristesse remplit le cœur désolé, dont toutes les premières espérances sont éteintes ! Quoique de joyeux compagnons cherchent à noyer un instant, dans l'ivresse, le sentiment de la douleur ; quoique le plaisir puisse encore agiter l'âme délirante, le cœur, le cœur est toujours isolé.

V.

« Qu'il est triste d'entendre la voix de ceux que le rang ou le hasard, la richesse ou la puissance nous associent aux heures du

---

Ah! why do dark'ning shades conceal
   The hour when man must cease to be?
Once I beheld a splendid dream,
   A visionary scene of bliss;
Truth!—wherefore did thy hated beam
   Awake me to a world like this?

4.

I lov'd—but those I lov'd, are gone;
   Had friends—my early friends are fled.
How cheerless feels the heart alone,
   When all its former hopes are dead!
Though gay companions, o'er the
   Dispel awhile the sense of ill,
Though Pleasure stirs the maddening soul,
   The heart—the heart is lonely still.

5.

How dull! to hear the voice of those
   Whom rank, or chance, whom wealth, or power,
Have made, though neither friends or foes,

festin, et qui n'ont pour nous ni haine ni amour. Ah! rendez-moi quelques amis fidèles, qui sympathisent avec moi par l'âge et par les sentimens, et je fuirai l'assemblée de minuit, où la joie tumultueuse n'est qu'un vain nom.

VI.

« Et toi, femme si aimable et si belle; toi, mon espoir, ma consolatrice mon tout, combien mon sein doit être glacé, puisque l'attrait de tes sourires n'a presque plus de charmes pour moi. J'abandonnerais, sans un soupir, le théâtre bruyant d'une douleur parée de tout l'éclat du luxe, pour posséder ce doux contentement que goûte la vertu, ou qu'elle semble du moins goûter.

VII.

« Ah! que ne puis-je fuir loin des lieux fréquentés par les hommes! Je voudrais éviter le genre humain, mais non le haïr. Mon âme appelle le vallon solitaire dont la triste obscurité convient à ma

---

Associates of the festive hour;
Give me again a faithful few,
In years and feelings still the same,
And I will fly the midnight crew,
Where boist'rous joy is but a name.

6.

And Woman! lovely Woman, thou!
My hope, my comforter, my all!
How cold must be my bosom now,
When e'en thy smiles begin to pall.
Without a sigh would I resign
This busy scene of splendid woe;
To make that calm contentment mine,
Which Virtue knows, or seems to know.

7.

Fain would I fly the haunts of men,
I seek to shun, not hate mankind;
My breast requires the sullen glen,

tristesse. Ah! que n'ai-je les ailes qui portent la colombe vers son nid ; alors, entr'ouvrant la voûte des cieux, je m'enfuirais et trouverais le repos. (*) »

Note 19, page 205.

Toute sa vie se ranime devant les ruines d'Athènes, pillée par lord Elgin.

Cet Anglais ne se contenta point de faire démolir plusieurs des plus beaux temples et des plus beaux monumens qui restaient à la malheureuse Athènes, il fit graver son nom et celui de sa femme, en très gros caractères taillés dans le marbre, à l'endroit le plus visible, sur une colonne du temple de Minerve. Ce monument de barbarie et de vanité excita une très vive indignation chez lord Byron, qui regardait une telle profanation comme une espèce de sacrilége. Il parvint, non sans beaucoup de peine et de danger, jusqu'à l'inscription qu'il effaça lui-même. Il fit ensuite écrire en grandes lettres sur la façade du même temple ces deux lignes :

Quod non fecerunt Gothi,
Hoc fecerunt Scoti. »

Il ne borna pas là sa vengeance contre son compatriote ; il composa, au milieu des ruines du temple grec, un poème intitulé *la Malédiction de Minerve*. La déesse se plaint au poète

---

Whose gloom may suit a darken'd mind.
Oh! that to me the wings were given,
Which bear the turtle to her nest !
Then would I cleave the vault of Heaven,
To flee away, and be at rest.

(*) Psaume 55, verset 6. — « Et je dis : Ah, que n'ai-je des ailes comme une colombe, alors je m'enfuierais et trouverais le repos. » Ce vers fait aussi partie de la plus belle antienne, écrite en notre langue.

(Note de LORD BYRON.)

des affronts qu'elle a reçus dans son dernier asile, et déshérite la famille du spoliateur des dons du génie, de l'âme et de l'esprit. C'est une satire sanglante de lord Elgin, de ses ancêtres et de ses descendans. Lord Byron supprima ensuite cet ouvrage, mais il ne put empêcher qu'on le réimprimât clandestinement. (*)

Note 20, page 206.

Les collines de la sauvage Albanie sortent peu à peu du brouillard.

Les voyageurs abordèrent dans l'Albanie, et se rendirent à Janina, capitale du territoire d'Ali-Pacha; ils se firent présenter à ce chef qui les reçut avec de grands témoignages de respect, et les invita à venir à Tepeleni, lieu de sa naissance et son séjour favori. Ils se mirent en route, et furent surpris par un violent orage, au milieu des montagnes albaniennes (le Pinde des anciens). Leurs guides s'étaient égarés, la pluie tombait à grands flots, et l'éclair ne leur montrait que des rochers arides et menaçans. Frappé de ce que cette situation avait de poétique, lord Byron fit des vers sur la tempête qui mugissait autour de lui. Il les récitait à mesure qu'il les composait, et le vent les portait au loin jusqu'au sommet des monts où veillaient les Klephtes guerriers: ces dignes rejetons des Grecs, prêtant une oreille attentive à ces sons harmonieux, croyaient sans doute entendre les soupirs de leurs aïeux mêlés aux tristes gémissemens de la patrie.

Lord Byron avait alors vingt et un ans (**), et cette nuit terrible fut en quelque sorte une prophétie de son avenir. Seul dans ce désert, car ses compagnons et ses guides l'avaient laissé pour appeler du secours, et retrouver la route; en butte à la fureur de l'orage, il éprouvait ce qu'il a décrit dans *Childe*

(*) Il fait partie de l'édition anglaise, publiée à Paris.
(**) C'était le 11 octobre 1809.

Harold : Le conflit des élémens élevait et exaltait son âme. (*)
Les éclats de la foudre étaient pour lui une voix inspiratrice
dont il aimait la sublime éloquence ; c'est ainsi que plus tard,
isolé de la foule, il se consola de la haine de ses ennemis par
ses chants divins, et peignit les tempêtes qui grondaient à
ses pieds.

Pendant son séjour en Albanie lord Byron étudia les mœurs
des habitans, et fut frappé de la ressemblance qui existait
entre ce peuple et les montagnards d'Ecosse. Malgré la réputation de perfidie des Albanais, il eut particulièrement à se
louer de deux d'entre eux qui l'accompagnèrent jusqu'à Constantinople. Ils lui prouvèrent leur attachement dans une occasion importante. En 1812, après le départ de M. Hobhouse
pour l'Angleterre, lord Byron fut attaqué d'une fièvre très
forte. Il était alors à Missolonghi ; il attribua sa guérison à ses
Arnautes qui éloignèrent le médecin en le menaçant de lui
couper la gorge, si le voyageur n'était pas guéri à une époque
fixée. Il avait laissé son domestique anglais à Athènes, son
drogman ou interprète était aussi malade, il se trouva donc
tout-à-fait livré à ses guides par lesquels il fut soigné avec une
attention qui eût fait honneur à des hommes plus civilisés.

Note 21, page 213.

Une foule de passages dans les notes de Childe Harold font allusion à la possibilité de la résurrection future des Grecs.

L'opinion d'un observateur comme lord Byron sur les
Grecs et leur situation politique, en 1810, est d'un trop
grand intérêt pour ne pas en parler ici, quoique lui-même ne
les jugeât pas alors comme ils ont prouvé depuis qu'ils mé-

(*) « Ye elements ! — in whose ennobling stir
I feel myself exalted. — »

ritaient de l'être. Cependant il combattit les préjugés que nourrissaient contre ce peuple malheureux, les voyageurs et les Européens fixés en Grèce.

« M. Fauvel, consul français, qui a passé trente ans, principalement à Athènes, et qui réunit les talens d'un artiste, au ton et aux manières d'un homme distingué, a souvent déclaré devant moi que les Grecs ne méritaient pas d'être émancipés, appuyant son opinion sur leur dépravation nationale et individuelle, tandis qu'il oubliait que cette dépravation est une suite nécessaire de causes qui ne peuvent cesser que par la mesure qu'il désapprouve. M. Roques, respectable négociant français, et depuis long-temps à Athènes, me disait avec la plus amusante gravité : « Monsieur, c'est absolument la même canaille qui existait au temps de Thémistocle. » Remarque fort alarmante pour le « *laudator temporis acti.* » Les anciens bannirent Thémistocle; les modernes friponnent M. Roques; c'est ainsi que les grands hommes ont toujours été traités !

« Enfin, tous les Francs qui habitent la Grèce, et la plupart des Anglais, des Allemands, des Danois, etc., qui la visitent adoptent la même opinion, condamnent tous les Grecs, à-peu-près comme un Turc voyageant en Angleterre, condamnerait toute la nation en masse, parce qu'il aurait été volé par son laquais, ou dupé par sa blanchisseuse. Certainement on pouvait être ébranlé en voyant les sieurs Fauvel et Lusieri, les deux plus grands démagogues du jour, qui se partagent le pouvoir de Périclès et la popularité de Cléon, et qui tourmentent le pauvre Wayvode de leurs différends perpétuels, s'accorder sur un seul point, l'entière condamnation, « *nulla virtute redemptum* » des Grecs en général et des Athéniens en particulier. Mais il me semble dur et hasardeux de déclarer d'une manière aussi positive qu'on l'a fait jusqu'à présent, que les Grecs, parce qu'ils sont vicieux, ne peuvent jamais être régénérés. »

Quant au jugement particulier de lord Byron, il n'est pas aussi favorable aux Grecs qu'on pourrait le croire, mais il a un sentiment de justice et de vérité. « Quoi qu'en aient pensé ces voyageurs, (*) dit-il, les Grecs ne seront jamais indépendans ; ils ne seront jamais souverains comme ils l'ont été, et Dieu nous préserve que cela leur arrive ! Mais ils peuvent être sujets sans être esclaves. Nos colonies ne sont pas indépendantes, et pourtant elles sont libres et industrieuses, ainsi que la Grèce peut le devenir. A présent, de même que les catholiques de l'Irlande, les Juifs partout le monde, et tout autre peuple hétérodoxe et dompté, les Grecs souffrent tous les maux physiques et toutes les douleurs morales qui peuvent affliger l'humanité. Leur vie est une lutte contre la vérité ; ils sont vicieux dans leur intérêt et pour se défendre. Il sont si peu habitués à trouver dans les autres une bonté compâtissante, que lorsqu'elle s'offre à eux par hasard, ils la regardent avec soupçon, comme un chien accoutumé à être battu, mord la main qui veut le caresser. « Ils sont évidemment ingrats, abominablement ingrats ! » Tel est le cri général. Mais au nom de Némésis de quoi doivent-ils être reconnaissans ? Où est la créature humaine qui ait jamais accordé un bienfait à un Grec ou à des Grecs ? Doivent-ils de la reconnaissance aux Turcs pour les fers qu'ils portent ; aux Francs pour leurs promesses rompues et leurs conseils perfides ? Doivent-ils de la reconnaissance à l'artiste qui grave leurs ruines, et à l'antiquaire qui les emporte ? au voyageur, dont le janissaire les chasse à coups de fouet, et à l'écrivain qui, dans son journal, ne parle d'eux que pour les injurier ? Voilà cependant le montant de leurs obligations envers les étrangers. »

Dans un autre passage, lord Byron dit encore : « L'intervention des étrangers peut seule émanciper les Grecs qui, autrement, paraissent avoir aussi peu de chance d'échapper

---

(*) Eton et Sonnini, auteurs de voyages en Grèce.

aux Turcs, que les Juifs en ont d'échapper au genre humain en général. Nous savons plus de choses sur les anciens Grecs qu'il n'est nécessaire d'en savoir; du moins les jeunes gens consacrent à l'étude des écrivains grecs et de l'histoire grecque, une grande partie du temps qu'ils emploieraient plus utilement en apprenant l'histoire de leur pays. Quant aux Grecs modernes, peut-être les négligeons-nous beaucoup plus qu'ils ne le méritent. Pendant que tout homme qui a quelque prétention littéraire, passe sa jeunesse, et souvent sa vie entière, à étudier la langue et les harangues des démagogues athéniens en faveur de la liberté, les descendans réels ou supposés de ces inflexibles républicains, sont livrés à la tyrannie de leurs maîtres, quand il ne faudrait qu'un léger effort pour briser leurs chaînes. Il serait ridicule de parler, comme le font les Grecs, du retour de leur ancienne supériorité, car, pour reconnaître la souveraineté de la Grèce, il faudrait que le reste du monde rentrât dans la barbarie; mais il ne semble pas y avoir grand obstacle, si ce n'est dans l'apathie des Francs, à ce que la Grèce devienne une dépendance utile d'un état européen, ou même un état libre, avec les garanties convenables. Je donne mon avis, sauf correction, car plusieurs hommes bien informés doutent de la possibilité de cet événement. »

« Les Grecs n'ont jamais perdu toute espérance, quoiqu'ils soient aujourd'hui fort divisés sur le choix de leurs libérateurs probables. La religion leur recommande la Russie, mais ils ont deux fois été trompés et abandonnés par cette puissance, et ils n'oublieront jamais la terrible leçon qu'ils reçurent après la défection des Moscovites en Morée. Pour les Français, ils ne les aiment pas; quoique la soumission du reste de l'Europe à la France (*), amènera probablement la délivrance de la Grèce continentale. Les habitans des îles attendent du se-

---

(*) Ces notes furent écrites en 1810, lorsque les Français marchaient à la conquête du monde.

cours des Anglais, qui ont dernièrement pris possession de la république ionienne, excepté Corfou. Mais quiconque paraîtra les armes à la main sera le bien venu; et quand ce jour arrivera, que le ciel prenne pitié des Musulmans, car ils ne peuvent attendre aucune merci des Grecs. »

Note 22, page 213.

D'Athènes, lord Byron se rendit par mer à Constantinople.

Il avait parcouru la Morée en tout sens, avait visité l'Eubée, la plaine d'Athènes, et toute l'Achaïe. Malgré l'activité qu'exigeaient ces voyages, et un déplacement continuel, il ne négligeait rien de ce qui pouvait l'instruire et l'intéresser. Il apprit le grec moderne et le turc. Il était parvenu à lire ces deux langues, surtout la première, avec assez de facilité. Souvent lorsqu'il voyageait à cheval, il composait des vers, ou faisait le plan d'un poème; plusieurs de ses poésies fugitives ont été écrites ainsi.

Note 23, page 226.

La fatale plaine de Waterloo.

Lord Byron parcourut deux fois à cheval ce champ de bataille, afin de le comparer dans sa pensée à tous les lieux qu'il avait visités, et qui de même avaient été témoins de grands faits d'armes. Voici ce qu'il en dit : « Peut-être est-ce un effet de l'imagination, mais cette plaine me semble marquée pour quelque grande action. J'ai visité très attentivement les plaines de Platée, de Troie, de Mantinée, de Leuctres, de Chéronée et de Marathon. Si les guerriers de Waterloo avaient eu à défendre une meilleure cause, il ne manquerait à la plaine qui entoure Mont-Saint-Jean et Hougoumont, que cette auréole indéfinissable que le temps répand autour des lieux devenus célèbres, pour qu'elle pût le disputer à toutes les plaines que je viens de nommer, excepté peut-être à la dernière.

Note 24, page 229.

Pour des cyniques couronnés la terre est un antre trop vaste.

L'une des grandes fautes de Napoléon, si toutefois nous pouvons bien juger nos contemporains, a été de mépriser toujours les hommes, parce qu'il n'avait pour eux ou avec eux, aucune communauté de sentiment. Une semblable conduite est peut-être plus offensante pour la vanité humaine que l'active cruauté de la tyrannie la plus soupçonneuse.

Ces sentimens se retrouvent dans les discours qu'il adressait aux assemblées publiques, de même que dans sa conversation. De retour à Paris, après que les glaces de l'hiver eurent détruit son armée en Russie, il disait en se chauffant les mains devant le feu, « il fait meilleur ici qu'à Moscou. » S'il est vrai qu'il ait parlé ainsi, ce mot lui a sans doute aliéné plus de cœurs que les revers auxquels il faisait allusion. (*Note de lord Byron.*)

Note 25, page 232.

Honneur à Marceau !

Le monument du jeune et brave général Marceau, (mort à Altenkirchen, le dernier jour de l'an IV de la république française) existe encore tel que je l'ai décrit. Les inscriptions qu'on y a placées sont beaucoup plus longues qu'il ne fallait : c'était assez de son nom. Les Français l'adoraient; ses ennemis l'admiraient; les uns et les autres pleurèrent sa mort. On vit à ses funérailles des généraux et des détachemens des deux armées. Le général Hoche est enterré dans le même tombeau. Hoche était aussi un brave dans toute l'étendue de ce mot;

mais quoiqu'il se fût distingué dans plusieurs combats, il n'eut pas le bonheur de mourir sur le champ de bataille. On croit que sa mort fut provoquée par le poison.

On a élevé à Hoche un monument séparé (il ne contient point son corps, puisqu'il est enterré avec celui de Marceau) auprès d'Andernach. Ce lieu fut le théâtre de l'un de ses plus mémorables exploits : il jeta un pont sur une île du Rhin. Le monument n'est ni du style ni de la forme de celui de Marceau. L'inscription est plus simple et plus belle.

L'ARMÉE DE SAMBRE-ET-MEUSE
A SON GÉNÉRAL EN CHEF
HOCHE.

Elle n'avait pas besoin d'être plus longue, Hoche tenait le premier rang parmi les généraux français des premiers temps de la république, avant que Bonaparte eût monopolisé leur triomphe. Il était destiné au commandement de l'armée qui devait faire l'invasion en Irlande. (*Note de lord Byron.*)

Note 26, page 233.

Il avait conservé la blancheur de son âme, et les hommes pleurèrent sur lui.

Je ne connais pas un plus bel éloge de la vertu et de l'espèce humaine.

Note 27, page 233.

Son père condamné à mort comme traître par Aulus Cœcina.

L'épitaphe de cette jeune prêtresse a été découverte depuis peu. La voici :

JULIA ALPINULA
HIC JACEO,
INFELICIS PATRIS INFELIX PROLES,
DEÆ AVENTIÆ SACERDOS ;
EXORARE PATRIS NECEM NON POTUI,
MALE MORI IN FATIS ILLI ERAT.
VIXI ANNOS XXIII.

Je ne connais point de composition humaine plus touchante que cette inscription, ni d'histoire qui ait un intérêt plus profond et plus vif. Ce sont là les noms et les actions qui ne devraient jamais périr, et vers lesquelles nous nous sentons attirés par une tendre et salutaire émotion, après avoir contemplé le triste et faux éclat d'une masse confuse de batailles et de conquêtes ; ces objets peuvent éveiller dans notre âme une sorte de sympathie vaine et douloureuse ; mais le dégoût succède bientôt à cette espèce d'ivresse morale. (*Note de lord Byron.*)

Note 28, page 234.

Comme brille la neige des Alpes.

J'ai écrit ceci en face du Mont-Blanc (3 juin 1816), qui, même à cette distance, éblouit mes yeux.

(20 juillet.) Aujourd'hui j'ai observé, pendant quelque temps et distinctement, la réflexion du Mont-Blanc et du Mont Argentière dans le lac Léman : je l'ai traversé dans mon bateau. La distance de ces montagnes, au lieu où elles se réfléchissent, est de soixante milles. (*Note de lord Byron.*)

Note 29, page 239.

L'orage auquel j'ai fait allusion ici, eut lieu, le 13 juin 1816, à minuit, au milieu des monts Acrocérauniens. J'ai été témoin de plusieurs orages qui étaient plus terribles que celui-ci, mais je n'en vis jamais un plus beau. (*Note de lord Byron.*)

La vue de la Suisse et de ses sites pittoresques exerça une influence immense sur l'imagination de lord Byron, et contribua beaucoup à calmer ses chagrins récens. Il habita Clarens pendant deux mois. Un de ses principaux amusemens était de cotoyer, dans un bateau à lui, les rives du lac de Genève : il vivait fort retiré. M. Pictet et M. Bonstetten étaient presque les seuls Génevois qu'il reçût : encore assure-t-on qu'un jour où il les avait invités à dîner, il alla par eau à Chillon, laissant à un compagnon de voyage, qui demeurait avec lui, le soin de l'excuser et de faire les honneurs de la table. Une autre fois, il se rendit dans une maison, pour y passer la soirée; mais, ayant trouvé le salon rempli d'étrangers, il sortit et retourna chez lui à pied, en suivant les bords du lac. Il se fit présenter à madame de Staël, et, quoique son humeur, alors très mélancolique, l'empêchât de jouir souvent de la société d'une femme dont le génie, presque l'égal du sien, embrassait, avec la même chaleur, la grande cause de la liberté, et des principes propres à la faire renaître, il sut apprécier et juger l'auteur de Corinne. Il disait que, comme femme, elle était le premier écrivain de son siècle, et peut-être de tous les siècles. Il rendit aussi hommage à ses vertus privées, dans une note de Childe Harold, qu'il écrivit au moment de la mort de madame de Staël. (*)

(*) Quelqu'une des personnes que les charmes d'un esprit sans affectation et d'une aimable hospitalité attiraient dans les cercles de Coppet, devrait sauver de l'oubli les vertus privées de Corinne; il faudrait, non pas célébrer, mais dépeindre l'aimable maîtresse d'une maison toujours ouverte, l'âme d'une société toujours variée et toujours heureuse, et dont le créateur, dépouillé de l'ambition et de l'artifice des rivalités publiques, semblait ne briller que pour renouveler sans cesse la vie de ceux qui l'entouraient. Mère chérie de ses enfans, et les aimant avec tendresse, amie capable d'une générosité sans bornes, mais toujours raisonnée ; patronne charitable

Pendant son séjour en Suisse, il recueillait, dans un journal, toutes ses impressions. Ce sont les croquis d'un grand peintre, en face des merveilles de la nature : tout ce qu'il voyait saisissait son âme. Les contrastes et les expressions poétiques s'offraient à lui avec une étonnante richesse ; les mots, qui se succèdent au hasard et presque sans suite, sont pleins d'originalité et de poésie. On y trouve aussi cette ardeur, cette émotion, qu'éprouvait lord Byron devant de sublimes aspects. Voici quelques fragmens de ce journal, publiés en Angleterre, en 1822, dans des Mémoires sur lord Byron, qui ne renferment du reste rien autre chose d'intéressant.

(22 SEPTEMBRE 1816.) (*) «Laissé Thun dans un bateau qui nous fit traverser le lac dans toute sa longueur en trois heures — Lac petit — Rives belles. — Rochers descendant jusqu'aux bords de l'eau. — Débarqué à Newhouse. — Passé à Interlachen. — Parcouru une suite de sites au-dessus de toute description, et de tout ce qu'on a pu imaginer. — Passé près

de tous les malheureux, elle vivra toujours dans le cœur de ceux qu'elle a chéris, nourris ou protégés. Sa perte sera surtout sentie dans les lieux où elle était le plus connue. Qu'il soit permis à un étranger de mêler un regret sincère et désintéressé, à l'affliction de ses nombreux amis, et de ceux plus nombreux encore qui eurent part à ses bienfaits. Au milieu des scènes sublimes que m'offrait le Léman, mon plus grand bonheur fut de pouvoir admirer et connaître les belles qualités de l'incomparable Corinne.

(*) Je joins ici le texte anglais, parce qu'une traduction ne rend qu'imparfaitement sa brièveté, et qu'il sera sans doute intéressant pour le lecteur de trouver ici ces notes telles qu'elles sont sorties de la plume de lord Byron.

(SEPTEMBER 22, 1816.) Left Thun in a boat, which carried us the length of the lake in three hours. — The lake small, but the banks fine. — Rocks down to the water's edge. — Landed at Newhouse. — Passed Interlachen. — Entered upon a range of scenes

d'un rocher, portant une inscription. — Deux frères : — L'un assassina l'autre.—Juste le lieu pour ce meurtre.—Après beaucoup de détours, arrivé à une roche énorme, au pied de la montagne (la Jungfrau). — Glaciers — Torrens — L'un de ceux-ci a neuf cents pieds de chute visible. — Logé chez le curé. — Parti pour voir la vallée — Entendu une avalanche tomber comme la foudre ! — Glaciers énormes. — Survenu un orage — Du tonnerre, des éclairs et de la grêle ! — Tout cela en perfection et admirable.—Le torrent décrivant une courbe au-dessus du rocher, ressemble, par sa forme, à la queue d'un cheval blanc, que le vent fait flotter. — Comme on pourrait concevoir celle du cheval pâle, que monte la mort dans l'Apocalypse. — Ce n'est ni de l'eau ni du brouillard, mais quelque chose qui participe des deux. — Son immense hauteur le faisait onduler, ou décrire une courbe : ici il s'étendait en nappe, là il se condensait. — Effet merveilleux — impossible à décrire.

« (23 SEPTEMBRE.) Monté sur le Wingren. — D'un côté la *Dent d'Argent*, brillant, comme la vérité; de l'autre, les nuages

beyond all description or previous conception. — Passed a rock bearing an inscription : — Two brothers — One murdered the other — Just the place for it. — After a variety of windings come to an enormous rock — Arrived at the foot of the mountain (the Jungfrau). — Glaciers — Torrents — One of these nine hundred feet visible descent. — Lodge at the curate's. — Set out to see the valley — Heard an Avalanche fall like thunder ! — Glaciers enormous — Storm came on — Thunder and lightning and hail ! — All in perfection and beautiful. — The torrent is in shape, curving over the rock, like the tail of the white horse streaming in the wind —Just as it might be conceived would be that of the « Pale Horse, » on which Death is mounted in the Apocalypse. — It is neither mist nor water, but a something between both. Its immense height gives it a wave, a curve, a spreading here, a condensation there; — Wonderful — indescribable.

s'élevaient de la vallée opposée, se déroulant en précipices perpendiculaires, comme *l'écume de l'océan des enfers pendant une haute marée!!!* — C'était blanc, sulfureux, et en apparence d'une profondeur impénétrable. — Le côté par lequel nous montions n'était pas, à beaucoup près, aussi escarpé; mais, en arrivant au sommet, nous découvrîmes, de l'autre côté, au-dessous de nous, une mer bouillonnante de vapeurs et de nuages, qui venaient se briser contre le roc sur lequel nous étions.

« Arrivé au Grindelwald ; monté à pied et à cheval jusqu'au plus haut glacier. — Crépuscule — mais distinct — Très beau. — Glacier semblable à un ouragan glacé au milieu de sa fureur. — Clarté des étoiles, fort belle. — Toute la journée, le temps a été aussi beau que le jour où le Paradis fut créé. — Traversé des bois entiers de sapins flétris — Tout flétris — Troncs dépouillés et sans vie — L'œuvre d'un seul hiver. »

Les élémens du génie de lord Byron sont là : on y voit ces impressions vives et profondes, qui, plus tard, doivent s'exhaler en beaux vers. On sent aussi que son âme a besoin de répandre au-dehors les émotions qui l'oppressent. A travers chaque mot, on entrevoit une foule d'images et de pensées. Ce

(SEPTEMBER 23.) Ascent on the Wingren. — The *Dent d'Argent*, shining, like Truth, on the one side; on the other, the clouds rose from the opposite valley, curling in perpendicular precipices, like the foam of the Ocean of hell during a spring-tide !! — It was white and sulphury, and immeasurably deep in appearance. The side we ascended was of course not of so precipitous a nature ; but on arriving at the summit, we looked down on the other side, upon a boiling sea of cloud, dashing against the crag on which we stood.

« Arrived at the Grindelwald ; mounted and rode to the higher glacier — Twilight — But distinct — Very fine. — Glacier like a frozen hurricane. — Star-light, beautiful. — The whole of the day was fine in point of weather, as the day in which Paradise was made. — Passed whole woods of withered pines — All withered — Trunks stripped and lifeless — Done by a single winter ! »

qu'il dit de la chute du torrent est le germe d'une admirable description dans le second acte de Manfred.

Note 30, page 248.
Sparte a plusieurs fils plus vertueux que lui.

Réponse de la mère de Brasidas à des étrangers qui louaient son fils.

Note 31, page 251.
Puissante Némésis!

La Némésis des Romains était sacrée et auguste : on lui avait dédié, sur le Mont Palatin un temple, où on l'adorait sous le nom de Rhamnusia. Les anciens avaient tant de penchant à se confier dans les révolutions des événemens, et à croire à la divinité de la fortune, que, sur ce même mont Palatin, ils avaient consacré un autre temple à la fortune du jour. Cette superstition est celle qui a conservé le plus de puissance sur le cœur humain : comme elle concentre sur un seul objet la crédulité si naturelle à l'homme, on la voit toujours agir avec beaucoup de force sur des esprits qui ne sont pas embarrassés par d'autres articles de foi. Quelques antiquaires ont cru que Rhamnusia était la même déesse que la fortune, ou la destinée ; mais c'était comme déesse de la vengeance, qu'on l'adorait sous le nom de Némésis. (*Note de lord Byron.*)

Note 32, page 260.
Un poids qui écrase tôt ou tard.

Marie périt sur l'échafaud ; Elisabeth mourut de douleur ; Charles V mourut ermite, Louis XIV, banqueroutier d'argent et de gloire ; Cromwell mourut d'inquiétude ; et (*the greatest is behind*) Napoléon vit prisonnier (*). On pourrait ajouter, à cette liste de souverains, une longue liste d'autres noms également illustres et malheureux. (*Note de lord Byron.*)

(*). En 1817.

Note 33, page 256.

Et Ferrare, la patrie du Tasse.

On conserve, dans la bibliothèque de Ferrare, les manuscrits originaux de la *Gerusalemme* du Tasse, du *Pastor Fido* de Guarini, des lettres du Tasse, et une lettre de Titien à l'Arioste. On voit aussi à Ferrare l'écritoire, la chaise, la tombe et la maison de ce dernier; mais, comme l'infortune intéresse bien plus la postérité, et très peu les contemporains, la loge où le Tasse fut enfermé dans l'hôpital de Saint-Anne attire l'attention plutôt que la demeure et le monument de l'Arioste. Ce fut, du moins, l'effet que cette loge produisit sur moi. Il y a deux inscriptions, dont l'une est sur la porte extérieure, et l'autre sur la cellule même. Elles sont inutiles pour exciter la surprise et l'indignation du voyageur. (*Note de lord Byron.*)

Note 34, page 265.

Il discutait toujours avec douceur et simplicité.

Lord Byron était un homme trop extraordinaire; il rassemblait des contrastes trop divers et trop bizarres, pour n'être pas l'objet des jugemens les plus opposés. Ses impressions, qui se succédaient avec une grande rapidité, le montraient sous vingt points de vue différens: peut-être aussi l'opinion qu'on pouvait se former de lui dépendait-elle beaucoup de l'aspect sous lequel on l'envisageait, des préventions favorables ou contraires qu'on apportait dans cet examen, enfin du caractère et du sentiment de l'observateur. La lettre que je joins ici renferme un aperçu très piquant du poète et de l'homme, réunis dans lord Byron. Je me permettrai seulement de ne pas adopter toutes les conclusions de l'auteur, et je ferai suivre les détails qu'il a bien voulu m'adresser, du récit des impressions qu'ils ont produites sur moi.

« Je serais heureux, madame, de pouvoir vous donner
« quelques renseignemens pour l'ouvrage que vous préparez
« sur lord Byron. Il est vrai que j'ai passé plusieurs mois dans
« la société de ce grand poète, mais, en vérité, parler de lui
« n'est pas chose facile. Je n'ai vu lord Byron dans aucun de
« ces momens décisifs qui révèlent tout un caractère; ce que
« je sais sur cet homme singulier, n'est que le souvenir de ce
« que j'ai senti en sa présence. Comment rendre compte d'un
« souvenir sans parler de soi, et comment oser parler de soi
« après avoir nommé lord Byron?

« Ce fut pendant l'automne de 1816, que je le rencon-
« trai au théâtre de la *Scala*, à Milan, dans la loge de
« M. Louis de Brême. Je fus frappé des yeux de lord Byron
« au moment où il écoutait un sestetto d'un opéra de Mayer
« intitulé *Elena*. Je n'ai vu de ma vie, rien de plus beau ni de
« plus expressif. Encore aujourd'hui, si je viens à penser à
« l'expression qu'un grand peintre devrait donner au génie,
« cette tête sublime reparaît tout-à-coup devant moi. J'eus
« un instant d'enthousiasme, et oubliant la juste répugnance
« que tout homme un peu fier doit avoir à se faire présenter
« à un pair d'Angleterre, je priai M. de Brême de m'intro-
« duire à lord Byron. Je me trouvai le lendemain à dîner
« chez M. de Brême, avec lui, et le célèbre Monti, l'im-
« mortel auteur de la *Basvigliana*. On parla poésie, on en
« vint à demander quels étaient les douze plus beaux vers
« faits depuis un siècle, en Français, en Italien, en Anglais.
« Les Italiens présens s'accordèrent à désigner les douze pre-
« miers vers de la *Mascheroniana* (*) de Monti, comme ce
« que l'on avait fait de plus beau dans leur langue, depuis cent
« ans. *Monti* voulut bien nous les réciter. Je regardai lord
« Byron, il fut ravi. La nuance de hauteur, ou plutôt l'air
« d'un homme *qui se trouve avoir à repousser une importunité*,

(*) Poème de Monti sur Bonaparte, composé en 1801, à l'occasion
de la mort du célèbre géomètre Lorenzo Mascheroni.

« qui déparait un peu sa belle figure, disparut tout-à-coup
« pour faire place à l'expression du bonheur. Le premier chant
« de la *Mascheroniana*, que Monti récita presque en entier,
« vaincu par les acclamations des auditeurs, causa la plus vive
« sensation à l'auteur de Childe Harold. Je n'oublierai jamais
« l'expression divine de ses traits; c'était l'air serein de la
« puissance et du génie, et suivant moi, lord Byron n'avait,
« en ce moment, aucune affectation à se reprocher.

« On compara les systèmes tragiques d'Alfieri et de Schiller.
« Le poète Anglais dit qu'il était fort ridicule que dans le
« *Philippe II* d'Alfieri, don Carlos se trouvât sans difficulté,
« et dès la première scène, en tête à tête avec l'épouse du
« soupçonneux Philippe. Monti, si heureux dans la pratique de
« la poésie, présenta des argumens tellement singuliers sur la
« théorie, que lord Byron se penchant vers son voisin, dit en
« parlant de Monti : *He knows not how he is a poet.* (*)

« Je passai presque toutes les soirées, à partir de ce jour, avec
« lord Byron. Toutes les fois que cet homme singulier était mon-
« té et parlait d'enthousiasme, ses sentimens étaient nobles,
« grands, généreux, en un mot au niveau de son génie. Mais
« dans les momens prosaïques de la vie, les sentimens du poète
« me semblaient aussi fort ordinaires. Il y avait beaucoup de
« petite vanité, une crainte continuelle et puérile de paraître
« ridicule, et quelquefois si je l'ose dire, de cette hypocrisie
« que les Anglais appellent *cant*. Il me semblait que lord Byron
« était toujours prêt à entrer en compromis avec un préjugé,
« pour en obtenir une louange.

« Une chose qui frappait surtout les Italiens, c'est qu'il était
« facile de voir que ce grand poète s'estimait beaucoup plus
« comme un descendant de ces Byrons de Normandie, qui suivi-
« rent Guillaume, lors de la conquête de l'Angleterre, que comme
« l'auteur de *Parisina* et de *Lara*. J'eus le bonheur d'exciter

---

(*) « Il ne sait pas comment il est poète. »

« sa curiosité, en lui donnant des détails personnels sur Na-
« poléon et sur la retraite de Moscou qui, en 1816, n'étaient
« pas encore un lieu commun. Ce genre de mérite me valut
« plusieurs promenades tête-à-tête, dans l'immense et solitaire
« foyer de la *Scala*. Le grand homme apparaissait une demie
« heure chaque soir, et alors c'était la plus belle conversation
« que j'aie rencontrée de ma vie; un volcan d'idées neuves et
« de sentimens généreux, tellement mêlés ensemble qu'on
« croyait goûter ces sentimens pour la première fois. Le reste
« de la soirée, le grand homme était tellement *Anglais* et
« *lord*, que je ne pus jamais me résoudre à accepter l'invita-
« tion d'aller dîner avec lui, qu'il renouvelait quelquefois. Il
« composait alors *Childe Harold*; tous les matins il écrivait
« cent vers qu'il réduisait le soir à vingt ou trente. Entre ces
« deux travaux il avait besoin de repos, et il trouvait cette
« distraction nécessaire en bavardant après dîné les coudes sur
« la table, et disait-on, avec le naturel le plus aimable.

« Je remarquai que dans ses momens de génie, lord By-
« ron admirait Napoléon, comme Napoléon lui-même admi-
« rait Corneille. Dans les momens ordinaires où lord Byron se
« croyait un grand seigneur, il cherchait à donner des ridi-
« cules à l'exilé de Sainte-Hélène. Il y avait de l'envie chez lord
« Byron pour la partie brillante du caractère de Napoléon ;
« ses mots sublimes le vexaient; nous lui donnions de l'hu-
« meur en rappelant la fameuse proclamation à l'armée d'É-
« gypte : *Soldats, songez que du haut de ces pyramides qua-
« rante siècles vous contemplent*. Lord Byron eût pardonné
« plus facilement à Napoléon, s'il eût eu l'apparence un peu
« plate de Washington. Ce qu'il y avait de plaisant, c'est que
« ce n'était point du tout la partie despotique et odieuse du
« cœur de Napoléon qui heurtait le pair Anglais.

« Un soir comme lord Byron me faisait l'honneur de se pro-
« mener avec moi, dans l'immense foyer de la *Scala*, on vint
« l'avertir que l'officier autrichien de garde au théâtre, ve-

« nait de faire arrêter son secrétaire, M. Polidori, médecin,
« qui était auprès de lui. La figure de lord Byron prit sur-le-
« champ une ressemblance frappante avec celle de Napoléon
« lorsqu'il était en colère. Sept ou huit personnes l'accompa-
« gnèrent au corps-de-garde ; il y fut magnifique d'indignation
« contenue et d'énergie, pendant une heure que dura la co-
« lère vulgaire de l'officier de garde. Au retour dans la loge de
« M. de Brême, on se mit à faire l'éloge des principes aristo-
« cratiques qui d'ordinaire étaient fort du goût de mylord Byron.
« Il fut sensible à la plaisanterie, et sortit de la loge furieux,
« mais sans s'être jamais écarté du ton d'une politesse parfaite.
« Le lendemain, le secrétaire fut obligé de quitter Milan.

« M. de Brême m'engagea peu après, à conduire lord By-
« ron au musée de *Brera* ; j'admirai la profondeur de senti-
« ment, avec laquelle ce grand poète comprenait les peintres
« les plus opposés : Raphaël, le Guerchin, Luini, le Ti-
« tien, etc. L'*Agar renvoyée par Abraham*, du Guerchin, l'é-
« lectrisa ; de ce moment l'admiration nous rendit tous muets ;
« il improvisa une heure, et mieux, suivant moi, que madame
« de Staël.

« Ce qui me frappait le plus chez cet homme singulier,
« surtout quand il disait du mal de Napoléon, c'est qu'il n'a-
« vait, selon moi du moins, aucune véritable expérience des
« hommes : son orgueil, son rang, sa gloire l'avaient empêché
« de traiter jamais d'égal à égal avec eux. Sa hauteur et sa mé-
« fiance les avaient toujours tenus à une trop grande distance,
« pour qu'il pût les observer ; il était trop accoutumé à ne pas
« entreprendre ce qu'il ne pouvait pas emporter de haute lutte.
« En revanche on admirait une foule d'idées fines et justes si l'on
« venait à parler des femmes qu'il connaissait, parce qu'il avait
« eu besoin de leur plaire et de les tromper. Il plaignait les
« femmes anglaises, celles de Genève, de Neufchatel, etc. Il
« manquait au génie de lord Byron de s'être trouvé dans la

« nécessité de négocier et de discuter avec des égaux. Je suis
« convaincu, qu'à son retour de Grèce, ses talens eussent paru
« tout-à-coup grandis de moitié. En cherchant à mettre la paix
« entre Mavrocordato et Colocotroni, il eût acquis des con-
« naissances positives sur le cœur humain. Peut-être alors
« lord Byron eût-il pu s'élever à la hauteur de la vraie tra-
« gédie.

« Il aurait eu moins de momens de misanthropie; il n'eût
« pas cru toujours, que tout ce qui l'environnait s'occupait de
« lui, et s'en occupait pour faire de l'envie, ou chercher à le
« tromper. Le fond de misanthropie de ce grand homme avait
« été aigri par la société anglaise. Ses amis observaient que
« plus il vivait avec des Italiens, plus il devenait heureux et
« bon. Si l'on met l'humeur noire à la place des accès de co-
« lère puérile, l'on trouvera que le caractère de lord Byron
« avait les rapports les plus frappans avec celui de Voltaire.

« Mais je m'arrête pour ne pas faire une dissertation. Je
« vous demande pardon, madame, de ces considérations gé-
« nérales, j'aurais bien voulu pouvoir les remplacer par des
« faits; sept ou huit années d'intervalle les ont bannis de ma
« mémoire, et je n'y trouve sur lord Byron, que les conclu-
« sions que dans le temps, je tirai des faits mêmes. Je m'esti-
« merai fort heureux, madame, si vous voulez bien accueillir
« avec bonté, cette espèce de portrait moral, et voir dans ces
« pages écrites à la hâte, une preuve du respect profond avec
« lequel j'ai l'honneur d'être, etc. ». H. BEYLE.

Lord Byron en parlant de la morale, affectait souvent une grande austérité de principes, et comme sa conduite n'était pas toujours d'accord avec ses doctrines, il était assez naturel de ne voir dans ce langage qu'un mélange d'hypocrisie et d'affectation, mais il est probable qu'on se trompait. Comme toutes les âmes nobles et élevées, il aimait et sentait le bien: il en parlait avec chaleur; peut-être même que ses égare-mens, dont il connaissait parfaitement les suites et le danger, ranimaient son amour pour la vertu; et alors il estimait jusques aux préjugés qu'il regardait comme des garanties de l'ordre social et du bonheur individuel.

Quant à l'orgueil du rang et de la naissance, peut-être n'avait-il pu s'affranchir des idées d'aristocratie que tout noble anglais nourrit dès l'enfance. Il y avait, d'ailleurs, dans les souvenirs de ses aïeux et de leur destinée aventureuse, un attrait poétique et pittoresque tout puissant sur son imagination. Mais s'il avait des petitesses comme homme, il s'en dépouillait dès qu'il redevenait poète. Lorsqu'il planait au-dessus de la terre, les petites distinctions de la vanité, les monumens de l'orgueil, tout s'effaçait à ses yeux; ou s'il distinguait de loin les grandeurs humaines qui pèsent sur le monde, c'était pour en faire le but de ses traits foudroyans; et alors loin d'être trop aristocrate, il était trop niveleur.

Il me semble naturel que lord Byron enviât à Bonaparte, non pas l'éclat de son règne, mais les chances qu'il avait eues. Lord Byron sentait que son génie était égal à celui du conquérant de l'Europe, et peut-être avait-il une âme plus digne de la puissance. En écoutant parler des exploits et de la gloire de Napoléon, il se disait : « Et moi aussi je suis grand homme! » A la place de Bonaparte, je crois qu'il eût mieux fait que lui : j'en donnerai pour preuve son admirable conduite en Grèce, qu'on trouvera développée dans le second volume de cet ouvrage, et le jugement qu'il a porté de Napoléon en 1822. (*)

Note 35, page 293.

Il sembla prendre le plaisir pour idole.

Les torts de lord Byron, à cette époque de sa vie, sont de nature à ne pas trouver place dans cet ouvrage. J'ai reçu, au

(*) Ce jugement qui n'a jamais été traduit en français, paraîtra dans le second volume.

sujet d'une liaison qu'il a eue en Italie, beaucoup de notes, de renseignemens et de détails fort curieux comme mœurs ; mais je m'abstiendrai d'en faire usage, d'abord parce qu'ils compromettraient des personnes vivantes, ensuite parce que je desire éviter toute espèce de scandale. Je ne prétends point nier les torts de lord Byron : il en eut sans doute beaucoup; mais il est assez pénible et assez triste d'être obligé d'en convenir, sans qu'il faille encore s'appesantir sur des circonstances qui ne peuvent qu'affliger ceux qui honorent le génie. C'est l'âme, l'imagination, le cœur du grand homme que j'ai cherché à peindre tels que je les ai compris, et en écartant les nuages qui ont pu quelquefois ternir l'éclat de ses brillantes facultés.

Note 36, page 306.

Cependant on ne saurait nier le rapport qui existe entre certains passages du poème et certaines circonstances de la vie de lord Byron.

Parmi les torts nombreux qu'on lui a reprochés, il en avouait un, c'était de s'être vivement emporté une fois contre sa femme. Lord Byron se promenait de long en large dans son salon avec humeur. Sa femme le voyant triste et chagrin, s'approcha de lui et lui dit : « *Byron, am I in your way?* » Ce qui signifie, à-peu-près : Suis-je un inconvénient dans votre vie, Byron ? Cédant à un emportement déjà excité par les tracasseries et les reproches de quelques-unes des personnes qui entouraient lady Byron, il répondit : « *Damnably!* » Damnablement!

Il paraît que ce fut environ un mois après les couches de lady Byron que la mésintelligence éclata entre les deux époux, et cependant, si l'on en croit des témoins oculaires, ils étaient encore à cette époque très attachés l'un à l'autre. Le docteur Layman, médecin et ami de la maison, trouva un jour lady

Byron occupée à visiter un petit coffre qui renfermait des lettres et divers écrits de son mari, qu'elle lui dit être ce qu'elle avait de plus cher au monde. Lord Byron eut aussi un entretien avec le docteur, après tout l'éclat de la séparation, et lui témoigna son regret de ce que les choses avaient été poussées si loin. Les amis et les parens de sa femme l'accusaient d'avoir introduit dans sa maison pendant les couches de lady Byron, Mistriss Mardyn, actrice de Drury-Lane : on ajoutait qu'il avait vécu d'une manière dissipée et fait plusieurs parties de plaisir pendant la maladie de lady Byron, ce que le docteur Layman affirme être de toute fausseté. Pendant un mois entier lord Byron ne sortit que deux fois : l'une pour aller dîner chez M. Parry, propriétaire du Morning-Chronicle, et l'autre, pour assister à une séance du comité de Drury-Lane dont il était membre.

Lorsque le procès était déjà entamé, et l'affaire remise aux hommes de loi de *Doctors-Commons*, quelques amis pensèrent que toute réconciliation n'était pas encore impossible. Le docteur Layman eut alors une entrevue avec le père de lady Byron, sir J. Noël Milbank, et lui représenta que les esprits n'étaient pas assez aigris pour qu'on ne pût espérer de faire renaître la paix. Il insista sur l'attachement mutuel des deux époux, sur l'impétuosité du caractère de lord Byron, sur les regrets qu'il avait témoignés du parti qu'avait pris sa femme. Sir J. Noël Milbank reçut cette ouverture avec plaisir, et se montra disposé à tout faire pour amener une heureuse réconciliation. Malheureusement, au milieu de cet entretien survint la gouvernante de lady Byron, Mistress Clermont, que depuis, lord Byron a si énergiquement dénoncée à l'indignation publique dans son *Esquisse d'une Vie privée*. (Voyez page 75.) Elle exerçait, à ce qu'il semble, un empire despotique sur toute la famille de lord Byron, et dans ce dernier cas son influence suffit pour changer toutes les dispositions bienveillantes de sir J. Milbank. Il s'empressa de l'instruire du sujet de la conversation, et des espérances qu'il avait conçues : loin de la partager, elle s'écria, qu'il ne fallait pas penser à un rapprochement; qu'il était trop tard; que l'affaire déjà portée aux *Doctors-Commons* était trop avancée pour qu'il y eût moyen de reculer. Bref, sir J. Milbank renonça à son premier projet, et la démarche du docteur Layman n'eut aucun résultat.

Il paraît que tout l'ensemble de la famille de lady Byron ne convenait pas du tout au caractère et aux habitudes de son époux. Aussi lord Byron fut-il d'abord refusé lorsqu'il demanda miss Milbank en mariage. Mais c'était une conquête flatteuse, et l'on consentit à recevoir ses soins, et même, si l'on en croit le noble poète, à correspondre avec lui. Il employa tout son art et tout son esprit à tirer parti de cet avantage, et parvint à se faire agréer. Cinq ou six ans après, il disait au capitaine Medwin, en lui parlant de sa première entrevue avec lady Byron et des circonstances de son mariage. « Miss Milbank avait un air simple, modeste, un peu affecté, mais qui me séduisit. Je fus d'abord refusé, puis elle m'offrit d'avoir avec moi une correspondance d'amitié.

« Je n'ai jamais été aussi gauche que le jour de mon mariage; je balbutiais, je disais *non* pour *oui*, et après la cérémonie j'appelai encore lady Byron *miss Milbank*. (*) Il y eut une singulière histoire au sujet de la bague de mariage. Le jour même où notre union fut arrêtée, le jardinier de Newstead-Abbey trouva, en creusant la terre, une bague de ma mère, depuis long-temps perdue. Je crus qu'elle m'était envoyée pour la cérémonie; mais le mariage de ma mère n'avait pas été heureux, et cette bague était destinée à être le sceau d'une alliance plus malheureuse encore, etc. »

Lord Byron se plaignait d'avoir eu à souffrir mille petites

(*) Voyez page 282 la manière poétique dont lord Byron a rendu cette sensation dans le *Rêve*.

tyrannies et mille vexations. Mais il vivait au milieu de personnes d'une religion austère, soumises à toutes les convenances du monde qu'il dédaignait, et dont il aimait à s'affranchir. Il avait dans sa propre maison une ennemie personnelle qui possédait toute la confiance de sa femme. C'était plus d'élémens de malheur qu'il n'en fallait pour tourmenter un homme irritable. Du reste, la cause de la mésintelligence de lord et de lady Byron est, je crois, toute entière dans leur caractère. Elevés tous deux en enfans gâtés, ils ne savaient ni commander à leurs passions, ni supporter la moindre contrariété. Il y avait eu aussi, de part et d'autre, plus de vanité que d'amour dans leur union, et cela seul suffisait pour l'empoisonner.

Il est difficile au reste d'asseoir un jugement sur ces querelles intérieures. Il est probable que les torts étaient souvent réciproques.

Note 37, page 310.

Il s'était déjà élevé avec fureur contre l'éditeur de Pope, dans les Bardes anglais et les critiques écossais.

Lord Byron avait tourné M. Bowles en ridicule comme poète et comme éditeur : il l'avait abîmé d'invectives dans son poème. Lorsque cet ouvrage parut, M. Bowles n'en témoigna aucun ressentiment, et, quelques années après, ayant rencontré lord Byron chez M. Rogers (*), et la conversation étant tombée sur ses ouvrages, il se borna à relever une erreur littéraire que lord Byron avait faite en le critiquant. Du reste, à cette époque-là, lord Byron avait arrêté l'impression de sa satire des Bardes anglais et des critiques écossais : il regretta plus d'une fois de l'avoir publiée, et je crois qu'en la supprimant, il obéit autant à son propre desir qu'à celui de M. Rogers, qui passa pour

(*) Auteur des *Plaisirs de la Mémoire*.

avoir obtenu de lui ce sacrifice. Son dernier soin en quittant Londres pour toujours, lors de sa séparation d'avec lady Byron, fut de signer une procuration à M. Murray, éditeur de ses œuvres, pour l'autoriser à prévenir ou arrêter toute réimpression de ce poème en Angleterre, en Ecosse et en Irlande. Il avait déjà voulu le retirer de la circulation après la première édition, mais, le bruit s'étant répandu qu'il avait cédé à la crainte de se faire des ennemis puissans, il le fit aussitôt reparaître avec son nom qu'il n'y avait pas mis d'abord. Il a souvent rétracté, dans plusieurs de ses ouvrages, quelques-unes des opinions qu'il avait exprimées dans ce virulent écrit.

FIN DU PREMIER VOLUME.

www.ingramcontent.com/pod-product-compliance
Lightning Source LLC
Chambersburg PA
CBHW050540170426
43201CB00011B/1502